新理念大学语文

第2版

主编　李　丹
副主编　郭利芳　潘晓玲
参编　仇宣琴　曹　晖　聂英杰　芦春艳

机械工业出版社

本书以文章选篇为结构方式，以人文理念贯穿始终，按题材和主旨分专题编写，强调人文性与艺术性的兼顾。“心系华夏”专题从理想、观念、风俗等角度多层次地讲述华夏文化，进而抒写爱国情怀，使学生在体认华夏文化的同时强化民族情感；“立德修身”、“论学品艺”专题分别从为人、为学的角度呈现为人之根本、为学之方略，以期濡化灵魂、滋养品格，培养钻坚仰高之志向；“审美历程”、“咏诗怀古”专题涉及文学、艺术、情感、生活、自然之美，以现代性视角观照古文经典，力争陶冶性情、提升品位；“世事洞明”、“与子成说”专题涵容对自我、对人生、对社会的哲学思考，旨在引导学生形成正确的处世态度及恋爱观，使之实现完满的、适意的、理想化的生存；“经典新作”专题贴合学生的心理需求与审美爱好，选取当代名家名篇，解构其内在的生命体悟与人文价值，剖析其现实意义，培养学生的独立思考能力。

本书可作为高等院校各专业人文素质课程教材，也可作为自学用书。

图书在版编目（CIP）数据

新理念大学语文/李丹主编．—2 版．—北京：机械工业出版社，2013.8
（2018.8 重印）
ISBN 978-7-111-43737-6

Ⅰ.①新… Ⅱ.①李… Ⅲ.①大学语文课-高等学校-教材 Ⅳ.①H19

中国版本图书馆 CIP 数据核字（2013）第 196947 号

机械工业出版社（北京市百万庄大街 22 号 邮政编码 100037）
责任编辑：郝建伟 王 慧
三河市宏达印刷有限公司印刷
2018 年 8 月第 2 版·第 5 次印刷
184mm×260mm·11.5 印张·284 千字
6901—8000 册
标准书号：ISBN 978-7-111-43737-6
定价：32.00 元

凡购本书，如有缺页、倒页、脱页，由本社发行部调换

电话服务
服务咨询热线：010-88379833
读者购书热线：010-88379649
封面无防伪标均为盗版

网络服务
机 工 官 网：www.cmpbook.com
机 工 官 博：weibo.com/cmp1952
教育服务网：www.cmpedu.com
金 书 网：www.golden-book.com

前　言

作为在大学中具有较广泛影响的人文课程，“大学语文”在普及人文价值、提升大学生的文学修养等方面起到了重要作用，其学科地位日益凸显。近年来，大学语文教材建设受到各高校的重视，教材百花齐放，为学科建设做出了贡献。我们在多年教学实践的基础上，编写了这部《新理念大学语文》。作为一部针对艺术类学生的教材，本书在编写宗旨、选目标准、编排原则、篇章解读等方面都做了一些努力。

一、编写宗旨。紧扣人文与艺术两大主题，以提高学生的人文素养，扩展学生的艺术胸襟为旨归。通过名篇经典的熏陶、美文佳作的润泽，培养学生的文学修养和文学鉴赏能力，提高学生的品德修养和为人处世之道。

二、选目标准。充分考虑学生的知识结构和心理需求，强调人文性、审美性、艺术性与哲学性的统一，力图做到视阈宽广，风格多样。尤其注重选文的思想内涵、审美意趣及折射出的独特生命体悟、深厚的人文精神，从而达到涵养、提升大学生人文素质的目的。

三、编排原则。不以传统的文学史年代、国别为序，按题材和主旨分专题编写，追求内在精神血脉的贯通。全书共分为八个专题。

四、篇章解读。从艺术类学生的实际接受能力出发，对选文加以剖析。“评析”大致包括作家简介、背景介绍、作品要点分析等，既可以为教师备课提供参考，又可以为学生自学提示门径。“拓展与阅读”多为关联性作品，供学生在学习中拓展视野。“思考与练习”，则鼓励学生大胆探索、独立思考。

参加本书编写工作的老师有大连工业大学的李丹、郭利芳、潘晓玲、仇宣琴、曹晖、聂英杰、芦春艳。

在编写过程中，我们参考、借鉴了一些同仁的观点，谨致以深切的谢意。

“路漫漫其修远兮，吾将上下而求索”，探索的过程总难免存在疏漏，请方家不吝指正，共同完善大学语文学科建设。

编　者

修订说明

《新理念大学语文》第1版自2011年5月出版以来，已逾两年。在使用过程中，收到不少同仁、同学的建议与指教。这既给予了我们极大的鼓励，也使我们对如何做修订有了明确的方向。本次出版，有如下改动：

一、更换篇目。本次修订，更换了原版中的一些篇目，代之以其他名篇佳作。被更换的作品，或因与中学语文教材课文重复，或因与大学生的心理需求隔阂较大。在确定入选篇目的标准时，充分考虑到当下大学生的心理需求与知识结构，着眼于当代性，在原有专题的基础上，增加“经典新作”专题，选取金庸、韩寒等作家的作品。其他专题中也有针对性地更换了一些作品，力求内容丰富，风格多样。

二、突出特色。本书主要面向艺术类学生，从学生的实际接受能力出发，所选篇目精练、典型，不少为审美性、艺术性较强的文章。解读内容也做了相应改动，对“评析”、“拓展与阅读”、“思考与练习”等均加以完善，注重选文的思想内涵、审美意趣以及作品独特的生命体悟及深厚的人文精神，更加注重性灵、强调情感，以涵养、提升大学生人文素质为旨归。

总之，《新理念大学语文（第2版）》是对第1版的一次完善与提升。希冀我们的努力，能为大学语文学科建设有所贡献。

在本书第1版编写过程中，李丹、仇宣琴、曹晖、聂英杰、郭利芳投入了许多艰苦的劳动。这次调整修订，李丹、仇宣琴、曹晖、聂英杰、郭利芳、潘晓玲、芦春艳共同参与了篇目的选择、编写工作。谨此说明。

编　者

目　录

与子成说

经典新作

咏诗怀古

大　同[1]

《礼记·礼运》[2]

昔者仲尼与于蜡宾[3]，事毕，出游于观[4]之上，喟然而叹。仲尼之叹，盖叹鲁也。言偃在侧曰：“君子何叹？”孔子曰：“大道之行也，与三代之英[5]，丘未之逮[6]也，而有志焉。”

“大道之行也，天下为公。选贤与能[7]，讲信修睦，故人不独亲其亲[8]，不独子其子，使老有所终，壮有所用，幼有所长，矜、寡、孤、独、废疾者[9]，皆有所养。男有分[10]，女有归[11]。货，恶其弃于地也，不必藏于己；力，恶其不出于身也，不必为己[12]。是故，谋闭而不兴[13]，盗窃乱贼而不作[14]，故外户[15]而不闭，是谓大同。”

“今大道既隐[16]，天下为家，各亲其亲，各子其子，货力为己，大人世及以为礼[17]。城郭沟池[18]以为固，礼义以为纪；以正君臣，以笃[19]父子，以睦兄弟，以和夫妇，以设制度，以立田里[20]，以贤勇知，以功为己。故谋用是作，而兵由此起。禹、汤、文、武、成王、周公，由此其选也。此六君子者，未有不谨于礼者也。以著[21]其

---

① 选自《礼记正义》（《十三经注疏》，清阮元校刻，中华书局 1980 年版）卷二十一。

② 《礼记》，儒家经典之一，西汉戴圣对秦汉以前各种礼仪论著加以辑录、编纂而成，共 49 篇。“礼运”为篇名，约作于战国末年或秦汉之际，是儒家学者托名孔子答问的著作。全篇主要记载了古代社会政治风俗的演变，社会历史的进化，礼的起源、内容以及与社会生活的关系等内容，表达了儒家社会历史观和对礼的看法。大同，这里指儒家理想中上古尧舜时代的和平状态。大道，最高的治世准则，古时人们政治上的最高理想。

③ 与于蜡（zhà）宾：参加鲁国在年终举行的祭典，做助祭者。蜡，年终举行的祭祀，又称蜡祭。

④ 观（guàn）：宗庙门外两侧的楼台。

⑤ 三代之英：三代，指夏朝、商朝和周朝。英，英明君主。

⑥ 逮：赶上。

⑦ 选贤与（jǔ）能：把品德高尚的人、能干的人选拔出来。与，通“举”。

⑧ 亲：用作动词，以……为亲。下文“子其子”中的第一个“子”也是动词。

⑨ 矜（guān）、寡、孤、独、废疾者：矜，老而无妻的人，通“鳏”。寡，老而无夫的人。孤，幼而无父的人。独，老而无子的人。废疾，残疾人。

⑩ 男有分（fèn）：男子有职务。分，职分，指职业。

⑪ 女有归：女子有归宿。归，指女子出嫁。

⑫ 力，恶其不出于身也，不必为己：人们都愿意为公众之事竭尽全力，而不一定为自己谋私利。

⑬ 是故，谋闭而不兴：因此，奸邪之谋不会发生。

⑭ 盗窃乱贼而不作：盗窃、造反和害人的事情不发生。乱，指造反。贼，指害人。作，指兴起。

⑮ 外户：泛指大门。

⑯ 隐：消逝。

⑰ 大人世及以为礼：大人，这里指国君。世，父亲传位给儿子。及，哥哥传位给弟弟。

⑱ 城郭沟池：郭，外城。沟池，护城河。

⑲ 笃：淳厚。

⑳ 田里：田地与住宅。

㉑ 著：彰显。

义①，以考②其信，著有过，刑仁讲让③，示民有常。如有不由此者，在势④者去⑤，众以为殃，是谓小康。”

【译文】

从前，孔子参加鲁国在年终举行的祭典。祭典结束后，他出来在宗庙门外的楼台上游览，不觉感慨长叹。孔子的感叹，大概是感叹鲁国的现状。言偃在他身边问道：“老师为什么叹息？”孔子回答说：“太平盛世的时代，以及夏、商、周三代英明君王当政的时代，我孔丘都没有赶上，我对它们十分向往啊。”

“太平盛世的时代，天下为天下人所共有。选举有德行的人和有才能的人来治理天下，人们之间讲究信用，和睦相处。所以人们不只把自己的亲人当做亲人，不只把自己的儿女当做儿女。这样使老年人能够安享天年，使壮年人有贡献才力的地方，使年幼的人能得到良好的教育，使年老无偶、年幼无父、年老无子和残疾的人都能得到供养。男子各尽自己的职分，女子各有自己的夫家。人们不愿让财物委弃于无用之地，但不一定要收藏在自己家里。人们担心有力使不上，但不一定是为了自己。因此，阴谋诡计被抑制而无法实现，劫夺偷盗杀人越货的坏事不会出现，所以连住宅外的大门也可以不关。这样的社会就叫做大同世界。”

“如今太平盛世已经消逝了，天下成了一家一姓的财产。人们各自把自己的亲人当做亲人，把自己的儿女当做儿女，财物和劳力都为私人拥有。诸侯天子们的权力变成了世袭的，并成为名正言顺的礼制。修建城郭沟池作为坚固的防守，制定礼仪作为纲纪，用来确定君臣关系，使父子关系淳厚，使兄弟关系和睦，使夫妻关系和谐，使各种制度得以确立，划分田地和住宅，尊重有勇有智的人，为自己建功立业。所以阴谋诡计因此兴起，战争也由此产生了。夏禹、商汤、周文王、周武王、周成王和周公旦，由此成为三代中的杰出人物。这六位君子，没有哪个不谨慎奉行礼制的。他们彰显礼制的内涵，用礼来成全他们讲的信用，揭露过错，把仁德定为法则，提倡谦让不争，向人民展示有常规。如果有越轨的反常行为，有权势者也要将其斥退，百姓也会把它看成祸害，这种社会就叫做小康。”

【评析】

“大同”一词，最早见于《庄子·在宥》，“大同”谓与天地万物融合为一，是指“养心”应当“忘物”。在《礼运》中，“大同”被用来状述“天下为公”这一理想

---

① 义：合理的事情。
② 考：成就。
③ 刑仁讲让：刑，典范。让，礼让。
④ 势：职务。
⑤ 去：斥退。

社会。

《礼运》一篇，约作于战国末年或秦汉之际。这个时期，战乱频仍，民不聊生，因此人们十分向往安定、平等、幸福的时代和社会。“在这样一个分娩阵痛时期，产生出多种多样的关于理想社会的设计。其中，农家的‘并耕而食’理想，道家的‘小国寡民’理想和儒家的‘大同’理想最具代表性。”（黄毓仁：《儒家“大同”与“一统”思想及其现代意义》）儒家思想成为左右中国社会文化标准的价值判断后，以“天下为公”为标志的“大同”社会的理想体系就成为中国传统社会的政治文化价值标准。

大同思想是古代人民追求理想社会的美好愿望的集中体现，也是对人性的自私及社会不平等、不公义的批判。在长达数千年的中国历史上，大同思想对后世有极深的影响，成为仁人志士的政治取向，鼓舞人们反抗剥削、反对压迫、清除垄断、消灭专制、争取社会进步、构建和谐社会的宏伟蓝图。

【思考与练习】

1. 文中提到的“大道”、“大同”各指什么，我们应该如何理解和认识？
2. 在中国历史发展的进程中，大同思想产生过怎样的影响？
3. 《大同》篇在文字表达方面有哪些特色？

赵武灵王胡服骑射[①]

司马光[②]

赵武灵王[③]北略中山之地，至房子[④]，遂之代[⑤]，北至无穷，西至河，登黄华[⑥]之上。与肥义[⑦]谋胡服[⑧]骑射以教百姓，曰："愚者所笑，贤者察焉。虽驱世以笑我，胡地、中山，吾必有之！"遂胡服。

国人皆不欲，公子成[⑨]称疾不朝。王使人请之曰："家听于亲，国听于君。今寡人作教易服而公叔不服，吾恐天下议之也。制国有常，利民为本；从政有经，令行为上。明德先论于贱，而从政先信于贵，故愿慕公叔之义以成胡服之功也。"公子成再拜稽首曰："臣闻中国者，圣贤之所教也，礼乐之所用也，远方之所观赴也，蛮夷之所则效也。今王舍此而袭远方之服，变古之道，逆人之心，臣愿王熟图之也！"使者以报。王自往请之，曰："吾国东有齐、中山，北有燕、东胡，西有楼烦、秦、韩之边。今无骑射之备，则何以守之哉？先时中山负齐之强兵，侵暴吾地，系累吾民，引水围鄗[⑩]；微社稷之神灵，则鄗几于不守也，先君丑之。故寡人变服骑射，欲以备四境之难，报中山之怨。而叔顺中国之俗，恶变服之名，以忘鄗事之丑，非寡人之所望也。"公子成听命，乃赐胡服，明日服而朝。于是始出胡服令，而招骑射焉。

【译文】

赵武灵王向北攻占了中山国的土地，到了房子，到了代，疆土北面到无穷，西到黄河。他登上了黄华山，与大臣肥义商议，改穿胡服，骑马射箭，来教军民，并说："愚人讥笑的，贤人要看明白，想透彻。尽管世上的人都笑话我，但北方胡人的土

---

① 选自《资治通鉴》卷三。《资治通鉴》：全书 294 卷，约 300 多万字。所记载的历史前后共 1362 年，内容以政治、军事和民族关系为主，兼及经济、文化和历史人物评价，目的是通过对事关国家盛衰、民族兴亡的统治阶级政策的描述，警示后人。

② 司马光（1019—1086），字君实，陕州夏县涑水乡人。北宋政治家、史学家、文学家，与司马迁并称为"史学两司马"。47 岁时领衔编纂《资治通鉴》，18 年后《资治通鉴》完成。两年后去世，追赠太师、温国公，谥文正，著有《司马文正公集》。

③ 赵武灵王（约公元前 340—公元前 295），姓嬴，赵氏，名雍，战国时期赵国国君，赵肃侯之子，公元前 325—前 299 年在位。

④ 房子：古代地名，今河北临城。

⑤ 代：古代地名，今山西北部大同一带。

⑥ 黄华：山名，在黄河边上。

⑦ 肥义：当时赵国的国相。

⑧ 胡服：战国时期北方游牧民族的服装，窄袖短装。

⑨ 公子成：赵武灵王的叔叔。

⑩ 鄗（hào）：当时赵国城名，今河北柏乡县北。

地、中山国我必定占有它。”于是赵武灵王就叫国人穿上胡服。

赵国都城的人都不想穿，公子成推说有病，不上朝。赵武灵王派人去请，并传话：“家庭听从父母的，全国听从国君的，现在我改变传统的教化，改穿胡服，可是您却不穿，我担心别人议论我啊。治国有一定的规律，以利民为根本，推行政令有一定的原则，令行禁止是最主要的。修明德行要先让百姓讨论明白，而推行政令要先让贵族信服并奉行。所以我希望仰仗您的声望来完成胡服的变革。”公子成再次恭恭敬敬叩头说：“我听说中原是圣贤教化的地方，是礼乐施用的地方，是远方国家景仰、跟随的地方，是边疆少数民族学习的地方。现在大王舍弃这些传统习俗反而去沿袭胡人的服饰，违背人心，我希望大王仔细考虑这件事！”使者回去向赵王报告了公子成的话。赵王于是亲自去公子成处拜访，说：“我们赵国东面有齐国、中山国，北面有燕国、东胡国，西面与楼烦国、秦国、韩国接壤。现在还没有骑马射箭的防备，怎么能守卫国土呢？以前中山国虽小，但却依仗齐国强大的兵力，侵犯我们赵国的土地，俘虏我们赵国的百姓，引来大水围困鄗地，若无神灵保佑，那么鄗地就几乎守不住，先王以此为羞耻。所以我改穿胡人服装练习骑马射箭，想要以此防备边境的危难，报中山国之仇。可是叔父您只是顺着中原的习俗，不愿承担改变服装的恶名，忘了鄗的耻辱，这不是我所期望的啊。”公子成听从了命令，于是赵武灵王送了一套胡服给公子成，第二天公子成穿了胡服上朝。就此赵武灵王才正式颁布胡服令，并且招募善于骑马射箭的人。

【评析】

《赵武灵王胡服骑射》最早见于《战国策》，后来在《史记·赵世家》中也有记载。司马光在《资治通鉴》中作了精湛的描述，突出了这次服饰变革的意义以及赵武灵王实施这一举措的方法。

这场变革具有多重意义，首先是思想观念上的变革，由原本的沿袭自古以来的中原习俗，圣人之乡不可慕周边之礼仪，变更为一定程度上舍弃大汉族主义观念，接受并学习少数民族的有益习俗；同时也是我国古代各民族交流与融合的一次表现；其次是战争史上的变革，由原来的车战变为骑战；再次是我国服饰史上的重大变革。

赵武灵王在实施这一举措时，首先是坚持变革不动摇，并且不是强制推行，而是耐心说服；不是因自己的喜好，而是考虑国家的利益；不是盲目地发号施令，而是以自己的叔叔、朝中重臣公子成为突破口、典型，很有效地实行了这次变革。

【思考与练习】

1. 赵武灵王胡服骑射的历史意义是什么？
2. 赵武灵王的胡服骑射令为何能够取得成功？
3. 赵武灵王是如何说服公子成的？
4. 赵武灵王在劝说公子成时用了哪些理由？

七子之歌[①]

闻一多[②]

邶有七子之母不安其室。七子自怨自艾，冀以回其母心。诗人作《凯风》以愍之。吾国自尼布楚条约迄旅大之租让，先后丧失之土地，失养于祖国，受虐于异类，臆其悲哀之情，盖有甚于《凯风》之七子，因择其与中华关系最亲切者七地，为作歌各一章，以抒其孤苦亡告，眷怀祖国之哀忱，亦以励国人之奋兴云尔。国疆崩丧，积日既久，国人视之漠然。不见夫法兰西之 Alsace - Lorraine 耶？"精诚所至，金石能开。"诚如斯，中华"七子"之归来其在旦夕乎？[③]

澳　门

你可知"Macau[④]"不是我的真姓？
我离开你的襁褓太久了，母亲！

---

① 选自《闻一多全集》，湖北人民出版社 1993 年 12 月第 1 版。

② 闻一多（1899—1946），著名诗人，文史学者，民主斗士。湖北省浠水县巴河闻家铺人。1913 年考取北京清华留美预备学校，1922 年赴美，先后进入芝加哥美术学院、丹佛科罗拉多大学、纽约艺术学院学画，同时致力于诗歌的研究和创作，写了不少爱国思乡的作品。1925 年回国，先后在北京艺术专科学校和北京大学任教。

1932 年应聘清华大学，任中国文学系教授。1935 年，"一二·九"运动爆发，他积极参加，发表演说，支持学生爱国抗日运动。抗战开始，清华和北大、南开等大学组成西南联合大学，他同学生一起从长沙步行到昆明，此后在西南联大任教 8 年，期间加入中国民主同盟，并当选为民盟中央执委，担任《民主周刊》社社长等职务。抗战胜利后，他更加积极地参加和支持学生爱国运动。1946 年 7 月 15 日，昆明各界为遭国民党特务杀害的爱国进步人士李公朴先生举行追悼大会。在会上，他发表了著名的《最后一次讲演》，当天下午即被国民党特务杀害于昆明街头，以自己的鲜血和生命谱写了一曲最壮丽的诗篇。

1920 年 7 月，第一首新诗《西岸》发表，以后连续发表新诗。1923 年印行第一本新诗集《红烛》，从此开始致力于新诗的创作。1925 年自美回国在北京艺术专科学校任教时，成为徐志摩主编的《晨报副刊·诗镌》的主要撰稿人。1926 年任《晨报》副刊《诗镌》编辑。同年发表论文《诗的格律》，提出新诗要具有"音乐的美（音节），绘画的美（词藻），并且还有建筑的美（节的匀称和句的均齐）"，开创了格律体的新诗流派（当时我国诗坛的三大流派为格律派、自由派、象征派），影响了不少后起诗人。其新诗集《红烛》、《死水》是现代诗坛经典之作。

在学术上，他广泛研究祖国的文化遗产，对《周易》、《诗经》、《庄子》、《楚辞》四大古籍的整理研究，被郭沫若称为：前无古人，后无来者。有《神话与诗》、《唐诗杂论》、《古典新义》、《楚辞校补》等专著。闻一多的主要著作收集在《闻一多全集》中，共 4 册 8 集，1948 年 8 月由开明书店出版。

③ 文中引用了《诗经·邶风·凯风》中的典故，全文为："凯风自南，吹彼棘心。棘心夭夭，母氏劬劳。凯风自南，吹彼棘薪。母氏圣善，我无令人。爰有寒泉，在浚之下。有子七人，母氏劳苦。睍睆黄鸟，载好其音。有子七人，莫慰母心。"对于《诗经·邶风·凯风》的解读还存在一定争议，诗中采用的观点为母亲不能在家安分守己，想要改嫁。她的儿子们唱出这首歌以自责，希望能使母亲回心转意，但现在也有观点认为这是一首歌颂母爱的诗篇，以有子七人自惭不能报母恩来衬托母亲的伟大。序辞中 Alsace - Lorraine 通译为洛林地区，位于法国东部浮士山脚下，普法战争中割让给德国，《凡尔塞和约》后归还。

④ Macau：是中国澳门的葡萄牙语发音。传说当地渔民为纪念曾拯救渔民们的少女妈祖（也叫娘祖）而建了庙宇。16 世纪中叶，第一批葡萄牙人抵达澳门时，询问居民当地的名称，居民误以为指庙宇，答称"妈港"（也叫"妈阁"），葡萄牙人以其音而译成"Macau"，于是成为了澳门葡萄牙文的名称。

但是他们掳去的是我的肉体，
你依然保管着我内心的灵魂。
三百年来梦寐不忘的生母啊！
请叫儿的乳名，叫我一声“澳门”！
母亲！我要回来，母亲！

香　港

我好比凤阙[1]阶前守夜的黄豹，
母亲呀，我身份虽微，地位险要。
如今狞恶的海狮扑在我身上，
啖着我的骨肉，咽着我的脂膏。
母亲呀，我哭泣号啕，呼你不应。
母亲呀，快让我躲入你的怀抱！
母亲！我要回来，母亲！

台　湾

我们是东海捧出的珍珠一串，
琉球[2]是我的群弟，我就是台湾。
我胸中还氤氲[3]着郑氏的英魂，
精忠的赤血点染了我的家传。
母亲，酷炎的夏日要晒死我了，
赐我个号令，我还能背水一战。
母亲，我要回来，母亲！

威 海 卫

再让我看守着中华最古的海，
这边岸上原有圣人的丘陵在。
母亲，莫忘了我是防海的健将，
我有一座刘公岛[4]作我的盾牌。
快救我回来呀，时期已经到了。
我背后葬的尽是圣人的遗骸！

---

① 阙：古时宫门前两边供瞭望的楼，泛指帝王的住所。

② 琉球：指琉球群岛，是太平洋的一系列岛屿，位于中国台湾与日本之间。古为中国的藩属国，与当时的中国有着密切的外交与贸易关系。居民受到中国文化，特别是闽南文化习俗的影响。1853 年 5 月，美国海军准将佩里（Matthew C. Perry）的舰队到达琉球。第二年 3 月，佩里与日本签订《神奈川条约》，要求日本开放琉球的那霸港口，日方表示琉球是个遥远的国家，日方无权决定其港口开放权。日本于 1872 年宣布琉球王国为“内藩”，并于第二年兵临琉球，琉球岛人从此丧失主权。

③ 氤氲：形容烟或气很盛。

④ 刘公岛：在山东威海。

母亲！我要回来，母亲！

广州湾

东海和硇州①是我的一双管钥，
我是神州后门上的一把铁锁。
你为什么把我借给一个盗贼？
母亲呀，你千万不该抛弃了我！
母亲，让我快回到你的膝前来，
我要紧紧地拥抱着你的脚踝。
母亲！我要回来，母亲！

九 龙

我的胞兄香港在诉他的苦痛，
母亲呀，可记得你的幼女九龙？
自从我下嫁给那镇海的魔王，
我何曾有一天不在泪涛汹涌！
母亲，我天天数着归宁的吉日，
我只怕希望要变作一场空梦。
母亲！我要回来，母亲！

旅顺，大连

我们是旅顺，大连，孪生的兄弟。
我们的命运应该如何的比拟？
两个强邻将我来回的蹴②踢，
我们是暴徒脚下的两团烂泥。
母亲，归期到了，快领我们回来。
你不知道儿们如何的想念你！
母亲！我们要回来，母亲！

【评析】

《七子之歌》组诗作于1925年3月，当时闻一多正在纽约。诗人以拟人的手法，将我国当时被列强掠去的七处“失地”比作远离母亲的七个孩子，哭诉他们受尽异族欺凌、渴望回到母亲怀抱的强烈情感。诗歌一方面抒发了对祖国的怀念和赞美，一方面表达了对帝国主义列强的愤慨。

---

① 硇（náo）州：岛名，在广东省。
② 蹴（cù）：踢，踏。

【思考与练习】

1. 我国新诗早期发展的三大流派是什么？
2. 诗歌中的“孪生兄弟”是指哪两个地方？
3. 简单概括闻一多思想变化的历程。
4. 谈谈闻一多的“五四情结”。

【拓展阅读】

色　彩

闻一多

——生命是张没价值的白纸，
自从绿给了我发展，
红给了我情热，
黄教我以忠义，
蓝教我以高洁，
粉红赐我以希望，
灰白赠我以悲哀，
再完成这帧彩图，
黑还要加我以死。
从此以后，
——我便溺爱于我的生命，
因为我爱他的色彩。

春天，遂想起[①]

余光中[②]

春天，遂想起
江南，唐诗里的江南，九岁时
采桑叶于其中，捉蜻蜓于其中
(可以从基隆港回去的)
江南
　　小杜的江南
　　苏小小的江南
遂想起多莲的湖，多菱的湖
多螃蟹的湖，多湖的江南
吴王和越王的小战场
(那场战争是够美的)
　　逃了西施
　　失踪了范蠡
失踪在酒旗招展的
(从松山飞三个小时就到的)
　　乾隆皇帝的江南

春天，遂想起遍地垂柳
　　的江南，想起
太湖滨一渔港，想起
那么多的表妹，走在柳堤
(我只能娶其中的一朵!)
走过柳堤，那许多的表妹
　　就那么任伊老了
　　任伊老了，在江南
　　(喷射云三小时的江南)

即使见面，她们也不会陪我
陪我去采莲，陪我去采菱
即使见面，见面在江南

---

① 选自《余光中集》第一卷，百花文艺出版社2003年版。

② 余光中，1928年生，福建永春人，因母亲、妻子均为常州人，亦自称江南人。曾在南京大学、厦门大学攻读，毕业于台湾大学。在美国读书、教书五年，并任台湾师范大学、政治大学，香港中文大学，高雄中山大学教授。对诗、散文、评论、翻译均有贡献，已出版专著50种。近年在大陆各省出书已逾20种。余氏写诗、评诗、译诗、教诗、编诗，对诗之贡献堪称全才。诗作如《乡愁》、《当我死时》、《等你，在雨中》、《白玉苦瓜》等均传诵一时。

在杏花春雨的江南
在江南的杏花村
（借问酒家何处）
何处有我的母亲
复活节，不复活的是我的母亲
一个江南小女孩变成的母亲
清明节，母亲在喊我，在圆通寺

喊我，在海峡这边
喊我，在海峡那边
喊，在江南，在江南
多寺的江南
多亭的江南
多风筝的江南啊
钟声里的江南
（站在基隆港，想　想
想回也回不去的）
多燕子的江南

【评析】

《春天，遂想起》以江南美景作为背景，意境优美。第一节，作者便描述了九岁时生活于江南的情景，淡淡的乡愁在字里行间弥漫开来，接下来对江南产生了更多的联想，与江南相关的文化加深了思念的深度，随着年龄的增长，想起“那么多的表妹”，但“就那么任伊老了”，“即使见面，她们也不会陪我”，这反而使作者的思乡之情更浓了。而这一切又都在最后升华到了一个新的高度：“母亲在喊我”、“喊我，在海峡这边/喊我，在海峡那边”，母亲在记忆的江南里喊着作者，这个“母亲”就又有了祖国的含义，任由她如何地喊作者，作者也不能回到家乡了。最后这段流露出作者淡淡的哀愁，却又在这淡淡离愁之中隐含了强烈的思乡之情，把思乡之情与祖国之爱、民族之恋交融在一起升华主题。

这首诗中有作者少年时生活于江南的记忆，诗中的江南不仅珍藏着作者的少年时代，而且也象征着中华民族悠久的文化，所以是“唐诗里的江南”，是“乾隆皇帝的江南”。诗人由怀旧而怀古，他的江南既在时间之内，又在时间之外，飘散着古文化的清芬，而诗人怀的也就是一种以民族灿烂文化为精神背景的文化乡愁。诗作情景交融，在美丽的景色和历史之中，作者巧妙而自然地给诗句染上了自己思乡的忧愁。

【思考与练习】

1. “春天，遂想起江南/唐诗里的江南”，试着回忆我们学过的哪些唐诗里描写过江南，写出描写江南景色的句子及作者。

2. 体会诗中大量运用重叠句式及括号中补充文字的作用。

3. 结合余光中的其他乡愁诗，体会作者在诗中表达的浓浓乡愁和深深的爱国情怀。

广　场（节选）①

素　素

我一直认为，中山广场是这个城市的封面，不用翻开内页，就知道它姓甚名谁。大连有许多广场。中山广场可以说是大连广场的代表作。大连的广场有方有圆，中山广场为什么是圆而不是方，这要从头说起。

建市之初，萨哈罗夫没有遵照中国本土的传统规划城市，而是以法国首都巴黎为样板，设计欧罗巴市街的格局。当年，巴黎人把路易十四比作太阳神，他们因为崇拜自己的皇帝，而将巴黎画成一颗匐匍在地上的太阳。就是说，整个巴黎城是一个巨大的圆。达里尼市长萨哈罗夫也许是不想动太多的脑筋，也许是过于迷信巴黎这个经典的范本，他照葫芦画瓢，在欧罗巴市街中心设计出了一个直径有二百多米的圆形广场，并以沙皇的名字来命名，叫“尼古拉广场”。广场的中心是一片开敞的空地，原打算在这里建起一座东正教大教堂。环绕着大教堂，周围将建起十座公共建筑。在这些建筑之间，将呈放射状铺出十条主干街道。如果广场是太阳，这些主干街道就是光芒。

城市街道当然不止这十条。据记载，萨哈罗夫一共将尼古拉广场附近的市街设计为五种，即主要大街、林荫街、海岸街、街和小路。主要大街除了横贯尼古拉广场的莫斯科大街等，还有基辅大街、弗拉基米尔大街、萨姆索诺夫大街、乌伊茨泰大街。其次是萨姆逊斯基林荫街、圣彼得堡海岸街等。而那些街和小路，则属于主要大街、林荫街和海岸街的枝蔓。

就是说，在这张模仿巴黎的图纸上，这个城市已经被彻底欧化：建筑的基石，不是中国式的青砖，而是欧式的花岗岩和混凝土；建筑的式样，不是中国式的大屋檐，而是欧式的廊柱，不是方形的院子，而是圆形的广场。包括那些大街和小巷，也不是中国古代的棋盘式格局，而是由圆形广场呈放射状铺出去的蛛网式道路。总而言之，萨哈罗夫的目的，就是要把达里尼建成一个让中国人感到陌生的城市，让那些坐船来观光或探亲的俄国妇女和孩子，那些俄国太平洋舰队上的士兵，从达里尼码头一上岸，就可以沿着莫斯科大街，直接走入圆形广场，走入这座熟悉的具有怀乡色彩的城市。

然而，圆形的尼古拉广场以及广场四周的建筑，在萨哈罗夫手中还只是一个大致的轮廓，一个纸上的蓝图。它们刚刚有了一个名字，就因为日俄战争的爆发而黯然休止。

我是后来知道，上个世纪初，在广场上陆续建起来的欧式建筑，没有一座属于萨

---

① 选自素素《流光碎影》，大连出版社2008年版。素素，原名王素英，女，辽宁大连人，1955年生。现为中国作家协会会员，中国散文学会会员，辽宁省作家协会理事，辽宁省散文学会理事，大连市作家协会主席，大连市散文学会副会长，《大连日报》高级编辑。其散文《北方女孩》于1989年获“全国青年散文大奖赛”银奖，《佛眼》于1994年获“全国散文大赛”一等奖。1996年获“第四届辽宁省优秀青年作家奖”。2002年，其散文集《独语东北》获中国“首届冰心散文奖”、辽宁文学奖“辽河散文奖”。已出版《北方女孩》、《女人书简》、《素素心羽》、《相知天涯近》、《与你私语》、《独语东北》、《女人心绪》、《佛眼》等11部文集。

哈罗夫时代，几乎全部出自日本建筑师之手。因为早在明治时代，日本就已不再把自己当成中国的学生，而是“脱亚入欧”，转身去西洋求教。许多人学成归国后，适逢日本对俄战争获胜并重新占领了大连。趁此机会，他们便纷纷地聚拢到这块全新的土地上大显身手。这些人在当时被称为“渡海建筑师”。

于是，上个世纪初的大连，几乎变成了渡海建筑师们的试验场，或者是东洋学西洋的第一本作业。其实，这是一场轰轰烈烈的复制和模仿。一时间，在大连的广场和街道上，哥特式、巴洛克式、文艺复兴式栉比鳞次，争奇斗艳。由于欧洲近代古典主义的建筑在同一背景上不断叠加，这个城市整个被涂上了异质文化的色彩。

自 1910 年至 1930 年，圆形广场及四周的建筑已大部分完成，城市的外来气质越发凸显出来。这样的广场，即使在日本国内也很难看到，所以居住在大连的日本人把这里当成了一个出门必去的地方。只要想拍照或录影，他们就会来到圆形广场。至于那些从日本国内来大连观光的人，更是把圆形广场当成他们曾经来过大连的证明，拍了左一张右一张的照片，就为了拿回去向别人炫耀。

在广场的南侧，曾站着一个黑色铜人。这个铜人不是日本天皇，而是日本第一任关东都督府都督大岛义昌。1914 年 7 月，在大岛义昌过六十三岁生日的时候，关东都督府官吏和满铁社员为了向他献殷勤，特地在广场正中给他竖起一座铜质寿像，与此同时，还在广场上栽下了六十三棵松树，并且从那一天起，尼古拉广场改叫“大广场”。据说，民间有人叫它“大铜人广场”，还有人叫它“八国广场”。叫八国广场，大概是因为广场上的建筑样式繁多，或者附近驻有许多外国领事馆的缘故。

大广场后来改叫“中山广场”。其实，走进中山广场最吸引我的并不是它背后有什么故事，而是那些如今仍团团围坐在广场四周的建筑。它们每一座都很经典，每一个细节都有出处，每一个符号都代表着某种风格。难怪有人说，中山广场是一座露天的建筑博物馆。

在广场西侧，有一座哥特式风格的建筑。它原是日占时期的大连民政署厅舍，设计者是前田松韵。他是日本官方最早派来大连从事建筑活动的知名建筑师。由他设计的至今仍保存完好的建筑有三座，一座是旅顺高等法院，一座是日本桥，另一座就是民政署厅舍。据他自己说，上个世纪初，大连在他眼中有一种日本乡村早晨的景象。主要是因为日本人收购了大量的土地，并在土地上建了一大批临时房屋，而这些房屋又都以木板为墙，瓦陇铁为盖，所以，街两边全都是一些简易房。自前田松韵和他的同行们来到之后，各种风格样式并称得上永久性的建筑，才一幢接一幢地在城市里矗立了起来。

民政署厅舍正面的造型很讲究对称，两端则突出三角形山花，中央高耸的就是典型的哥特式小尖塔，在左右立面上还各开了三个北欧风格的老虎窗。这是顶部的效果。楼身是深红的颜色，与红色相对照，底层窗采用的是白色的连续卷式窗楣，上层窗采用的则是柱式划分。于是，深红色的墙面，衬托着白色的窗楣和装饰线脚，既秀丽典雅，又富于垂直向上的动感。在环绕广场的建筑群中，它一直被认为是最具代表性的作品。

与民政署厅舍隔街相邻的是朝鲜银行。民政署是尖屋顶，朝鲜银行则是平屋顶。在我眼中，这座银行建筑的生动之处，就是正面那几根高大的混合式圆柱。我喜欢在早上的时候走近它，因为天色还早，光线不够强烈，越发显出它圆润而雄浑的姿态。

其实，在我看来，不论是哪一种柱式，只要与那些古典的建筑符号们拼接在一起，就有一种打动人心的力量。

站在朝鲜银行向对面看去，有一幢灰色建筑，它就是原大连市役所。在它身上，我看见的是变化的魔力。变化几乎成了设计者最大的追求。那些断裂的山花、压顶石、花饰仍属于欧式，可是立面上的欧式柱子在此却由半圆形演变成了方形，有的还变幻成了砌块式。再看柱头，它已被大胆地劈成了两半。而在博风式弧形山花的顶部，居然采用了中式的斗拱和垂鱼；在门廊的上方，又采用了日本神社的木结构装饰。简直让人眼花缭乱。难怪一位建筑师朋友说，在中山广场，这是个最令人难以琢磨的建筑，虽然花哨，却是一本难得的建筑学教科书，学建筑的大学生都来这里看过。所谓和风欧式，它应该是最典型的一个范例。

巴洛克风格在这个广场上不但没有缺席，而且还一南一北建了两座。北面的一座，当年是横滨正金银行。直到今天，它的外形仍然让人感到遥远和陌生，因而也最吸引游人的目光。巴洛克属于文艺复兴后期的建筑风格。就我的理解，所谓文艺复兴后期风格，就是把以往所有已出现的古典样式都拼接在同一座建筑上。比如横滨正金银行，它的立面是五段划分，将窗楣做成了巴洛克式断裂山花，在中央及两端屋顶上，做出了三个绿色圆形穹窿。因为中间的大，两边的小，比例适当，造型别致，色彩娇嫩，远远望过去，就像三支绿色的火炬点亮在半空中。记得我来这个城市上学的时候，几乎每年都要以它为背景拍照留念，不光因为它在北侧，上午下午都不担心逆光，还因为顶部那三朵绿色的穹窿让我充满遐想。

……

在这个广场上，最后一个建成的是人民文化俱乐部。听一位老先生说，他小时候有个印象，这个俱乐部的设计者是一位苏联女建筑师。也许怕自己的记忆不准确，他没有把这个印象写进自己的文章里，我也没有在别处找到一个凿实的资料来证明这是真事。但是，看它的设计风格，看它那厚实的墙体和粗糙的施工，看50年代初期苏军接管大连的背景，看郭沫若为这个俱乐部所写的亲笔题名，我有一点相信老先生的话，它完全有可能是苏联女专家的作品。十多年以前，我曾去北京拜访冰心老人。她对我说，50年代初，她因病到旅顺口疗养，有一天，听说梅兰芳在人民文化俱乐部唱《霸王别姬》，她还特地从旅顺口赶到大连看梅先生的戏。也许因为它是俱乐部，所以，它显得和广场上别的建筑很不一样。是一座对市民开放的公共空间。大门向外打开的次数最多，进进出出的人也最多。大门里面是室内剧场，出了大门，就是露天音乐广场。

总之，在这个城市，这个最具历史感的圆形广场就像一枚图章，镌印在城市的中央，并给这个城市定了基调，定了风情。

【评析】

本文选自散文集《流光碎影》。全书共收录40篇文章，以大连各具特色的静态建筑为描写对象，叙述了辽南的乡土史和大连的城市变迁史。从瓦房店17 000年前的古龙山山洞遗址、小珠山6000年前的古村庄、2000年前的汉墓到日俄时期的广场、花园，40处符号性地标在作者笔下一一呈现，许多鲜为人知的历史在建筑提供的现场被还原，并在作者笔下变得丰润、鲜活，阅读也因此变成一次与童年记忆和逝去岁月的重逢。该书的责任编辑说："这是一本少见的关于大连地方志的通俗历史读物，集厚重和通俗于一身。"2008年1月，《流光碎影》一上世，便在读者中引起了强烈反响，成为众多旅游爱好者进入"浪漫之都"大连历史的极佳读本。

大连是多元文化互相交融的结果，近代的遭际使其带有很强的异质文化的色彩。本文以中山广场这座露天的建筑博物馆为起点，以诗意而浓重的笔调追溯了大连建市之初的历史。在作者的笔下，那些常年沉潜的段落与瞬间被重新触摸，广场及其周围独具特色的建筑（大连民政署厅舍、朝鲜银行、大连市役所、横滨正金银行、人民文化俱乐部等）重新焕发出风采。进出于大连的时光隧道中，我们看到欧洲近代古典主义的建筑在同一背景上的不断叠加，看到和风欧式给这座城市奠定的基调与风情。但建筑只是作者展现其文化沉思的媒介与载体，透过建筑，读者更多体会到的是这座城市的内在文化风韵。

作者的文字柔软中蕴含力量，朴素中展现华丽，自成一派。她于流光碎影中寻觅所居城市曾有的凝重与沧桑，掀开被现代繁华隔断的原初风景，触摸都市的血脉与灵魂，最终成功地还原了丰润的老大连。而文中体现的凝重和沧桑，令人回味无穷、遐思绵长。

【拓展阅读】

"在媒体耕耘多年，新闻纸的话语方式，锻造出素素感性与理性交织的思维习惯。从这个原点出发，素素以文化的淡定嫁接了新闻的纵深，其犀利的直击、幽深的表述，让她梳理的大连历史格外有温度，字里行间，仿佛能听见千年百年传递出的吁吁气喘。"

——耿聆《流光碎影之间》

【思考与练习】

1. 试析《广场》（节选）一文的行文风格。
2. 本文体现了作者怎样的文化情怀？

《老子》五章[①]

老 子

第一章（道可道）

道可道，非常道；
名可名，非常名。
无，名天地之始；
有，名万物之母。
故常无，欲以观其妙；
常有，欲以观其徼[②]。
此两者，同出而异名，同谓之玄，
玄之又玄，众妙之门。

第二十五章（有物混成）

有物混成，先天地生。
寂兮寥[③]兮，独立而不改，周行而不殆，可以为天地母。
吾不知其名，强字[④]之曰道，
强为之名曰“大”。
大曰“逝”，逝曰“远”，远曰“反”。
故道大，天大，地大，人亦大。
域中有四大，而人居其一焉。
人法地，地法天，天法道，道法自然。

第八章（上善若水）

上善若水，
水善利万物而不争，
处众人之所恶，故几[⑤]于道。
居善地，心善渊，与[⑥]善仁，
言善信，正善治，事善能，动善时。
夫唯不争，故无尤[⑦]。

---

① 选自《老子》，中华书局2006年9月第1版。老子，姓李，名耳，字聃，春秋末期楚国人。道家学派的创始人。相传他写作了《道德经》五千言。《道德经》又称《老子》，是道家思想的经典。
② 徼（jiào）：边际。
③ 寥：空虚。
④ 强字：勉强地给它一个称呼。
⑤ 几：接近。
⑥ 与：和人相处。
⑦ 尤：过失。

第四十五章（大成若缺）

大成若缺，其用不弊①。

大盈若冲②，其用不穷。

大直若屈，大巧若拙，大辩若讷③，大赢若绌④。

静胜躁，寒胜热。清静，为天下正。

第七十七章（天之道）

天之道⑤，其犹张弓与？

高者抑之，下者举之；

有余者损之，不足者补之。

天之道，损有余而补不足；

人之道则不然，损不足以奉⑥有余。

孰能有余以奉天下，唯有道者。

（是以圣人为而不恃，功成而不处，

其不欲见贤⑦。）

【译文】

第一章

可以用言词表达的道，就不是永恒的道；可以说得出来的道名，就不是永恒的道名。无，是天地的初始；有，是万物的本原。所以从常无中，去观照道的奥妙；从常有中，去观照道的边际。无和有这两者，同样来源于道，而名称不同，都是玄妙幽深的。玄妙而又玄妙，正是天地万物变化的总源头。

第二十五章

有一个浑然一体的存在，在天地形成以前就已经产生。听不见它的声音，也看不着它的形体，它独立长存而永不改变，循环运行而生生不息，可以成为天地万物的本原。我不知道它的名字，勉强称它为“道”，勉强给它命名为“大”。它广大无边而川流不息，川流不息而绵延运行，绵延运行而返回本原。

所以说道大，天大，地大，人也大。宇宙间有四大，而人是四大之一。

人取法地，地取法天，天取法道，道纯任自然。

第八章

最善的人好像水一样。水善于滋润万物而不和万物相争，停留在大家所厌恶的地方，所以最接近于“道”。居处善于选择地方，心胸善于保持沉静，待人善于真诚友

---

① 弊：竭，尽。

② 冲：空虚。

③ 讷（nè）：拙于言辞。

④ 绌（chù）：通“黜”。

⑤ 天之道：大自然运行的规律。

⑥ 奉：供给。

⑦ 括号中内容与文义不合，疑为错简，当删。此据饶尚宽译注《老子》，中华书局2006年9月第1版，第184页。

爱，说话善于恪守信用，为政善于精简处理，处事善于发挥所长，行动善于把握时机。只因为有不争的美德，所以没有怨咎。

第四十五章

最完满的东西好像有欠缺，但它的作用不会衰竭。

最充盈实在的东西好像很空虚，但它的作用不会穷尽。

最正直的东西好像很弯曲，最灵巧的东西好像很笨拙，最卓越的辩才好像口讷，最大的赢利好像亏本。

沉静战胜浮躁，寒冷战胜炎热。清静中和才能匡正天下。

第七十七章

自然的规律，岂不就像拉开弓弦一样吗？弦位高了就把它压低，弦位低了就把它升高；有余的加以减少，不足的加以补充。自然的规律，减少有余，用来补充不足。社会的法规就不是这样，是减少不足的，而用来供奉有余的。

谁能够把有余拿来供给天下不足的？只有有道的人才能做到。

（因此有道的人做成万物而不自恃己能；有所成就而不以功自居，他不想使自己过分突出。）

【评析】

老子是我国春秋时期伟大的思想家、哲学家，道家学派的创始人。他较早提出了天地万物起源与存在的哲学命题，试图总结世界的本原和万物运行规律。《老子》认为天地万物的本原是“道”，全书围绕“道”展开，“道”是“无”，是一切存在的根源，“无”生“有”，万物由此产生。“道”永远存在，运行不息。

《老子》中包括大量朴素辩证法观点，如以为一切事物均具有正反两面，“反者道之动”，并能由对立而转化，“正复为奇，善复为妖”，“祸兮福之所倚，福兮祸之所伏”。又以为世间事物均为“有”与“无”之统一，“有无相生”，而“无”为基础，“天下万物生于有，有生于无”。此外，书中也有大量的民本思想：“天之道，损有余而补不足，人之道则不然，损不足以奉有余。”

《老子》以诗为文，辞约义丰，手法多变，形象鲜明，对后世浪漫主义文学产生了巨大影响。语言韵散结合，行文参差错落，句式连环多变，文气流畅富有诗意，抽象的哲理和思辨的命题通过美的语言表达出来，是古代哲学思想最精彩的表达形式之一。老子善于譬喻论证，如将“上善”比作水，将“人之道”与“天之道”对比等。

老子的思想被庄子所传承，并与儒家和后来的佛家思想一起构成了中国传统思想文化的内核。

【思考与练习】

1. 请结合五章选文谈谈老子所言之“道”的多重含义。
2. 概括《老子》的艺术成就。
3. 试分析老子思想的当代意义。

曾国藩家书（二则）[①]

曾国藩

（一）

字谕纪泽：

八月一日，刘曾撰来营，接尔第二号信并薛晓帆信，得悉家中四宅平安，至以为慰。

汝读《四书》无甚心得，由不能虚心涵泳，切己体察。朱子教人读书之法，此二语最为精当。尔现读《离娄》，即如《离娄》首章"上无道揆[②]，下无法守"，吾往年读之，亦无甚警惕；近岁在外办事，乃知上之人必揆诸道，下之人必守乎法，若人人以道揆自许，从心而不从法，则下凌上矣。"爱人不亲"章，往年读之，不甚亲切；近岁阅历日久，乃知治人不治者，智不足也。此切己体察之一端也。

涵泳二字，最不易识，余尝以意测之。曰：涵者，如春雨之润花，如清渠之溉稻。雨之润花，过小则难透，过大则离披[③]，适中则涵濡而滋液。清渠之溉稻，过小则枯槁，过多则伤涝，适中则涵养而勃兴。泳者，如鱼之游水，如人之濯足。程子谓鱼跃于渊，活泼泼地；庄子言濠梁观鱼，安知非乐？此鱼水之快也。左太冲有"濯足万里流"之句，苏子瞻有夜卧濯足诗，有浴罢诗，亦人性乐水者之一快也。善读书者，须视书如水，而视此心如花、如稻、如鱼、如濯足，则涵泳二字，庶可得之于意言之表。尔读书易于解说文义，却不甚能深入，可就朱子"涵泳"、"体察"二语悉心求之。

邹叔明新刊地图甚好。余寄书左季翁，托购致十幅。尔收得后，可好藏之。薛晓帆银百两宜璧还，余有复信，可并交季翁也，此嘱。

父涤生字

八月三日

---

① 选自刘建生主编《曾国藩家书》，海潮出版社2012年版。曾国藩（1811—1872），字伯涵，号涤生，谥号文正，湖南湘乡人。清代军事理论家、理学家、政治家、书法家、文学家，晚清散文"湘乡派"理论创始人，其著述多收入《曾文正公文集》。

曾国藩是晚清重臣，官至两江总督、钦差大臣、直隶总督、武英殿大学士，封一等勇毅侯。湘军的创立者和统帅者，初办湘军时人不过五千，后逐渐壮大，最后发展到二十多万，并建立了中国第一支水师。曾国藩的湘军作为讨伐太平天国的主要力量，征战十三年，于同治二年收复金陵，太平天国灭亡。

曾国藩的一生，严格以儒家"诚意、正心、修身、齐家、治国、平天下"的训示自诫，他一方面恪守儒生之道，笃意修身，忠君事亲，治学理家，建功立业；同时又开拓视野，审时度势，力主洋务运动。

② 揆（kuí）：度。

③ 离披：分散下垂，纷纷下落。

（二）

字谕纪泽儿：

十九日曾六来营，接尔初七日第五号家信并诗一首，具悉次日入闱[①]，考具皆齐矣。此时计已出闱[②]还家。

……

尔七古诗，气清而词亦稳，余阅之忻慰[③]。凡作诗，最宜讲究声调。余所选抄五古九家，七古六家，声调皆极铿锵，耐人百读不厌。余所未抄者，如左太冲、江文通、陈子昂、柳子厚之五古，鲍明远、高达夫、王摩诘、陆放翁之七古，声调亦清越异常。尔欲作五古七古，须熟读五古七古各数十篇。先之以高声朗诵，以昌其气；继之以密咏恬吟[④]，以玩其味。二者并进，使古人之声调拂拂然[⑤]若与我之喉舌相习，则下笔为诗时，必有句调凑赴腕下。诗成自读之，亦自觉琅琅可诵，引出一种兴会[⑥]来。古人云，"新诗改罢自长吟"，又云"煅诗未就且长吟"，可见古人惨淡经营[⑦]之时，亦纯在声调上下工夫。盖有字句之诗，人籁也；无字句之诗，天籁也。解此者，能使天籁人籁凑泊而成，则于诗之道思过半矣。

尔好写字，是一好气习。近日墨色不甚光润，较去年春夏已稍退矣。以后作字，须讲究墨色。古来书家，无不善使墨者，能令一种神光活色浮于纸上，固由临池之勤染翰[⑧]之多所致，亦缘于墨之新旧浓淡，用墨之轻重疾徐，皆有精意运乎其间，故能使光气常新也。

余生平有三耻：学问各途，皆略涉其涯涘，独天文算学，毫无所知，虽恒星五纬[⑨]亦不识认，一耻也；每作一事，治一业，辄有始无终，二耻也；少时作字，不能临摹一家之体，遂致屡变而无所成，迟钝而不适于用，近岁在军，因作字太钝，废阁[⑩]殊多，三耻也。尔若为克家之子，当思雪此三耻。推步算学，纵难通晓，恒星五纬，观认尚易。家中言天文之书，有《十七史》中各天文志，及《五礼通考》中所辑《观象授时》一种。每夜认明恒星二三座，不过数月，可毕识矣。凡作一事，无论大小难易，皆宜有始有终。作字时，先求圆匀，次求敏捷。若一日能作楷书一万，少或七八千，愈多愈熟，则手腕毫不费力。将来以之为学，则手抄群书，以之从政，则案无留牍[⑪]，无穷受用，皆自写字之匀而且捷生出：三者皆足弥吾之缺憾矣。

今年初次下场，或中或不中，无甚关系。榜后即当看《诗经》注疏，以后穷经

---

① 入闱：指科举考试时考生或监考人员等进入考场。

② 出闱：科举考试结束后考生离开考场。

③ 忻慰：欣慰。

④ 密咏恬吟：恬静地吟咏。

⑤ 拂拂然：风吹动的样子。

⑥ 兴会：偶有所感而产生的意趣。

⑦ 惨淡经营：指在文学创作上费尽心思辛苦地经营筹划。

⑧ 染翰：以笔蘸墨。翰，笔。

⑨ 五纬：古人把实际观测到的五个行星金木水火土称为五纬。

⑩ 废阁：搁置而不实施。

⑪ 案无留牍：桌案上没有积压的公文。形容办理公务干练、及时。

读史，二者迭进。国朝大儒，如顾、阎、江、戴、段、王数先生之书，亦不可不熟读而深思之。光阴难得，一刻千金。以后写安禀①来营，不妨将胸中所见，简编所得，驰骋议论，俾②余得以考察尔之进步，不宜太寥寥。此谕。

书于弋阳军中

咸丰八年八月廿日

【译文】

（一）

字谕纪泽：

八月一日，刘曾撰来营，收到你的第二封信及薛晓帆的来信，得悉家中平安，甚是欣慰。

你读《四书》全无心得，缘于不能虚心涵泳，根据自己的理解领悟。朱熹传授的读书方法，这两句最为精辟恰切。譬如你现在读《孟子·离娄》，《离娄》首章“上无道揆，下无法守”，我以往读之，同样没有触动感悟。近年来在外四处奔波为朝廷办事，才深知处于上位之人恪守道德准则，处于下位之人必然遵守法度。如若平民百姓人人以道德准则自许，从心而不从法，那就会导致下位之人凌驾于上位之人。“爱人不亲”章，往年读之，体味不深，近年来随着阅历日渐深厚，才逐渐懂得治理民众没有成效，那就是智慧谋略不足所致。这就是我对切己体察涵义的理解。

最难认知当属“涵泳”二字，我曾经以自己的理解揣摩阐释。涵者，犹如春风化雨，滋润花蕾，又如清澈渠水，灌溉稻谷。雨水润花，星星点点，难以浸润；若如骤雨倾盆，只会花残叶败，只有雨水大小适中，方能滋养出万紫千红，百花盛开。泳者，如鱼在水中游，又如洗濯脚足。北宋理学大师程颐曾说鱼跃深潭，活力无限；庄子曾言“濠梁观鱼，安知非乐?”这就是鱼在水中的快乐。西晋文学家左太冲有“濯足万里流”之句，苏轼有夜卧濯足诗，又有浴罢诗，都是戏水之快。善于读书者，定要视书如水，而将戏水的欢愉之心视如花、如稻、如鱼、如濯足，则“涵泳”二字的真正涵义就能大致明白知晓。你读书易于解说文面的浅白涵义，而不大能深入内里。可以朱熹之涵泳、体察二语悉心求索。

邹叔明新近刊印地图很好。我致信左季翁，托他代购十幅。你收到后妥善收藏。薛晓帆百两纹银应当归还。有我的复信，可一并交左季翁。此瞩。

父涤生字

八月三日

（二）

字谕纪泽：

---

① 安禀：谓向尊长请安，旧时儿女给父母写信，要请安问好，并且禀告自己的情况，因此把书信叫“安禀”。

② 俾（bǐ）：使。

十九日曾六来营，接到你初七日第五封家信及诗一首，得知次日入闱科举考试。考具齐备。估计这时业已出闱还家。

……

你的七古诗，气清词稳，我阅之甚是欣慰。作诗，最讲究声调。我所选抄五古九家，七古六家，声调均铿锵有力，令人百读不厌。我未抄录的，如左太冲、江文通、陈子昂、柳子厚之五古诗，鲍照、高适、王维、陆游之七古诗，声调亦清越异常。你欲作五古七古诗，须熟读五古七古各数十篇。先以高声诵读，使其气势气脉通畅贯达；继而反复吟咏，揣摩玩味。二者并进，使古人之声如清风拂煦与我之喉舌相应和，则下笔为诗之时，必有句调会聚笔端，文思泉涌。诗成之后自己诵读，亦觉朗朗上口，意趣无穷。古人云"新诗改罢自长吟"，又云"煅诗未就自长吟"，可见古人惨淡经营之时，就是在音韵上下足了工夫。总而言之，有字句之诗，人籁也；无字句之诗，天籁也。懂得二者，就能使天籁人籁融为一体，合而为一，进而通晓诗艺。

你喜好写字，这是一种很好的习性。近日墨色不甚光润，略显枯涩，与去年春夏相较稍逊一筹。今后作字，务须讲求墨色。历代书家，无一不是用墨上乘，使神光活色跃然纸上，这固然由临池日久翰墨浸润所致，亦缘于墨锭的新旧浓淡，用墨的轻重疾徐，其间皆有精湛细微之运思，所以光华闪耀，美不胜收。

我平生有三耻：各科学问多有涉猎，唯独天文算学，毫无所知，即使金木水火土五大恒星亦不识得，此一耻也；做事治业，每每有始无终，二耻也；少年习字，未能临摹一家之体，屡屡变换临帖以致书艺劳而无获，运笔笨拙，近年身在军营，因作字钝拙，废格很多，三耻也。你若能承继先人事业，当为父雪此三耻。算学难以通晓，五大恒星观识尚易。家中谈天文书籍，有《十七史》中各天文志，还有《五礼通考》中所辑《观象授时》一种，每夜辨识恒星两三座，不过数月，即可都认识了。凡做一事，无论大小难易，都应有始有终。作字时，先求圆匀，再求快捷。如若一日正楷书写一万字，少则七八千字，愈多愈熟，则手腕毫不费力。将来以此治学，则手抄群书；以此从政，则案无留牍，受用无穷，皆得益于写字先匀后捷之功。——此三者足弥我之缺憾。

【评析】

《曾国藩家书》是曾国藩的书信集。成书于19世纪中叶清咸丰年间。曾国藩在剿杀太平天国后，权势极大，功高震主，引起清廷不满。曾国藩自察其势，因而在攻克天京后一方面自裁湘军，一方面把家书刊行问世，以示效忠之意。曾国藩家书记录了曾国藩在清道光二十年至同治十年前后达30年的翰苑和从武生涯，近1500封。家书上自祖父母、父辈，中对诸弟，下及儿辈，内容涉及立志建业、为人处世、治家教子、治军用人、治学修身等方面内容，极为丰富生动。家书情真意切，平淡细密中蕴含良知纲常，平常随性而又风骨卓立，彰显出他的学识造诣和道德修养。

第一封信，曾国藩对其长子曾纪泽讲为人治学的道理和读书方法。他主张读书要"虚心涵泳，切己体察"，并用形象的比喻加以解释："涵者，如春雨之润花，如清渠之溉稻。”“泳者，如鱼之游水，如人之濯足。”“善读书者，须视书如水，而视此心如花、如稻、如鱼、如濯足，则涵泳二字，庶可得之于意言之表。”——这是一种咀嚼品味、感悟体察、渐入佳境的读书方法，也是一种灵活掌握、学以致用的学习方法，值得我们借鉴。

第二封信，主要讲习文作诗的方法。他强调作诗要遵循两个原则：一要讲究声调，二要高声朗读。道破诗歌创作的要害——音韵。同时他还教导儿子“今后作字，务须讲求墨色”。最后曾国藩自道平生“三耻”，以激励儿子奋发努力为父雪耻。

两封信虽皆有训诫之意，但无训诫之词，语言平实亲切，有说服力和感染力，尤以“三耻”教子，感人至深，堪称中国传统文化持家教子的成功典范。

【思考与练习】

1. 分析曾国藩家书家训在当前形势下的现实意义。
2. 结合自己的创作实践，谈谈如何理解“涵泳”二字。
3. 曾国藩的自曝“三耻”对你有何启发？
4. 给家人或朋友修书一封，谈谈你对大学生就业难问题的认识。

我的世界观[①]

爱因斯坦[②]

我们这些总有一死的人的命运多么奇特呀！我们每个人在这个世界上都只作一个短暂的逗留；目的何在，却无所知，尽管有时自以为对此若有所感。但是，不必深思，只要从日常生活就可以明白：人是为别人而生存的——首先是为那样一些人，他们的喜悦和健康关系着我们自己的全部幸福；然后是为许多我们所不认识的人，他们的命运通过同情的纽带同我们密切结合在一起。我每天上百次地提醒自己：我的精神生活和物质生活都依靠着别人（包括生者和死者）的劳动，我必须尽力以同样的分量来报偿我所领受了的和至今还在领受着的东西。我强烈地向往着俭朴的生活，并且时常为发觉自己占用了同胞的过多劳动而难以忍受。我认为阶级的区分是不合理的，它最后所凭借的是以暴力为根据。我也相信，简单淳朴的生活，无论在身体上还是在精神上，对每个人都是有益的。

我完全不相信人类会有那种在哲学意义上的自由。每一个人的行为，不仅受着外界的强迫，而且还要适应内心的必然。叔本华[③]说："人虽然能够做他所想做的，但不能要他所想要的。"这句话从我青年时代起，就对我是一个真正的启示；在我自己和别人的生活面临困难的时候，它总是使我们得到安慰，并且永远是宽容的源泉。这种体会可以宽大为怀地减轻那种容易使人气馁的责任感，也可以防止我们过于严肃地对待自己和别人；它还导致一种特别给幽默以应有地位的人生观。

要追究一个人自己或一切生物生存的意义或目的，从客观的观点看来，我总觉得是愚蠢可笑的。可是每个人都有一定的理想，这种理想决定着他的努力和判断的方向。就在这个意义上，我从来不把安逸和享乐看作是生活目的本身——这种伦理基

---

① 本文发表于1930年，又可译为《我的信仰》。选自齐家莹选编的《科技大师人文随笔精选》（新世界出版社2003年版，徐良英等译）。

② 阿尔伯特·爱因斯坦，（Albert Einstein）1879年3月14日生于德国乌尔姆，是德裔美国物理学家（同时还拥有瑞士国籍）、思想家及哲学家，犹太人，20世纪最伟大的物理学家，现代物理学的开创者和奠基人，相对论的创立者。爱因斯坦生长在物理学急剧变革的时期，他于1905年发表了题为《论动体的电动力学》的论文，提出了狭义相对性原理和光速不变原理，建立了狭义相对论。1915年他又建立了广义相对论，进一步揭示了四维空间同物质的统一关系。根据广义相对论的引力论，他推断光在引力场中不沿着直线而会沿着曲线传播。这一理论预见，在1919年由英国天文学家在日蚀观察中得到证实，当时全世界都为之轰动。他对宇宙学、用引力和电磁的统一场论、量子论的研究都为物理学的发展做出了贡献。1999年12月26日，爱因斯坦被美国《时代周刊》评选为"世纪伟人"。爱因斯坦一心希望用科学造福于人类，因此他认为战争与和平的问题是当代的首要问题，他一生中发表得最多的是这方面的言论。他对政治问题的第一次公开表态是1914年签署的一个反对第一次世界大战的声明，1955年4月签署的《罗素—爱因斯坦宣言》，也是为了呼吁人们团结起来，防止新的世界大战的爆发。1955年4月18日爱因斯坦因主动脉瘤破裂逝世于美国普林斯顿。

③ 叔本华：（Arthur Schopenhauer，1788—1860）德国哲学家，唯意志论者。他继承了康德对于现象和物自体之间的区分，认为物自体可以通过直观而被认识，即为意志。并且认为，意志独立于时间、空间，所有理性、知识都从属于它，意志是宇宙的本质。

础，我叫它猪栏的理想。照亮我的道路，并且不断地给我新的勇气去愉快地正视生活的理想，是善、美和真。要是没有志同道合者之间的亲切感情，要不是全神贯注于客观世界——那个在艺术和科学工作领域里永远达不到的对象，那么在我看来，生活就会是空虚的。人们所努力追求的庸俗目标——财产、虚荣、奢侈的生活——我总觉得都是可鄙的。

我对社会正义和社会责任的强烈感觉，同我显然的对别人和社会直接接触的淡漠，两者总是形成古怪的对照。我实在是一个“孤独的旅客”，我未曾全心全意地属于我的国家，我的家庭，我的朋友，甚至我最为接近的亲人；在所有这些关系面前，我总是感觉到有一定距离而且需要保持孤独——而这种感受正与年俱增。人们会清楚地发觉，同别人的相互了解和协调一致是有限度的，但这不足惋惜。这样的人无疑有点失去他的天真无邪和无忧无虑的心境；但另一方面，他却能够在很大程度上不为别人的意见、习惯和判断所左右，并且能够不受诱惑要去避免那种把他的内心平衡建立在这样一些不可靠的基础之上。

我的政治理想是民主主义。让每一个人都作为个人而受到尊重，而不让任何人成为崇拜的偶像。我自己受到了人们过分的赞扬和尊敬，这不是由于我自己的过错，也不是由于我自己的功劳，而实在是一种命运的嘲弄。其原因大概在于人们有一种愿望，想理解我以自己的微薄绵力通过不断的斗争所获得的少数几个观念，而这种愿望有很多人却未能实现。我完全明白，一个组织要实现它的目的，就必须有一个人去思考，去指挥，并且全面担负起责任来。但是被领导的人不应当受到强迫，他们必须有可能来选择自己的领袖。在我看来，强迫的专制制度很快就会腐化堕落。因为暴力所招引来的总是一些品德低劣的人，而且我相信，天才的暴君总是由无赖来继承，这是一条千古不易的规律。就是这个缘故，我总是强烈地反对今天我们在意大利和俄国所见到的那种制度。像欧洲今天所存在的情况，使得民主形势受到了怀疑，这不能归咎于民主原则本身，而是由于政府的不稳定和选举制度中与个人无关的特征。我相信美国在这方面已经找到了正确的道路。他们选出了一个任期足够长的总统，他有充分的权力来真正履行他的职责。另一方面，在德国政治制度中，我所重视的是，它为救济患病或贫困的人作出了比较广泛的规定。在人生的丰富多彩的表演中，我觉得真正可贵的，不是政治上的国家，而是有创造性的、有感情的个人，是人格；只有个人才能创造出高尚的和卓越的东西，而群众本身在思想上总是迟钝的，在感觉上也总是迟钝的。

讲到这里，我想起了群众生活中最坏的一种表现，那就是使我厌恶的军事制度。一个人能够洋洋得意地随着军乐队在四列纵队里行进，单凭这一点就足以使我对他轻视。他所以长了一个大脑，只是出于误会；单单一根骨髓就可满足他的全部需要了。文明国家的这种罪恶的渊薮，应当尽快加以消灭。由命令而产生的勇敢行为，毫无意义的暴行，以及在爱国主义名义下的一切可恶的胡闹，所有这些都使我深恶痛绝！在我看来，战争是多么卑鄙、下流！我宁愿被千刀万剐，也不愿参与这种可憎的勾当。尽管如此，我对人类的评价还是十分高的，我相信，要是人民的健康感情没有被那些通过学校和报纸而起作用的商业利益和政治利益蓄意进行败坏，那么战争这个妖魔早就该绝迹了。

我们所能有的最美好的经验是奥秘的经验。它是坚守在真正艺术和真正科学发源地上的基本感情。谁要是体验不到它，谁要是不再有好奇心也不再有惊讶的感觉，他就无异于行尸走肉，他的眼睛是模糊不清的。就是这样奥秘的经验——虽然掺杂着恐怖——产生了宗教。我们认识到有某种为我们所不能洞察的东西存在，感觉到那种只能以其最原始的形式为我们感受到的最深奥的理性和最灿烂的美——正是这种认识和这种情感构成了真正的宗教感情；在这个意义上，而且也只是在这个意义上，我才是一个具有深挚的宗教感情的人。我无法想象一个会对自己的创造物加以赏罚的上帝，也无法想象它会有像在我们自己身上所体验到的那样一种意志。我不能也不愿去想象一个人在肉体死亡以后还会继续活着；让那些脆弱的灵魂，由于恐惧或者由于可笑的唯我论，去拿这种思想当宝贝吧！我自己只求满足于生命永恒的奥秘，满足于觉察现存世界的神奇的结构，窥见它的一鳞半爪，并且以诚挚的努力去领悟在自然界中显示出来的那个理性的一部分，即使只是极小的一部分，我也就心满意足了。

【评析】

爱因斯坦不仅是20世纪最伟大的物理学家，而且是一位富有哲学探索精神的杰出的思想家，同时还是一位有高度社会责任感的正直的人。他先后生活在西方政治漩涡中心的德国和美国，经历过两次世界大战，深刻体会到一个科学工作者的劳动成果对社会会产生怎样的影响，一个知识分子要对社会负怎样的责任。因此在这篇演讲中，他用第一人称的写法，坦率而真诚地阐述了自己的人生观、社会观、宗教观。“人是为别人而生存的”是他的人生理念，表现出他对生命价值的透彻领悟；民主主义是他的社会理想，表现出他对法西斯专制制度深恶痛绝；对“最深奥的理性和最灿烂的美”的执著追求是他的宗教感情，表现出他献身科学研究的伟大情怀。

坦率、谦和、朴实，既是文风的显现也是人品的标志，无不让人感受到这位科学家的高尚。

【思考与练习】

1. 爱因斯坦获得1921年诺贝尔物理学奖，请查阅有关资料了解其获奖的曲折经过。

2. 如何理解“人是为别人而生存的”？

3. 爱因斯坦像虔诚的宗教教徒一样执着于科学研究，就此谈谈你的感受。

4. 本文用第一人称写作的好处是什么？

【拓展阅读】

小资料：人类得益于爱因斯坦理论的重大发明

1. 太阳能电池、防盗报警器和照相机的测光表都是以光电效应为基础的。

2. 核能利用了这样一个物理现象：当铀原子发生裂变时，总质量的微量损失可以转变成能量，其依据正是爱因斯坦的著名等式 $E = Mc^2$。如今，核能为英国提供了25%的电力。

3. 全球定位系统之所以能将物体的位置精确到米，正是根据爱因斯坦的相对论对地球卫星发出的信号进行了修正。

4. 狭义相对论与量子理论相结合，指出了反物质的存在。科学家们利用正电子，即反物质“电子”，通过X射线层析照相术研究大脑活动。

5. 亚原子粒子的特性是相对论的直接结果，其存在可以解释从化学元素的特性到磁铁作用的多种现象。

6. 爱因斯坦1916至1917年对光子的研究为人类40年后发现激光奠定了基础。目前激光广泛应用于从DVD到激光打印机等多种产品。

爱因斯坦名言选

- 成功＝艰苦的劳动＋正确的方法＋少谈空话。
- 人只有献身于社会，才能找出那短暂而有风险的生命的意义。
- 只要你有一件合理的事去做，你的生活就会显得特别美好。
- 对一切来说，只有热爱才是最好的老师，它远远胜过责任感。
- 凡在小事上对真理持轻率态度的人，在大事上也是不可信任的。

不朽——我的宗教

胡　适①

不朽有种种说法，但是总括看来，只有两种说法是真有区别的。一种是把“不朽”解作灵魂不灭的意思。一种就是《春秋左传》上说的“三不朽”。

一、神不灭论。宗教家往往说灵魂不灭，死后须受末日的裁判：做好事的享受天国天堂的快乐，做恶事的要受地狱的苦痛。这种说法，几千年来不但受了无数愚夫愚妇的迷信，居然还受了许多学者的信仰。但是古今来也有许多学者对灵魂是否可离形体而存在的问题，不能不发生疑问。最重要的如南北朝人范缜的《神灭论》说：“形者神之质，神者形之用。……神之于质，犹利之于刀；形之于用，犹刀之于利。……舍利无刀，舍刀无利。未闻刀没而利存，岂容形亡而神在?”宋朝的司马光也说：“形既朽灭，神亦飘散，虽有锉烧舂磨②，亦无所施。”但是司马光说的“形既朽灭，神亦飘散”，还不免把形与神看作两件事，不如范缜说的更透彻。范缜说人的神灵即是形体的作用，形体便是神灵的形质。正如刀子是形质，刀子的利钝是作用；有刀子方才有利钝，没有刀子便没有利钝。人有形体方才有作用：这个作用，我们叫做“灵魂”。若没有形体，便没有作用了，便没有灵魂了。范缜这篇《神灭论》出来的时候，惹起了无数人的反对。梁武帝叫了七十几个名士作论驳他，都没有什么真有价值的议论。其中只有沈约的《难神灭论》说：“利若遍施四方，则利体无处复立；利之为用正存一边毫毛处耳。神之与行，举体若合，又安得同乎？若以此譬为尽耶，则不尽；若谓本不尽耶，则不可以为譬也。”这一段是说刀是无机体，人是有机体，故不能彼此相比。这话固然有理，但终不能推翻“神者形之用”的议论。近世唯物论的学者也说人的灵魂并不是什么无形体，独立存在的物事，不过是神经作用的总名；灵魂的种种作用都即是脑部各部分的机能作用；若有某部被损伤，其种作用即时废止；人年幼时脑部不曾完全发达，神灵作用也不能完全，老年人脑部渐渐衰耗，神灵作用也渐渐衰耗，这种议论的大旨，与范缜所说“神者形之用”正相同。但是有许多人总舍不得把灵魂打消了，所以咬住说灵魂另是一种神秘玄妙的物事，并不是神经的作用。这个“神秘玄妙”的物事究竟是什么，他们也说不出来，只觉得总应该有这么一

---

① 胡适（1891—1962），现代诗人、学者。“五四”文学革命和初期新文化运动的重要代表人物。原名嗣穈，学名洪骍，字适之，笔名天风、藏晖等。安徽绩溪人。1910 年赴美国留学，在康奈尔大学获文学学士学位后，进入哥伦比亚大学读哲学，师从杜威。回国后，任北京大学教授，积极参加新文化运动和文学革命运动，发表《文学改良刍议》，反对文言文、提倡白话文。1920 年出版中国文学史上第一部白话诗集《尝试集》，第一个白话独幕剧《终身大事》。学术上，曾致力于白话文学史的研究和章回小说的考证，著作有《红楼梦考证》，提出“大胆的假设，小心的求证”。抗战胜利后任北京大学校长。1958 年任中国台湾的“中央研究院院长”。病逝于中国台湾。胡适著述还有《中国章回小说考证》、《白话文学史》、《胡适论学近著》、《四十自述》、《藏晖室札记》、《中国哲学史大纲》（上卷）、《胡适书评序跋集》，以及《胡适文存》、《胡适作品集》等。译有《短篇小说集》二集、易卜生剧本《娜拉》（与罗家伦合译）等。

② 锉烧舂（chōng）磨：地狱中的种种刑罚。

件物事。既是“神秘玄妙”，自然不能用科学试验来证明他，也不能用科学试验来驳倒他。既然如此，我们只好用实验主义（Pragmatism）[①] 的方法，看这种学说的实际效果如何，以为评判的标准。依此标准看来，信神不灭论的固然也有好人，信神灭论的也未必全是坏人。即如司马光、范缜、赫胥黎一类的人，说不信灵魂不灭的话，何尝没有高尚的道德？更进一层说，有些人因为迷信天堂、天国、地狱、末日裁判，方才修德行善，这种修行全是自私自利，也算不得真正道德。总而言之，灵魂不灭的问题，于人生行为上实在没有什么重大影响；既没有实际的影响，简直可说是不成问题了。

二、三不朽说 。《左传》说的三种不朽是（一）立德的不朽（二）立功的不朽（三）立言的不朽。“德”便是个人人格的价值，像墨翟[②]、耶稣一类的人，一生刻意孤行，精诚勇猛，使当时的人敬爱信仰，使千百年后的人想念崇拜。这便是立德的不朽。“功”便是事业，像哥伦布发现美洲，像华盛顿造成美洲共和国，替当时的人开一新天地，替历史开一新纪元，替天下后世的人种下无量幸福的种子。这便是立功的不朽。“言”便是语言著作，像那《诗经》三百篇的许多无名诗人，又像陶潜、杜甫、莎士比亚、易卜生[③]一类的文学家，又像柏拉图[④]、卢梭、弥尔顿一类的哲学家，又像牛顿、达尔文一类的科学家，或是做了几首好诗使千百年后的人欢喜感叹；或是做了几本好戏使当时的人鼓舞感动，使后世的人发愤兴起；或是创出一种新哲学，或是发明了一种新学说，或在当时发生思想的革命，或在后世影响无穷。这便是立言的不朽。总而言之，这种不朽说，不问人死后灵魂能不能存在，只问他的人格，他的事业，他的著作有没有永远存在的价值。即如基督教徒说耶稣是上帝的儿子，他的神灵永远存在，我们正不用驳这种无凭据的神 话，只说耶稣的人格、事业和教训都可以不朽，又何必说那些无谓的神话呢？又如孔教会的人每到了孔丘的生日，一定要举行祭孔的典礼，还有些人学那“朝山进香”的法子，要赶到曲阜孔林去对孔丘的神灵表示敬意！其实孔丘的不朽全在他的人格与教训，不在他那“在天之灵”。大总统多行两次丁祭[⑤]，孔教会多走两次“朝山进香”，就可以使孔丘格外不朽了吗？更进一步说，像那《三百篇》里的诗人，也没有姓名，也没有事实，但是他们都可说是立言的不朽。为什么呢？因为不朽全靠一个人的真价值，并不靠姓名事实的流传，也不靠灵魂的存在。试看古今来的多少大发明家，那发明火的，发明养蚕的，发明缫丝的，发明织布的，发明水车的，发明舂米的水碓[⑥]的，发明规矩的，发明秤的，……虽然姓名不传，事实湮没，但他们的功业永远存在，他们也就都不朽了。这种不朽比那个人的小小灵魂的存在，可不是更可宝贵，更可羡慕吗？况且那灵魂的有无还在不可知之中，这三种不朽——德，功，言——可是实在的。这三种不朽可不是比那灵魂的不灭更靠得住吗？

以上两种不朽论，依我个人看来，不消说得，那“三不朽说”是比那“神不灭

① 实验主义（Pragmatism）：现代主观唯心主义流派。主要代表有美国杜威（DeWay）等。

② 墨翟：墨子，名翟，中国先秦时墨家学派的创始人。主张“兼爱”和“非攻”。

③ 易卜生：挪威剧作家。

④ 柏拉图：古希腊哲学家。

⑤ 丁祭：旧时每年于仲春（阴历二月）及仲秋（阴历八月）上旬丁日祭祀孔子，叫“丁祭”，也叫“祭丁”。

⑥ 水碓（duì）：古代利用水动力来舂米的用具。

说”好得多了。但是那“三不朽说”还有三层缺点，不可不知。第一，照平常的解说看来，那些真能不朽的人只不过那极少数有道德，有功业，有著述的人。还有那无量平常人难道就没有不朽的希望吗？世界上能有几个墨翟、耶稣，几个哥伦布、华盛顿，几个杜甫、陶潜，几个牛顿、达尔文呢？这岂不成了一种“寡头”的不朽论吗？第二，这种不朽论单从积极一方面着想，但没有消极的裁制。那种灵魂的不朽论既说有天国的快乐，又说有地狱的苦楚，是积极消极两方面都顾着的。如今单说立德可以不朽，不立德又怎样呢？立功可以不朽，有罪恶又怎样呢？第三，这种不朽论所说的“德，功，言”三件，范围都很含糊。究竟怎样的人格方才可算是“德”呢？怎样的事业方才可算是“功”呢？怎样的著作方才可算是“言”呢？我且举一个例。哥伦布发现美洲固然可算得立了不朽之功，但是他船上的水手火头又怎样呢？他那只船的造船工人又怎样呢？他船上用的罗盘器械的制造工人又怎样呢？他所读的书的著作者又怎样呢？举这一条例，已可见“三不朽”的界限含糊不清了。

因为要补足这三层缺点，所以我想提出第三种不朽论来请大家讨论。我一时想不起别的好名字，姑且称他做“社会的不朽论”。

三、社会的不朽论。社会的生命，无论是看纵剖面，是看横截面，都像一种有机的组织。从纵剖面看来，社会的历史是不断的：前人影响后人，后人又影响更后人：没有我们的祖宗和那无数的古人，又哪里有今日的我和你？没有今日的我和你，又哪里有将来的后人？没有那无量数的个人，便没有历史，但是没有历史，那无数的个人也决不是那个样子的个人。总而言之，个人造成历史，历史造成个人。从横截面看来，社会的生活是交互影响的：个人造成社会，社会造成个人；社会的生活全靠个人分工合作的生活，但个人的生活，无论如何不同，都脱不了社会的影响；若没有那样这样的社会，决不会有这样那样的我和你；若没有无数的我和你，社会也决不是这个样子。莱布尼茨（Leibnitz）说得好：

这个世界乃是一片大充实（Plenum，为真空 Vacuum 之对），其中一切物质都是接连着的。一个大充实里面有一点变动，全部的物质都要受影响，影响的程度与物体距离的远近成正比例。世界也是如此。每一个人不但直接受他身边亲近的人的影响，并且间接又间接的受距离很远的人的影响，所以世间的交互影响，无论距离远近，都受得着的。所以世界上的人，每人受着全世界一切动作的影响。如果他有周知万物的智慧，他可以在每人的身上看出世间一切施为，无论过去未来都可看得出，在这一个现在里面便有无穷时间空间的影子。（见 Monadology 第六十一节）

从这个交互影响的社会观和世界观上面，便生出我所说的“社会的不朽论”来。我这“社会的不朽论”的大旨是：

我这个“小我”不是独立存在的，是和无量数小我有直接或间接的交互关系的；是和社会的全体和世界的全体都有互为影响的关系；是和社会世界的过去和未来都有因果关系的。种种从前的因，种种现在无数“小我”和无数他种势力所造成的因，都成了我这个“小我”的一部分。我这个“小我”，加上了种种从前的因，又加上了种种现在的因，传递下去，又要造成无数将来的“小我”。这种种过去的“小我”，和种种现在的“小我”，和种种将来无穷的“小我”，一代传一代，一点加一滴；一线相传，连绵不断；一水奔流，滔滔不绝——这便是一个“大我”。“小我”是会消灭的，“大我”是永远不灭的。“小我”是有死的，“大我”是永远不死，永远不朽的。“小我”虽然会死，但是每一个“小我”的一切作为，一切功德罪恶，一切语言行事，无论大小，无论是非，无论善恶，一一都永远留存在那个“大我”之中。那个“大我”，便是古往今来一切“小我”的纪功碑，彰善祠，罪状判决书，孝子慈孙百世不能改的恶谥法。这个“大我”是永远不朽的，故一切“小我”的事业，人格，一举一动，一言一笑，一个念头，一场功劳，一桩罪过，也都永远不朽。这便是社会的不朽，“大我”的不朽。

那边“一座低低的土墙，遮着一个弹三弦的人”，那三弦的声浪，在空间起了无数波澜；那被冲动的空气质点，直接间接冲动无数旁的空气质点；这种波澜，由近而远，至于无穷空间；由现在而将来，由此刹那以至于无量刹那，至于无穷时间——这已是不灭不朽了。那时间，那“低低的土墙”外边来了一位诗人，听见那三弦的声音，忽然起了一个念头；由这一个念头，就成了一首好诗；这首好诗传诵了许多人；人读了这诗，各起种种念头；由这种种念头，更发生无量数的 念头，更发生无数的动作，以至于无穷。然而那“低低的土墙”里面那个弹三弦的人又如何知道他所发生的影响呢？

一个生肺病的人在路上偶然吐了一口痰，那口痰被太阳晒干了，化为微尘，被风吹起空中，东西飘散，渐吹渐远，至于无穷时间，至于无穷空间。偶然一部分的病菌被体弱的人呼吸进去，便发生肺病，由他一身传染一家，更由一家传染无数人家。如此辗转传染，至于无穷空间，至于无穷时间。然而那先前吐痰的人的骨头早已腐烂了，他又如何知道他所种的恶果呢？

一千五六百年前有一个人叫做范缜说了几句话道：“神之于形，犹利之于刀；未闻刀没而利存，岂容形亡而神在？”这几句话在当时受了无数人的攻击。到了宋朝有个司马光把这几句话记在他的《资治通鉴》① 里。一千五六百年之后，有一个十一岁的小孩子——就是我，——看《通鉴》到这几句话，心里受了一大感动，后来便影响了他半生的思想行事。然而那说话的范缜早已死了一千五百年了！

二千六七百年前，在印度地方有一个穷人病死了，没人收尸，尸首暴露在路上，已腐烂了。那边来了一辆车，车上坐着一个王太子，看见了这个腐烂发臭的死人，心中起了一念；由这一念，辗转发生无数念。后来那位王太子把王位也抛了，富贵也抛了，父母妻子也抛了，独自去寻思一个解脱生老病死的方法。后来这位王子便成了一个教主，创了一种哲学的宗教，感化了无数人。他的影响势力至今还在；将来即使他的宗教全灭了，他的影响势力终久还存在，以至于无穷。这可是那腐烂发臭的路毙所曾梦想到的吗？

以上不过是略举几件事，说明上文说的“社会的不朽”，“大我的不朽”。这种不朽论，总而言之，只是说个人的一切功德罪恶，一切言语行事，无论大小好坏，一一都留下一些影响在那个“大我”之中，一一都与这永远不朽的“大我”一同永远不朽。

上文我批评那“三不朽论”的三层缺点：一、只限于极少数的人，二、没有消极的裁制，三、所说“功，德，言”的范围太含糊了。如今所说“社会的不朽”，其

① 《资治通鉴》：作者为北宋文学家司马光，旨在帮助统治者治理好国家。

实只是把那“三不朽论”的范围更推广了。既然不论事业功德的大小，一切都可不朽，那第一第三两层短处都没有了。冠绝古今的道德功业固可以不朽，那极平常的“庸言庸行”，油盐柴米的琐屑，愚夫愚妇的细事，一言一笑的微细，也都永远不朽。那发现美洲的哥伦布固可以不朽，那些和他同行的水手火头，造船的工人，造罗盘器械的工人，供给他粮食衣服银钱的人，他所读的书的著作家，生他的父母，生他父母的父母祖宗，以及生育训练那些工人商人的父母祖宗，以及他以前和同时的社会，……都永远不朽。社会是有机的组织，那英雄伟人可以不朽，那挑水的，烧饭的，甚至于浴堂里替你擦背的，甚至于每天替你家掏粪倒马桶的，也都永远不朽。至于那第二层缺点，也可免去。如今说立德不朽，行恶也不朽；立功不朽，犯罪也不朽；“流芳百世”不朽，“遗臭万年”也不朽；功德盖世固是不朽的善因，吐一口痰也有不朽的恶果。我的朋友李守常①先生说得好：“稍一失脚，必致遗留层层罪恶种子于未来无量的人，——即未来无量的我——永不能消除，永不能忏悔。”这就是消极的裁制了。

中国儒家的宗教提出一个父母的观念，和一个祖先的观念，来做人生一切行为的裁制力。所以说，“一出言而不敢忘父母，一举足而不敢忘父母”。父母死后，又用丧礼祭礼等等见神见鬼的方法，时刻提醒这种人生行为的裁制力。所以又说：“斋明盛服，以承祭祀，洋洋乎如在其上，如在其左右。”又说：“斋三日，则见其所为斋者；祭之日，入室，僾然②必有见乎其位；周还出户，肃然必有闻乎其容声；出户而听，忾然必有闻乎其叹息之声。”这都是“神道设教”，见神见鬼的手段。这种宗教的手段在今日是不中用了。还有那种“默示”的宗教，神权的宗教，崇拜偶像的宗教，在我们心里也不能发生效力，不能裁制我们一生的行为。以我个人看来，这种“社会的不朽”观念很可以做我的宗教了。我的宗教的教旨是：

我这个现在的“小我”，对于那永远不朽的“大我”的无穷过去，须负重大的责任；对于那永远不朽的“大我”的无穷未来，也须负重大的责任。我须要时时想着，我应该如何努力利用现在的“小我”，方才可以不辜负了那“大我”的无穷过去，方才可以不贻害那“大我”的无穷未来？

［跋］这篇文章的主意是民国七年（1918 年）底当我的母亲丧事里想到的。那时只写成一部分，到民国八年二月十九日方才写定付印。后来俞颂华先生在报纸上指出我论社会是有机体一段很有语病，我觉得他的批评很有理，故民国九年二月间我用英文发表这篇文章时，我就把那一段完全改过了。民国十年五月，又改定中文原稿，并记作文与修改的缘起于此。

【评析】

本文开头一段作为“小引”，导入正文。其余可分四部分。第一部分，“神不灭论”；第二部分，“三不朽说”；第三部分，“社会的不朽论”；第四部分，重提“三

① 李守常：李大钊，字守常。

② 僾（ài）然：仿佛。

不朽说”的“三层缺点”。

第一部分分两层。首先，分析介绍范缜及司马光、沈约的“神灭论”；其次，强调所谓人的灵魂“不过是神经作用的总名”；同时进一步强调用实验主义的方法来剖析“神不灭论”。第二部分也分两层。首先，介绍、解说“三种不朽”。即立“德、功，言”；其次，剖析“三不朽说”。作者发现了“三不朽说”的“三层缺点”：即如何看“无量平常人”，缺乏消极的裁制及界限含糊不清。第三部分作者正面提出自己的“社会的不朽论”观点。其中，第一层着重于理论阐述。从莱布尼茨的论述到“社会的不朽论”的“大旨”。第二层为事例剖析，从“三弦的声浪”、吐痰到司马光及范缜的话以及佛教的产生，以此来深化自己的“社会的不朽论”。第四部分是全文的概括和总结。从“三不朽说”的“三层缺点”重提，最后得出结论：每个人的“小我”应该对永远不朽的“大我”负责。

本文批判了封建传统思想与道德规范。“五四”文化运动的巨大价值就在于对中国旧思想、旧文化发起了全面的冲击。封建统治桎梏、窒息广大人民群众的手段之一，就是鼓吹“神不灭论”。胡适从中国早期朴素唯物主义对“神不灭论”的怀疑与否定入手，又采用西方实验主义方法，从根本上否定了“神不灭论”。

“三不朽说”——“立德”、“立功”、“立言”成为知识分子终生追求的目标。胡适以犀利的笔触揭露了这样一个实质性问题：立什么样的“德”、“功”、“言”？或为谁而去“立德”、“立功”、“立言”？作者认为，无论“立功”或“立言”，只有在人类文明史上具有“永远存在的价值”，才会不朽。同时，本文着重阐述了个人对社会的作用，首先是个人如何为社会多做贡献。只有将个人融于社会之中，才会与社会一道“不朽”。

“三不朽说”的崇高性，使不少人不屑于所谓小事。其实，大量的小事累积而成大事；大事正是由无数的小事而构成。三弦的声浪使诗人写出了好诗；肺病的人吐的一口痰，传染无数人。即普通人也能“不朽”。“个人的一切功德罪恶，一切言语行事，无论大小好坏——都留下一些影响在那个‘大我’之中。”

艺术上有如下特色：一、层层剖解，具有严密的逻辑性。二、从理论到实际，给人以轻松、随和、娓娓道来的感觉。很复杂的理论问题，都用口语化语言深入浅出地表述出来。三、情感深沉。“跋”交代该文是在“母亲丧事里”想到的，蕴藉了对母亲的追思、怀念与永久的挚爱，饱含了一个儿子对母亲的眷爱。

【思考与练习】

1. 谈谈你对胡适《不朽——我的宗教》所提及的“三不朽说”的看法。

2. 胡适《不朽——我的宗教》一文引用了莱布尼茨的话说：“所以世界上的人，每人受着全世界一切动作的影响。如果他有周知万物的智慧，他可以在每人的身上看出世间一切施为，无论过去未来都可看得出，在这一个现在里面便有无穷空间时间的影子。”这段话对你的思想、工作和学习有什么启迪？

3. 为什么说胡适《不朽——我的宗教》这篇文章“论题重大而能深入浅出”？试举例说明。

黑　羊[1]

伊泰洛·卡尔维诺[2]

从前有个国家，里面人人是贼。

一到傍晚，他们手持万能钥匙和遮光灯笼出门，走到邻居家里行窃。破晓时分，他们提着偷来的东西回到家里，总能发现自己家也失窃了。

他们就这样幸福地居住在一起。没有不幸的人，因为每个人都从别人那里偷东西，别人又再从别人那里偷，依次下去，直到最后一个人去第一个窃贼家行窃。该国贸易也就不可避免地是买方和卖方的双向欺骗。政府是个向臣民行窃的犯罪机构，而臣民也仅对欺骗政府感兴趣。所以日子倒也平稳，没有富人和穷人。

有一天——到底是怎么回事没人知道——总之是有个诚实人到了该地定居。到晚上，他没有携袋提灯地出门，却待在家里抽烟读小说。

贼来了，见灯亮着，就没进去。

这样持续了有一段时间。后来他们感到有必要向他挑明一下，纵使他想什么都不做地过日子，可他没理由妨碍别人做事。他天天晚上待在家里，这就意味着有一户人家第二天没了口粮。

诚实人感到他无力反抗这样的逻辑。从此他也像他们一样，晚上出门，次日早晨回家，但他不行窃。他是诚实的。对此，你是无能为力的。他走到远处的桥上，看河水打桥下流过。每次回家，他都会发现家里失窃了。

不到一星期，诚实人就发现自己已经一文不名了；他家徒四壁，没任何东西可吃。但这不能算不了什么，因为那是他自己的错；不，问题是他的行为使其他人很不安。因为他让别人偷走了他的一切却不从别人那儿偷任何东西；这样总有人在黎明回家时，发现家里没被动过——那本该是由诚实人进去行窃的。不久以后，那些没有被偷过的人家发现他们比人家富了，就不想再行窃了。更糟的是，那些跑到诚实人家里去行窃的人，总发现里面空空如也，因此他们就变穷了。

同时，富起来的那些人和诚实人一样，养成了晚上去桥上的习惯，他们也看河水打桥下流过。这样，事态就更混乱了，因为这意味着更多的人在变富，也有更多的人在变穷。

现在，那些富人发现，如果他们天天去桥上，他们很快也会变穷的。他们就想：

---

① 选自《小说界》2000 年 04 期，译者毛尖。

② 伊泰洛·卡尔维诺（Italo Calvino，1923—1985），意大利著名作家，其作品因富有寓言式童话色彩而独具特色。1947 年发表处女作《蛛巢小径》。1956 年发表《意大利童话故事》，被誉为“意大利式的格林童话”。20 世纪 70 年代，发表三部具有后现代派创作风格的长篇小说《看不见的城市》、《命运交叉的古堡》、《寒冬夜行人》，进一步确立了卡尔维诺的创作风格，即过去与现在相结合，内心世界与外部世界相结合，幻想与现实相结合。其作品还有短篇小说集《最后飞来的是乌鸦》、《进入战争》、《马可瓦多》，长篇小说《分成两半的子爵》、《树上的男爵》等。

“我们雇那些穷的去替我们行窃吧。”他们签下合同，敲定了工资和如何分成。自然，他们依然是贼，依然互相欺骗。但形势表明，富人是越来越富，穷人是越来越穷。

有些人富裕得已经根本无须亲自行窃或雇人行窃就可保持富有。但一旦他们停止行窃的话，他们就会变穷，因为穷人会偷他们。因此他们又雇了穷人中的最穷者来帮助他们看守财富，以免遭穷人行窃，这就意味着要建立警察局和监狱。

因此，在那诚实人出现后没几年，人们就不再谈什么偷盗或被偷盗了，而只说穷人和富人；但他们个个都还是贼。

唯一诚实的只有开头的那个人，但他不久便死了，饿死的。

【评析】

卡尔维诺被誉为“20世纪最重要的意大利作家”“作家们的作家”，卡尔维诺的小说将现实主义因素融合进寓言故事，用幻想故事讽喻现实。在其作品《未来千年文学备忘录》中，他提出了文学创作的五个指标：轻逸、迅速、准确、易见、繁复。这不仅展现了作者对于文学创作标准的体认，更为我们提供了解读其作品的金钥匙。

本文讲述了一个貌似荒诞不经，实则意味深长的故事。故事超越了善恶对立和阶级分化，委婉传达了人类的生存状况，进而引发读者进行道德判断，蕴藏着极其丰富的内涵。作品揭示文明社会人类普遍生存状况的同时，也对个体生命的生存状况给予了人道关怀。本文比较集中地体现了卡尔维诺微型小说的特点，即在传统寓言基础上，用现代视角呈现时代特质。

卡尔维诺作品想象诡谲，叙述生动，寓现实于幻想，融现代技巧于传统表达，借具体形象表达抽象哲理，开拓了小说创作的新天地。

【思考与练习】

1. 请谈谈你对“黑羊”这一隐喻的认识。
2. 讨论本文的主题及其意义。

回　答[①]

北　岛[②]

卑鄙是卑鄙者的通行证，
高尚是高尚者的墓志铭。
看吧，在那镀金的天空中，
飘满了死者弯曲的倒影。

冰川纪过去了，
为什么到处都是冰凌？
好望角发现了，
为什么死海里千帆相竞？

我来到这个世界上，
只带着纸、绳索和身影，
为了在审判之前，
宣读那些被判决的声音：

告诉你吧，世界
我——不——相——信！
纵使你脚下有一千名挑战者，
那就把我算作第一千零一名。

我不相信天是蓝的；
我不相信雷的回声；
我不相信梦是假的；
我不相信死无报应。

如果海洋注定要决堤，
就让所有的苦水都注入我心中；
如果陆地注定要上升，
就让人类重新选择生存的峰顶。

新的转机和闪闪星斗，

---

① 选自《北岛诗歌集》，南海出版公司2003年版。

② 北岛（1949—　），本名赵振开，祖籍浙江湖州，生于北京。1978年同诗人芒克创办民间诗歌刊物《今天》。著有诗集《北岛诗选》、《太阳城札记》、《北岛与顾城诗选》，中短篇小说集《波动》，译著诗集《现代北欧诗选》，散文集《失败之书》、《时间的玫瑰》、《青灯》等。

正在缀满没有遮拦的天空，
那是五千年的象形文字，
那是未来人们凝视的眼睛。

【评析】

《回答》作于1976年清明前后，初刊于《今天》创刊号（1978年12月23日），后刊载于《诗刊》1979年第3期。《回答》反映了整整一代青年觉醒的心声，是与已逝的一个历史时代彻底告别的“宣言书”。

北岛的《回答》标志着“朦胧诗”时代的开始。诗篇揭露了社会的黑白颠倒、是非混淆，以坚定的口吻表达了对黑暗现实的怀疑，并庄严地向世界宣告了“我——不——相——信”的回答。诗中既有直接的抒情和充满哲理的警句，又有大量语意曲折的象征、隐喻、比喻等，使诗作既明快、晓畅，又含蕴丰厚，具有强烈的震撼力。

诗歌总体特征上可以概括为象征诗。作者善于运用一组组对立的意象，通过这些意象的接组和叠加，撞击和转换、剪接，成功地表达了重压之下生存的艰难和对罪恶社会的反叛，同时以“星斗”等意象让人看到未来的希望。运用象征、暗示来代替直白的说明，使得这首诗笼罩上了朦胧色彩，从而加大了诗句的张力，扩展了作品的艺术容量。“无论是对十年动乱现实的高度概括，对现存秩序的怀疑否定的彻底，还是作为挑战反叛英雄的悲壮程度，抑或对这一切的崭新艺术的表现，在同派诗人的同类作品中，都是无与伦比的。”（杨景龙《朦胧诗的压卷之作：北岛<回答>评析》）

【思考与练习】

1. 《回答》要表现的思想主题是什么？
2. 分析《回答》的精神特征及抒情主人公的人格形象。
3. 谈谈这首诗意象创造的特点。

【扩展阅读】

相信未来

食　指

当蜘蛛网无情地查封了我的炉台，
当灰烬的余烟叹息着贫困的悲哀，

我依然固执地铺平失望的灰烬，
用美丽的雪花写下：相信未来。

当我的紫葡萄化为深秋的露水，
当我的鲜花依偎在别人的情怀，
我依然固执地用凝露的枯藤，
在凄凉的大地上写下：相信未来。

我要用手指那涌向天边的排浪，
我要用手撑那托住太阳的大海，
摇曳着曙光那枝温暖漂亮的笔杆，
用孩子的笔体写下：相信未来。

我之所以坚定地相信未来，
是我相信未来人们的眼睛——
她有拨开历史风尘的睫毛，
她有看透岁月篇章的瞳孔。

不管人们对于我们腐烂的皮肉，
那些迷途的惆怅、失败的苦痛，
是寄予感动的热泪、深切的同情，
还是给以轻蔑的微笑、辛辣的嘲讽。

我坚信人们对于我们的脊骨，
那无数次的探索、迷途、失败和成功，
一定会给予热情、客观、公正的评定，
是的，我焦急地等待着他们的评定。

朋友，坚定地相信未来吧，
相信不屈不挠的努力，
相信战胜死亡的年轻，
相信未来、热爱生命。

——选自《中国文库·食指诗选》，人民文学出版社2009年版

礼记·大学（节选）[①]

大学[②]之道，在明明德，在亲民，在止于至善[③]。知止而后有定，定而后能静，静而后能安，安而后能虑，虑而后能得[④]。物有本末，事有终始[⑤]，知所先后，则近道矣。

古之欲明明德于天下者，先治其国。欲治其国者，先齐其家[⑥]。欲齐其家者，先修其身[⑦]。欲修其身者，先正其心[⑧]。欲正其心者，先诚其意[⑨]。欲诚其意者先致其知，致知在格物[⑩]。物格而后知至，知至而后意诚，意诚而后心正，心正而后身修，身修而后家齐，家齐而后国治，国治而后[⑪]天下平。自天子以至庶人，壹是[⑫]皆以修身为本。其本乱而末治者否矣[⑬]。其所厚者薄，而其所薄者厚[⑭]，未之有也。

【译文】

大学的宗旨在于弘扬光明正大的品德，在于使人弃旧图新，在于使人达到最完善的境界。知道应达到的境界才能够志向坚定；志向坚定才能够镇静不躁；镇静不躁才能够心安理得；心安理得才能够思虑周详；思虑周详才能够有所收获。每样东西都有根本有枝末，每件事情都有开始有终结。明白了这本末始终的道理，就接近事物发展

---

① 选自《大学·中庸》，中华书局2006年9月版。《大学》原本只是《礼记》（即《小戴礼记》，共49篇）中的一篇。《礼记》是用以阐释《礼经》经文的意义，或对经文的内容加以补充的辅助性资料。其作者主要是孔子再传弟子及其后学。其写作于战国至秦汉之间，其最后的编定，在东汉的晚期。

② 大学：古代一种高级学校的名称。大：旧读为“太”。《大戴礼记·保傅》说：“古者年八岁而出就外舍（即小学），学小艺焉，履小节焉；束发（指成童，约十五岁）而就大学，学大艺焉，履大节焉。”当时能入大学学习者，多为贵族子弟，即“王太子、王子、群后之子以至卿大夫、元士之适（嫡）子（《尚书·大传》）。至于用大学为篇题，郑玄认为：“名曰《大学》者，以其记博学可以为政也。”朱熹读“大”为dà，认为：“大学者，大人之学也。”

③ 明明德：前一个“明”字用作动词，义为“显明”；明德，即光辉的品德。亲民：以字面可理解为“亲爱人民”；程颐认为“亲”当做“新”，“新民”即使人民的道德境界不断更新。止：达到且能坚守不移。关于“明明德”、“亲民”、“止于至善”，朱熹说：“此三者，大学之纲领也。”

④ 知止：知道应该达到的目标。定：有确定的志向。静：心态平静。安：精神安宁。虑：思虑。得：有所收获。

⑤ 物有本末：万物都有主次轻重。事有终始：万事都有先后次序。

⑥ 齐其家：以字面可理解为“整顿其家庭”，但本文所说的“家”，与现代意义上的“家庭”有所不同，内含着封建家族所特有的宗法、等级含义。

⑦ 修其身：修养其自身。朱熹说：“正心以上，皆所以修身也。”

⑧ 正其心：端正其心。朱熹说：“心者，身之主也。”

⑨ 诚其意：使其意念真诚。

⑩ 致其知：获得知识。格：至；物：事物。关于“格物”、“致知”、“诚意”、“正心”、“修身”、“齐家”、“治国”、“平天下”，朱熹说：“此八者，大学之条目也。”

⑪ 而后：与上句“欲……先……”同样表示逻辑的条件关系，上句是由果及因的倒溯，此句则是由因及果的顺推。

⑫ 壹是：一律。以修身为本，朱熹说：“正心以上，皆所以修身也。齐家以下，则举此而措之耳。”

⑬ 本：指“修身”。末：指身外的种种事务。否：指“不可能”。

⑭ 所厚者：指“本”。所薄者：指“末”。

的规律了。古代那些想在天下弘扬光明正大品德的人，先要治理好自己的国家；要想治理好自己的国家，先要管理好自己的家庭和家族；要想管理好自己的家庭和家族，先要修养自身的品性；要想修养自身的品性，先要端正自己的心思；要想端正自己的心思，先要使自己的意念真诚；要想使自己的意念真诚，先要使自己获得知识；获得知识的途径在于认识、研究万事万物。通过对万事万物的认识、研究后，才能获得知识；获得知识后意念才能真诚；意念真诚后心思才能端正；心思端正后才能修养品性；修养品性后才能管理好家庭和家族；管理好家庭和家族后才能治理好国家；治理好国家后天下才能太平。上自一国之君，下至平民百姓，人人都要以修养品性为根本。若这个根本被扰乱了，要治理好家庭、家族、国家、天下是不可能的。不分轻重缓急，本末倒置却想做好事情，这也同样是不可能的。

【评析】

大学之意为博大的学问，要求博大学问须在最高学府——大学中求之。《大学》是大学教育的纲领，讲做人做事的道理。

《大学》是中国古代讨论教育理论的重要著作。经北宋程颢、程颐竭力尊崇，南宋朱熹又作《大学章句》，最终和《中庸》、《论语》、《孟子》并称“四书”。宋、元以后，《大学》成为学校官定的教科书和科举考试的必读书，对古代教育产生了极大的影响。

本文为《大学》的第一章，集中阐述了儒家关于教育的宗旨、步骤及作用的理论，鲜明地体现了儒家学派“内修外治”的人格理想。

文章的第一节，概括了大学教育的基本宗旨，即“三纲领”。所谓三纲领，是指“明明德”、“亲（新）民”和“止于至善”。它既是《大学》的纲领旨趣，也是儒学“垂世立教”的目标所在。第二节反复论述了修养的步骤及其实践效果，即“八条目”，是指格物、致知、诚意、正心、修身、齐家、治国、平天下。它既是为达到“三纲”而设计的条目工夫，也是儒学为我们所展示的人生进修阶梯。“八条目”包括“内修”和“外治”两大方面：前面四级“格物、致知、诚意、正心”是“内修”；后面三纲“齐家、治国、平天下”是“外治”。而中间的“修身”一环，则是联结“内修”和“外治”两方面的枢纽，它与前面的“内修”项目连在一起，是“独善其身”；它与后面的“外治”项目连在一起，是“兼济天下”。

本文语言颇具特色，大量使用排比和蝉联句法，环环相扣、间不容发，逻辑严密，其雄辩气势不容置疑。

【思考与练习】

1. 说明“三纲领”、“八条目”的具体含义及相互关系。
2. 根据选文阐释儒家学派“内修外治”的人格理想。

1917 年北大就职演讲[①]

蔡元培[②]

五年前，严几道先生为本校校长时，余方服务教育部，开学日曾有所贡献于同校。诸君多自预科毕业而来，想必闻知。士别三日，刮目相见，况时阅数载，诸君较昔当为长足之进步矣。予今长斯校，请更以三事为诸君告。

一曰抱定宗旨。诸君来此求学，必有一定宗旨，欲求宗旨之正大与否，必先知大学之性质。今人肄业专门学校，学成任事，此固势所必然。而在大学则不然，大学者，研究高深学问者也。外人每指摘本校之腐败，以求学于此者，皆有做官发财思想，故毕业预科者，多入法科，入文科者甚少，入理科者尤少，盖以法科为干禄之终南捷径也。因做官心热，对于教员，则不问其学问之浅深，惟问其官阶之大小。官阶大者，特别欢迎，盖为将来毕业有人提携也。现在我国精于政法者，多入政界，专任教授者甚少，故聘请教员，不得不聘请兼职之人，亦属不得已之举。究之外人指摘之当否，姑不具论，然弭谤莫如自修，人讥我腐败，而我不腐败，问心无愧，于我何损？果欲达其做官发财之目的，则北京不少专门学校，入法科者尽可肄业于法律学堂，入商科者亦可投考商业学校，又何必来此大学？所以诸君须抱定宗旨，为求学而来。入法科者，非为做官；入商科者，非为致富。宗旨既定，自趋正轨。诸君肄业于此，或三年，或四年，时间不为不多，苟能爱惜分阴，孜孜求学，则其造诣，容有底止。若徒志在做官发财，宗旨既乖，趋向自异。平时则放荡冶游，考试则熟读讲义，不问学问之有无，惟争分数之多寡；试验既终，书籍束之高阁，毫不过问，敷衍三四年，潦草塞责，文凭到手，即可借此活动于社会，岂非与求学初衷大相背驰乎？光阴虚度，学问毫无，是自误也。且辛亥之役，吾人之所以革命，因清廷官吏之腐败。即在今日，吾人对于当轴多不满意，亦以其道德沦丧。今诸君苟不于此时植其基，勤其学，则将来万一因生计所迫，出而任事，担任讲席，则必贻误学生；置身政界，则必贻误国家。是误人也。误己误人，又岂本心所愿乎？故宗旨不可以不正大。此余所希望于诸君者一也。

---

① 本文选自《蔡元培全集》第三卷，中华书局 1984 年版。

② 蔡元培（1868—1940），字鹤卿，号孑民。浙江绍兴人。中国近现代民主革命家、教育家。自幼刻苦好学，博览群书，中日甲午战争后，开始接触西方资产阶级政治学说，并学习外语，1898 年戊戌维新运动中，蔡元培同情维新派，尤其佩服激进的改良主义者谭嗣同。他认为维新派失败是因为没有培养革新人才，所以决心兴办教育。1902 年参与创立中国教育会，任会长，并创立爱国女学和爱国学社，作为培养革命人才、进行秘密活动的机关。1912 年 1 月出任南京临时政府教育总长，并发表《对于教育方针之意见》，1912 年 7 月，因不满袁世凯擅权而辞职。1917 年 1 月任北京大学校长，提出“思想自由”、“兼容并包”的办学方针，并采取一系列具体措施，使北大面貌焕然一新。1932 年，同宋庆龄、鲁迅等发起成立中国民权保障同盟，任副主席，为争取民主、保障人权、营救政治犯，进行了不懈的努力。抗日战争爆发后移居香港。1938 年，被推为国际反侵略运动大会中国分会名誉主席。1940 年 3 月 5 日病逝于香港。著作编为《蔡元培全集》。

二曰砥砺[①]德行。方今风俗日偷，道德沦丧，北京社会，尤为恶劣，败德毁行之事，触目皆是，非根基深固，鲜不为流俗所染。诸君肄业大学，当能束身自爱。然国家之兴替，视风俗之厚薄。流俗如此，前途何堪设想。故必有卓绝之士，以身作则，力矫颓俗。诸君为大学学生，地位甚高，肩此重任，责无旁贷，故诸君不惟思所以感己，更必有以励人。苟德之不修，学之不讲，同乎流俗，合乎污世，己且为人轻侮，更何足以感人。然诸君终日伏首案前，芸芸攻苦，毫无娱乐之事，必感身体上之苦痛。为诸君计，莫如以正当之娱乐，易不正当之娱乐，庶于道德无亏，而于身体有益。诸君入分科时，曾填写愿书，遵守本校规则，苟中道而违之，岂非与原始之意相反乎？故品行不可以不谨严。此余所希望于诸君者二也。

三曰敬爱师友。教员之教授，职员之任务，皆以图诸君求学便利，诸君能无动于衷乎？自应以诚相待，敬礼有加。至于同学共处一堂，尤应互相亲爱，庶可收切磋之效。不惟开诚布公，更宜道义相勖[②]，盖同处此校，毁誉共之。同学中苟道德有亏，行有不正，为社会所訾詈[③]，己虽规行矩步，亦莫能辨，此所以必互相劝勉也。余在德国，每至店肆购买物品，店主殷勤款待，付价接物，互相称谢，此虽小节，然亦交际所必需，常人如此，况堂堂大学生乎？对于师友之敬爱，此余所希望于诸君者三也。

余到校视事仅数日，校事多未详悉，兹所计划者二事：一曰改良讲义。诸君既研究高深学问，自与中学、高等不同，不惟恃教员讲授，尤赖一己潜修。以后所印讲义，只列纲要，细微末节，以及精旨奥义，或讲师口授，或自行参考，以期学有心得，能裨实用。二曰添购书籍。本校图书馆书籍虽多，新出者甚少，苟不广为购办，必不足供学生之参考。刻拟筹集款项，多购新书，将来典籍满架，自可旁稽博采，无虞缺乏矣。今日所与诸君陈说者只此，以后会晤日长，随时再为商榷可也。

【评析】

本文是蔡元培1917年1月9日就任北京大学校长时的演说。针对当时北京大学的一些不良学风，作者阐发大学的性质，并运用对比手法，提出了“三事”，对北京大学乃至中国的现代教育产生了深远的影响。

文章说理简明，情理并重，半文半白，又恰当地运用反诘，将深刻的道理蕴含在通俗明快的语句当中，是一篇极佳的演讲词。

【思考与练习】

1. 联系实际谈谈作者所阐发的“大学者，研究高深学问者也”。

---

① 砥砺（dǐ lì）：磨炼。砥，细的磨刀石。砺，磨刀石。

② 勖（xù）：勉励。

③ 訾詈（zǐ lì）：不好的议论。訾，说人坏话。詈，骂。

2. 文章中所说的“三事”、“两计划”指什么？

3. 当时学生中存在的不良学风表现在哪些方面？

4. 本文有哪些写作特点？

【拓展阅读】

蔡元培的故事：生活就是一杯绿茶

曾经有一位北大学生对成功充满着渴望和憧憬，可他在生活中却屡屡碰壁，鲜有所获。沮丧的他便给时任北大校长的蔡元培先生写了一封信，希望能够得到指点。蔡元培在百忙中回了信，并约了一个时间让那位学生到办公室面谈。

学生激动地来到校长的办公室。没等他开口，蔡元培先生就笑着招呼道：“来，快坐下，我给你泡杯茶。”说完便起身，从抽屉中拿出茶叶，放进杯子里，倒上开水，递到学生面前的桌子上。“这可是极品的绿茶哟，是朋友特地从南京给我带过来的，你也尝尝。”蔡元培先生和蔼地说道。

受宠若惊的学生端起茶杯喝了一口。几片茶叶稀疏地漂浮在水面上，水也是惨白惨白的，没有一点绿色，喝到口中也像白开水似的，没有一点茶的味道。学生的眉头不禁一皱。蔡元培好像并没有注意到学生的表情，依旧东拉西扯地谈一些漫无边际的话题，似乎完全忘记了学生来的目的。学生极不自然地听了很久，好不容易等到蔡元培稍稍停顿一下，忙找了个理由告辞。

蔡元培眯着眼若有所思地微笑道：“急什么，把茶喝了再走，这可是一杯极品的绿茶。千万别浪费了。”

学生无奈地又端起了茶杯，礼节性地喝了一口。可就在这时，一股清香浓郁的味道沁人心脾！学生愣住了，诧异地打量着茶杯：茶叶已经沉浸入杯底，杯中的水已是一片碧绿，像翡翠般灿烂夺目。不仅如此，整个办公室里都可以闻到一股清新的香气！

蔡元培似笑非笑地望着他，满含深意地问道：“你明白了吗？”

学生恍然大悟，惊喜地喊道：“我明白了，你的意思是说，想追求成功就要像这绿茶一样，不能只停留在表面；凡事都要静下心来，认认真真，踏踏实实地沉浸下去。”

生活就是一杯绿茶，只有静下心沉浸进去的人，才能领略到成功和幸福的甘醇！

笑话里的语言学[①]

吕叔湘[②]

一般所说“笑话”，范围相当广，大体上包括讽刺和幽默两类。笑话为什么引人发笑，这是心理学的问题，我毫无研究，说不出一点所以然。柏格森有一本书，名字就叫做《笑》，我没看过。很多笑话跟语言文字有关，我就谈谈这个。我取材于三本书：周启明校订：《明清笑话四种》，1983 第二版；王利器辑录：《历代笑话集》，1956 初版；任二北编著：《优语集》，1981 年初版。附注里边分别用周、王、任代表。

先举一个有名的例子。唐朝懿宗的时候，有一个“优人”（相当于外国的 fool），名字叫李可及，最会说笑话。有一回庆祝皇帝生日，和尚道士讲经完了，李可及穿着儒士衣冠，登上讲台，自称“三教论衡”。旁边坐着一人，问：“你既然博通三教，我问你，释迦如来是什么人？”李可及说：“女人。”旁边那个人吃一惊，说：“怎么是女人？”李可及说：“《金刚经》里说，‘敷座而坐’，要不是女人，为什么要夫坐而后儿坐呢？”又问：“太上老君是什么人？”回答说：“也是女人。”问的人更加不懂了。李可及说：“《道德经》里说‘吾有大患，为吾有身，及吾无身，吾复何患？’要不是女的，为什么怕有身孕呢？”又问：“孔夫子是什么人？”回答说：“也是女人。”问：“何以见得？”回答说：“《论语》说：‘沽之哉！沽之哉！吾待贾者也。’要不是女的，为什么要等着嫁人呢？”这一个笑话包括三部分，第一部分利用“敷”和“夫”同音，“而”和“儿”同音（唐朝妇女自称为“儿”）。第二部分利用“有身”的两种解释，即歧义。第三部分利用“贾”字的两种读音，就是故意念白字，本来该念 gǔ，却把它念成 jiǎ（这是今音，但唐朝这两个音也是不同的）。

一、谐声

很多笑话是利用同音字，也就是所谓谐声。谐声往往利用现成的文句。例如：

唐朝有个道士程子宵登华山，路上摔了跤。有一个做郎中官的宇文翰给他写信开玩笑，说：“不知上得不得，且怪悬之又悬。”这里就是套用《老子》：“上德不德，是以有德”和“玄之又玄，众妙之门”。《老子》是道家的经典，给道士的信里套用《老子》，妙得很。

宋徽宗宣和年间，童贯带兵去“收复”燕京，打了败仗逃回来。有一天宫中演剧，出来三个女仆，梳的鬏儿都不一样。头一个梳的鬏儿在前面，说是蔡太师家里的。第二个梳的鬏儿在旁边，说是郑太宰家里的。第三个满头都是鬏儿，说是童大王

---

① 选自吕叔湘著《语文常谈及其他》，上海教育出版社 1990 年版。

② 吕叔湘（1904—1998），江苏丹阳人。语言学家，语文教育家。生前担任中国社会科学院语言研究所研究员、所长、名誉所长。著有《中国文法要略》、《语法修辞讲话》（与朱德熙合著）、《汉语语法分析问题》、《汉语语法论文集》等。著作收入《吕叔湘文集》、《吕叔湘全集》等。

家里的。问她们为什么这么梳，蔡家的说："我们太师常常朝见皇上，我这个鬏儿叫作朝天髻。"郑家的说："我们太宰已经告老，我这个鬏儿叫做懒梳髻。"童家的说："我们大王正在用兵打仗，我这个是三十六髻。"这是用"髻"谐"计"。"三十六计，走是上计"是南朝齐就传下来的成语。

明末清兵入关南下，当时的大名士并且在明朝做过大官的钱牧斋，穿戴清朝衣帽去迎降。路上遇到一位老者，拿拐棍儿敲他的脑袋，说："我是多愁多病身，打你个倾国倾城帽。"这两句是套用《西厢记》第一本第四折里的"小子多愁多病身，怎当他倾国倾城貌"。"帽"跟"貌"同音。把"貌"字换成"帽"字，连"倾国倾城"的含义也变了，由比喻变成实指了。

笑话利用谐声，有时候透露出方言的字音。例如：

有一个私塾老师教学生念《大学》，先念朱熹的《大学章句序》，念了破句，把"大学之书，古之大学所以教人之法也"念成"大学之，书古之，大学所以教人之，……"。让阎王知道了，叫小鬼去把他勾来，说："你这么爱'之'字，我罚你来生做个猪。"那个人临走说："您让我做猪，我不敢违抗，我有个请求：让我生在南方。"阎王问他为什么，他说："《中庸》书里说：'南方猪强于北方猪'。"（按：《中庸》原文是：子路问强，子曰："南方之强欤？北方之强欤？抑而强欤？"）这个笑话的关键在于拿"之"字谐"猪"字，这是部分吴语方言的语音，在别的地区就不会引人发笑了。

苏州有一个王和尚，因为哥哥做了官，他就还俗娶妻，待人骄傲。有一天参加宴会，别的客人跟演戏的串通了整他。戏里边有一个起课先生穿得破破烂烂上场，别人问："你起课很灵，怎么还这么穷呢？"按剧本里的台词，起课人的回答是："黄河尚有澄清日，岂可人无得运时？"这位演员故意说道："被古人说绝了，说的是：王和尚有成亲日，起课人无得运时。"客人们大笑，王和尚赶快逃走。这也是利用苏州话里"黄"和"王"同音，"亲"和"清"同音。（改词跟原词既然同音，其区别大概在于语调上的分别，原词是2，2，3，改词是3，1，3。）又，原词的上句有出处：《吴越备史》说，诗人罗隐投奔吴越，病重，吴越国王钱镠去看他，在卧室墙上题两句诗："黄河信有澄清日，后世应难继此才。"

有时候，利用通假字的不同音义。例如"说"字本意是说话，又与"悦"字相通，古书里常常把"悦"写成"说"。明朝万历年间张居正做宰相，不让科道官提反对意见——科道指给事中和御史，都是所谓言官。有人就编个笑话来讽刺他。说是科道官出了一个缺，吏部文选司郎中向张居正请示，张居正说："科道官最难得适当的人，连孔子门下的几个大弟子也未必都合适。"郎中说："颜回德行好，可以用吧？"张居正说："《论语》里说，颜回听了孔子的话，没一句不说出去，不能用。"郎中说："子夏文学好，可以用吧？"张居正说："孔子说过，子夏这个人，听我讲道他也说，出去看见繁华世界他也说，不能用。"郎中说："冉求能办事，怎么样？"张居正说："孔夫子说，冉求啊，我讲的他没有不说的，不能用。"郎中说："子路这个人倒还可以，就怕他太鲁莽。"张居正说："孔子去见南子夫人，子路不说，这个人可以放心用。"

有一个私塾老师教学生念《大学》，念到"於戏前王不忘"，把"於戏"二字照常用的字音读了。学生的家长跟他说，应该读做“呜呼”。到了冬天，教学生念《论语》，注释里有一句是“傩虽古礼而近於戏”，老师把“於戏”读做“呜呼”。学生家长说，这是“於戏”。这老师很生气，在他的朋友跟前诉苦，说：“这东家真难伺候，就只‘於戏’两个字，从年头跟我闹别扭，一直闹到年底。”

二、拆字

编笑话的人也常常在字形上做文章，主要是拆字。举三个例子。

宋朝国子监博士郭忠恕嘲笑国子监司业聂崇义，说：“近贵全为聩，收龙只作聋，虽然三个耳，其奈不成聪。”聂崇义回答他说：“莫笑有三耳，全胜畜二心。”

明朝大学士焦芳的脸黑而长，很像驴脸。当他还没高升的时候，有一天跟他的同事李东阳说：“您擅长相面，请您给我看看。”李东阳看了半天，说：“您的脸，左边一半像马尚书，右边一半像卢侍郎，将来也要做到他们那么大的官。”“马（馬）”左“卢（盧）”右，乃是“驢”字。

清朝有一个平恕，做官做到侍郎。曾经做过江苏学政，大搞贪污，名声很坏。有人编了一出戏，名字叫《干如》，开场白是：“忘八，丧心，下官干如是也。”看戏的都笑了。“干”是“平”字去掉“八”，“如”是“恕”字去掉“心”。这位学台后来被总督参了一本，奉旨革职充军而死。

这三个笑话一个比一个尖锐，头一个还只是一般的开玩笑，第二个就有点叫人受不了了，末了一个是指着鼻子骂——大概那位学台大人不在场，要不然演员没这么大胆。

拆字以外，念白字也常常用来编笑话。举一个时代相当早——是宋朝——已经成为典故的例子。

相传有一位读书人路上经过一个私塾，听见里边的老师教学生念“都都平丈我”，进去纠正。事情传开之后，就有人编了个顺口溜：“都都平丈我，学生满堂坐；郁郁乎文哉，学生都不来。”当时有一位文人曹元宠曹组，在一幅《村学堂图》上曾经题诗一首：“此老方扪虱，群雏争附火。想当训诲间，都都平丈我。”

三、歧义

在语义方面着眼的，首先是利用某些语词的多义性。例如：

有一个做小买卖的，儿子做了官，他成了老封翁。有一天他去见县官，县官请他上坐，他坚决不肯。县官说：“我跟令郎是同年，理当坐在您下首。”这位老封翁说：“你也是属狗的吗？”这里就是利用“同年”的两种意义。

有一个和尚做了几十个饼，买了一瓶蜜，在屋里吃私食。没有吃完要出去，把饼和蜜藏在床底下，交代徒弟：“给我看好饼。床底下瓶子里头是毒药，吃了就死。”和尚出去之后，徒弟把蜜涂饼，大吃一气，吃得只剩两个。和尚回来，看见蜜已经吃光，饼只剩两个，大骂徒弟：“你怎么吃我的饼和蜜？”徒弟说：“您出去之后，我闻见饼香，馋得熬不住，就拿来吃，又怕师父不肯饶我，就吃了瓶里的毒药寻死，没想到到现在还没死。”师父大骂：“你怎么就吃掉了这么多？”徒弟把剩下的两个饼塞在嘴里，说：“这么吃就吃掉了。”师父伸手要打徒弟，徒弟跑了。这里是利用“怎么”的两种意义：师父问“怎么”是“为什么”（Why）的意思，徒弟故意把“怎么”理解为“怎么样”（How）的意思。

有一个人尊奉儒释道三教，塑了三位圣人的像。一个道士来了，把老子的像安在中间。一个和尚来了，又把释迦的像挪到中间。一个书生来了，又把孔子的像挪在中间。这三位圣人相互说："咱们本来好好儿的，被人家搬来搬去，把咱们都搬坏了。"这里是利用"搬"字的两种意义，搬动和搬弄。

最早的笑话书相传是三国魏邯郸淳的《笑林》，里边有一条说：汉朝司徒崔烈用鲍坚做他的属下官。鲍坚第一回去见他，怕礼节搞错，向先到的人请教。那个人说"随典仪口倡"，意思是赞礼官怎么说你就怎么办。鲍坚误会了，以为要他跟着赞礼官说。进见的时候，赞礼的说"拜"，他也说"拜"；赞礼的说"就位"，他也说"就位"。坐下的时候他忘了脱鞋，临走的时候找鞋找不着，赞礼的说"鞋在脚上"，他也说"鞋在脚上"。（按：英语 Follow Me 也可以有两种意思，电视节目里的 Follow Me！是"跟我说"，回答问路的说 Follow Me！是"跟我走"。）

歧义的产生也可以是因为语句的结构可以有两种分析。有一个青盲（俗称睁眼瞎）跟人打官司，他说他是瞎子。问官说："你一双青白眼，怎么说是瞎子？"回答说："老爷看小人是青白的，小人看老爷是糊涂的。"这两句话的本意是：你看我看得清，我看你看不清。但是也可以理解为：你看，我是清白的；我看，你是糊涂的。这就变成大胆的讽刺了。

有些词语，写出来，加上标点，就没有歧义了。"下雨天留客天留人不留"，这是个老笑话，不用再说。还有一个也是常被人引用的。北齐优人石动筒问国学博士："孔夫子的门下有七十二贤人，有几个是大人，有几个还没成年？"博士说："书上没有。"石动筒说："怎么没有？已冠者三十人，未冠者四十二人。"博士问："何以见得？"石动筒说："《论语》里明明说，'冠者五六人'，五六得三十，'童子六七人'，六七四十二，加起来是七十二。"这要是写成"五、六人"和"六、七人"，就不可能加以曲解了。

唐朝武则天时代有一个老粗权龙襄做瀛州刺史。过新年，有人从长安给他写信："改年多感，敬想同之。"他拿信给衙门里别的官员看，说："有诏书改年号为多感元年。"众人大笑，权龙襄还不明白。要是当时有在专名旁边加记号的习惯，"多感"二字没有专名号，就不会误解了。

四、歇后及其他

笑话里也常常运用歇后语。先举一个《千字文》的例子。有一个县尉名叫封抱一，有一天来了一位客人，身材短小，眼睛有毛病，鼻子堵塞。封抱一用《千字文》歇后来嘲笑他："面作天地玄，鼻有雁门紫，既无左达承，何劳罔谈彼。"四句暗含着"黄、塞、明、短"四个字。

另一个例子，有一个穷书生给朋友祝寿，买不起酒，奉上一瓶水，说："君子之交淡如。"主人应声说："醉翁之意不在。"分别隐藏"水"字和"酒"字。

有一个用上句隐含下句的例子，也可以算是广义的歇后。梁元帝萧绎一只眼瞎，当他还是湘东王的时候，有一天登高望远，有个随从的官员说："今天可说是'帝子降于北渚'。"梁元帝说："你的意思是'目眇眇兮愁予'吧？""眇"是偏盲。这两句是《楚辞·九歌·湘夫人》里的。

歇后是把要说的词语隐藏在别的词语背后，近似谜语。从修辞的角度看，跟歇后相对的是同义反复，笑话书里也有引用的。例如：有一个诗人作一首《宿山房即事》七绝："一个孤僧独自归，关门闭户掩柴扉。半夜三更子时分，杜鹃谢豹子规啼。"又作《咏老儒》，也是一首七绝："秀才学伯是生员，好睡贪鼾只爱眠；浅陋荒疏无学术，龙钟衰朽驻高年。"

从信息的角度来看，不但是这种同义反复里边有羡余信息，一般言语里也有羡余信息。例如：有一个秀才买柴，说："荷薪者过来。"卖柴的因为"过来"二字好懂，就把柴挑到秀才跟前。秀才问："其价几何？"卖柴的听懂"价"字，说了价钱。秀才说："外实而内虚，烟多而焰少，请损之。"卖柴的不懂他说些什么，挑起柴来走了。

笑话里不但可以涉及修辞学，还可以涉及逻辑学。有一个秀才很久不上县学老师那儿去了，县学老师罚他作文一篇，题目是《牛何之》。这秀才很快把文章做完，它的结语是："按'何之'二字两见于《孟子》：一曰，'先生将何之？'一曰：'牛何之？'然则先生也，牛也，二而一，一而二者也。"这个结语的逻辑犯了中项不周延的毛病。

最后说几个避讳的例子。从前有避讳尊长的名字的习俗，有时候就闹出笑话。避讳跟歇后一样，都是把要说的字眼隐藏起来，近似谜语。举两个例子。五代时冯道连着做了几个朝代的宰相，是个大贵人。有一个门客讲《老子》第一章，头一句就是"道可道，非常道"。这位不敢说"道"字，就说："不敢说，可不敢说，非常不敢说。"

南宋时候有个钱良臣，官做到参知政事（副相），他的小儿子很聪明，念书遇到"良臣"就改称"爹爹"。有一天读《孟子》："今之所谓良臣，古之所谓民贼也。"他就念道："今之所谓爹爹，古之所谓民贼也。"你说可笑不可笑？

避讳不限于名字，也可以是不吉利的字眼。宋朝有个秀才叫柳冕，最讲究忌讳，应考的时候，特别忌讳"落"字。他的仆人不小心说了个"落"字，就得挨打。跟"落"同音的字都得忌讳，不说"安乐"，说"安康"。他考完了等发榜，听说榜已经出来，就叫仆人去看。一会儿仆人回来了，柳冕问他："我中了没有？"仆人说："秀才康了也。"这个"康了"后来成了典故，《儿女英雄传》的作者就用上了，见第三十一回。

笑话要能达到引人笑的目的，必须听的人和说的人有共同的背景知识，如古书、成语、谚语、语音、文字等等，否则会"明珠暗投"。例如，不知道《老子》里有"上德不德"和"玄之又玄"，就不会懂得给道士的信里用上"上得不得"和"悬之又悬"的天然合拍；不知道有"三十六计，走是上计"的成语，也就领会不了"三十六髻"的深刻讽刺。

【评析】

《笑话里的语言学》是从语言文字的角度来分析古代笑话在语言学意义上的依据的。文章的展开朴实而严密，有条不紊。开头从笑话的类别入手，先对它的论述范围、所引材料和例子的出处加以限定。然后展开论析，列举一系列笑话实例，进行语言学的分析说明，分类论述笑话中所用的语言手段，包括谐声、拆字、歧义、歇后等，阐明了笑话产生的语言学原理。最后结合汉语自身的特点，指出共同的语言知识背景是这些笑话令人发笑的前提。本文的着眼点在语言学原理的分析，从语言学的立场来考查古代语文中的幽默与讽刺。从大量的信息中，也让我们感受到了古代文人的趣味、古代社会的生活景观、人际关系、文化内涵等丰富的内容。

本文语言简洁、质朴而绘声绘色，把汉语言生动活泼的一面展示给读者，让枯燥的语言学理论变得趣味盎然。

【思考与练习】

1. 张鷟《朝野佥载》卷六有这样一个故事："秋官侍郎狄仁杰嘲秋官侍郎卢献曰：'足下配马乃作驴'。献曰：'中劈明公，乃成二犬。'杰曰：'狄字，犬傍火也。'献曰：'犬边有火，乃是熟狗。'"请用本文涉及的语言学理论解释此故事。

2. 就文中笑话与古汉语特点的关系做一小结。

3. 本文所列举出的古代笑话，均利用汉语言的一些特点来逗笑，这种方法在今天还有没有生命力，试举例说明。

文与可篔筜谷偃竹记[①]

苏　轼[②]

竹之始生，一寸之萌耳，而节叶具焉。自蜩腹蛇蚹[③]以至于剑拔[④]十寻者，生而有之也。今画者乃节节而为之，叶叶而累[⑤]之，岂复有竹乎[⑥]？故画竹必先得成竹于胸中，执笔熟视，乃见其所欲画者，急起从之，振笔直遂，以追其所见，如兔起鹘落[⑦]，少纵则逝矣。与可之教予如此。予不能然也，而心识其所以然。夫既心识其所以然，而不能然者，内外不一，心手不相应，不学之过也。故凡有见于中，而操之不熟者，平居自视了然而临事忽焉丧之，岂独竹乎？

子由为《墨竹赋》以遗与可，曰："庖丁，解牛者也，而养生者取之[⑧]；轮扁，斫轮者也，而读书者与之[⑨]。今夫夫子[⑩]之托于斯竹也，而予以为有道者则非耶？"子由未尝画也，故得其意而已。若予者，岂独得其意，并得其法。

与可画竹，初不自贵重。四方之人持缣素[⑪]而请者，足相蹑[⑫]于其门。与可厌之，

---

① 选自《苏轼文集》，中华书局 1986 年版。文与可（1018—1079），名同，字与可，梓州永泰（今四川盐亭东）人。北宋著名画家，善画山水，尤其善于画竹，创深墨为画、淡墨为背的竹叶画法，开后世"湖州竹派"。篔筜（yún dāng）谷：山谷名，在洋州（今陕西洋县）西北，谷中盛产竿粗节长的竹子。偃竹：倾斜的竹子。

② 苏轼（1037—1101），字子瞻，号东坡居士，眉州（今四川眉山）人。北宋著名的文学家、书画家，与父亲苏洵、弟弟苏辙合称"三苏"。宋仁宗嘉佑二年（1057 年）中进士。神宗时曾任祠部员外郎，因反对王安石新法而求外职，任杭州通判，密州、徐州、湖州知州。元丰二年（1079 年）因被诬陷作诗"谤讪朝廷"被捕入狱，后贬黄州，史称"乌台诗案"。宋哲宗时任翰林学士，曾出任杭州、颍州知州，官至礼部尚书。后又因"为文讥斥朝廷"贬谪惠州、儋州。直到 1100 年宋徽宗即位时才被赦北还，第二年病死常州。南宋时追谥文忠。苏轼在文艺创作的各个方面都有突出的成就，其文明白畅达，为"唐宋八大家"之一，史上有"欧苏"之称。其诗清新豪健，充满理趣，在艺术表现方面独具风格，史上有"苏黄"之称。其词开豪放一派，对后代很有影响，史上有"苏辛"之称。其书法也有很高造诣，擅长行书、楷书，与蔡襄、黄庭坚、米芾并称"宋四家"。其绘画，不仅能画竹，也喜作枯木怪石。存世诗文有《苏东坡集》、《东坡乐府》等。书迹有《答谢民师论文帖》、《祭黄几道文》、《前赤壁赋》、《黄州寒食诗帖》等。画迹有《枯木怪石图》、《竹石图》等。

③ 蜩（tiáo）腹蛇蚹：此处用蝉壳、蛇鳞形容竹子初生时的形状。蜩腹，蝉壳。蛇蚹，蛇腹部下面的横鳞。

④ 剑拔：此处用来形容修长的竹子像剑出鞘一样挺拔有力。

⑤ 累：加，积累。

⑥ 岂复有竹乎：怎么还会有完整的活生生的竹子呢。

⑦ 兔起鹘落：像兔子跃起奔跑，鹘鸟从高空俯冲而下搏击追赶。此处形容挥笔迅速。鹘（hú），又名隼（sǔn），一种猛禽。

⑧ "庖丁"三句：语出《庄子·养生主》，意为庖丁是宰牛的，而讲究养生之道的人可以从中悟出养生的道理。庖丁，掌厨的人叫"庖"，名丁，此处指宰牛的人。取，取法。

⑨ "轮扁"三句：语出《庄子·天道》，意为轮匠扁，是造车轮的，可是读书的人赞成他讲的道理。轮扁，造车轮的工匠，名扁。斫（zhuó），砍，削。

⑩ 夫子：指文与可。

⑪ 缣素（jiān）：古代人用来作画的白绢。

⑫ 足相蹑：脚互相踩碰。此处形容来求文与可作画的人非常多。

投诸地而骂曰："吾将以为袜。"士大夫传之，以为口实①。及与可自洋州还，而余为徐州。与可以书遗余曰："近语士大夫：'吾墨竹一派，近在彭城，可往求之。'袜材当萃于子矣。"书尾复写一诗，其略曰："拟将一段鹅溪②绢，扫取寒梢万尺长。"予谓与可："竹长万尺，当用绢二百五十匹，知公倦于笔砚，愿得此绢而已。"与可无以答，则曰："吾言妄矣，世岂有万尺竹哉？"余因而实之，答其诗曰："世间亦有千寻竹，月落庭空影许长③。"与可笑曰："苏子辩矣，然二百五十匹绢，吾将买田而归老焉。"因以所画筼筜谷偃竹遗予，曰："此竹数尺耳，而有万尺之势。"筼筜谷在洋州，与可尚令予作《洋州三十咏》，《筼筜谷》其一也。予诗云："汉川修竹贱如蓬④，斤斧何曾赦箨龙⑤。料得清贫馋太守，渭滨千亩在胸中。"与可是日与其妻游谷中，烧笋晚食，发函得诗，失笑喷饭满案。

元丰二年正月二十日，与可没⑥于陈州。是岁七月七日，予在湖州曝书画，见此竹，废卷而哭失声。昔曹孟德《祭桥公文》有"车过"、"腹痛"之语⑦。而予亦载与可畴昔⑧戏笑之言者，以见与可于予亲厚无间如此也。

【译文】

竹子开始生出时，只是一寸高的萌芽而已，但节、叶都具备了。从蝉破壳而出、蛇长出鳞一样的状态，直至像剑拔出鞘一样长到八丈高，都是一生长就有的。如今画竹的人都是一节节地画它，一叶叶地堆积它，这样哪里还会有完整的、活生生的竹子呢？所以画竹必定要心里先有完整的竹子形象，拿起笔来仔细看去，就看到了他所想画的竹子，急速起身跟住它，动手作画，一气呵成，以追上他所见到的，如兔子跃起奔跑、隼俯冲下搏，稍一放松就消失了。与可告诉我的是如此。我不能做到这样，但心里明白这样做的道理。既然心里明白这样做的道理，但不能做到这样，是由于内外不一，心与手不相适应，并没有学习的过错。所以凡是在心中有了构思，但是做起来不熟练的，平常自己认为很清楚，可事到临头忽然又忘记了，这种现象难道仅仅是画竹才有吗？

子由写了篇《墨竹赋》，把它送给与可，说："丁厨子，是杀牛的，但讲求养生

---

① 口实：话柄。

② 鹅溪：地名，在四川盐亭西北，以产绢著称。唐时用鹅溪绢做贡品，宋时绘画以鹅溪绢为上品。

③ 影许长：影子有这样长。许，这样。

④ 汉川修竹贱如蓬：汉川，汉水。修竹，长竹。蓬，蓬草。

⑤ 箨（tuò）龙：竹笋的别名。

⑥ 没：通"殁"（mò），死亡。

⑦ "昔曹孟德"两句：据《三国志·魏书·武帝纪》裴松之的注文记载，曹操年轻时，桥玄很赏识他。桥玄死后，曹操路过故乡谯郡，用太牢的隆重仪式祭祀桥玄，并作《祀故太尉桥玄文》，文中写道："又承从容约誓之言：'殂逝之后，路有经由，不以斗酒只鸡相沃爵，车过三步，腹痛勿怪。'虽临时戏笑之言，非至亲之笃好，故肯为此辞乎？"此处引此典故，说明曹操与桥玄之间亲密的关系，以表明作者与文与可之间的亲密关系。

⑧ 畴（chóu）昔：昔日，从前。

的人从他的行动中悟出了道理；轮匠扁，是造车轮的，但读书的人赞成他讲的道理。如今您寄托意蕴在这幅竹画上，我认为您是深知道理的人，难道不是吗?”子由没有作过画，所以只得到了他的意蕴。像我这样的人，哪里仅仅是得到他的意蕴，并且也得到了他的方法。

与可画竹，起初自己并不看重。四方的人们，带着白绢来请他作画的，在他的门口脚与脚互相碰踩。与可讨厌他们，把白绢丢在地上骂道：“我将用这些白绢做袜子!”文人们传说着他的话，作为话柄。等与可从洋州回来，我正任徐州太守。与可寄信给我说：“近来告诉文人们说：‘我们画墨竹这一流派的人，已传到近在徐州的苏轼，你们可去求他画。’做袜子的材料会聚集到您那里去了。”信末又写了一首诗，它的大概意思说：“打算用一段鹅溪绢，画出寒竹万尺长。”我对与可说：“竹子长万尺，必须用绢二百五十匹。知道您是懒得动笔，希望得到这些绢罢了。”与可无话可答，就说：“我的话错了，世上哪有万尺长的竹子呢?”我就证实它，回答他的诗说：“世上也有八千尺长的竹，月光洒落空庭照出竹影这么长。”与可笑起来说：“苏先生真会说呀！但二百五十匹绢，我将用它们买些田回家养老啊。”即把所画的筼筜谷倾斜的竹子送给我，说：“这竹子只有几尺高，但有万尺的气势。”筼筜谷在洋州，与可还令我作《洋州三十咏》,《筼筜谷》是其中之一。我诗道：“汉水的高竹贱如蓬草，斧头哪曾放过竹子？估计太守清贫贪馋，把渭水边上千亩竹林都吃进了肚里。”与可当天与他的妻子在筼筜谷游玩，煮笋晚上吃，打开信得到了这首诗，忍不住笑起来，喷饭满桌。

元丰二年正月二十日，与可在陈州去世了。这年七月七日，我在湖州晒书画，看到这幅《筼筜谷偃竹》，放下画卷痛哭失声。从前曹孟德祭桥玄文，有不祭祀坟墓、车过腹痛的话头；我的文章也记载了与可以往跟我嬉笑的话，以见与可跟我这样亲密无间啊。

【评析】

此文是苏轼为表兄弟兼好朋友文与可《筼筜谷偃竹》画卷所写的一篇题记，既是一篇悼念故友的抒情散文，又是一篇阐发作者美学思想的文艺随笔。

文章以画竹为贯穿全文的线索，叙述了作者与文与可交往中的趣事、深情，并通过“袜材之事”、“万尺竹之辩”、“诗画互赠”几件轶事表现了文与可豁达适宜、才情横溢、开朗风趣的个性，字里行间充溢着对亡友深切的悼念之情。而且本文突破了一般悼念性文章的格局，将写人、抒情、论画巧妙地结合在一起。在怀念画友、谈论趣事的同时还涉及了几个很重要的美学理论问题，如“胸有成竹说”、“捕捉灵感说”、“心手相应说”以及“数尺而有万尺之势说”，主张艺术家在创作时要对客观事物反复观察，凝神结想，及时捕捉，迅速表现，掌握娴熟的技巧，以有限表现无限，从而达到深邃的意境和宏大的气势。

全文如行云流水，看似随心所欲，洋洋洒洒，实则处处不离“画竹”主线，典型地表现了我国古代散文“形散神不散”的特点。

【思考与练习】

1. 为什么说苏轼是文艺创作成就颇为全面的作家？
2. 为什么说本文的文体较为独特？
3. 文章中主要叙述了文与可哪几件趣事？各自表现了文与可的什么个性特征？
4. 作者在文章中阐述了哪些文艺理论问题？

【拓展阅读】

自题临文与可画竹

宋·苏轼

石室先生清兴动，落笔纵横飞小凤。借君妙意写筼筜，留与诗人发吟讽。

题文与可画竹

元·柯九思

湖州放笔夺造化，此事世人那得知。跫然何处见生气？仿佛空庭月落时。

论　　美[1]

纪伯伦

于是一个诗人说：请给我们谈美。

他回答说：你们到哪里追求美，除了她自己做了你的道路，引导着你之外，你如何能找着她呢？

除了她做了你的言语的编造者之外，你如何能谈论她呢？

冤抑的，受伤的人说："美是仁爱的，和柔的，如同一位年轻的母亲，在她自己的光荣中半含着羞涩，在我们中间行走。"

热情的人说："不，美是一种全能的可畏的东西。暴风似地，撼摇了上天下地。"

疲乏的、忧苦的人说："美是温柔的微语，在我们心灵中说话。她的声音传达到我们的寂静中，如同微晕的光，在阴影的恐惧中颤动。"

烦躁的人却说："我们听见她在万山中叫号。与她的呼声俱来的，有兽蹄之声，振翼之音与狮子之吼。"

在夜里守城的人说："美要与晓暾从东方一齐升起。"

在日中的时候，工人和旅客说："我们曾看见她凭倚在落日的窗户上俯视大地。"

在冬日，阻雪的人说："她要和春天一同来临，跳跃于山峰之上。"

在夏日的炎热里，刈者说："我们曾看见她与秋叶一同跳舞，我们也看见她的发中有一堆白雪。"

这些都是他们关于美的谈说。

实际上，你却不是谈她，只是谈着你那未曾满足的需要。

美不是一种需要，只是一种欢乐。

她不是干渴的口，也不是伸出的空虚的手。

却是发焰的心，陶醉的灵魂。

她不是那你能看见的形象，能听到的歌声。

却是你虽闭目时也能看见的形象，虽掩耳时也能听见的歌声。

她不是犁痕下树皮中的液汁，也不是结系在兽爪间的禽鸟。

她是一座永远开花的花园，一群永远飞翔的天使。

阿法利斯的民众呵，在生命揭露圣洁的面容的时候的美，就是生命。但你就是生命，你也是面纱。

美是永生揽镜自照。

---

① 选自《先知》。纪伯伦（1883—1931），黎巴嫩诗人、作家、画家。被称为"艺术天才"、"黎巴嫩文坛骄子"，是阿拉伯现代小说、艺术和散文的主要奠基人，20 世纪阿拉伯新文学道路的开拓者之一。主要作品有短篇小说集《草原新娘》、《叛逆的灵魂》和长篇小说《折断的翅膀》；散文诗集《泪与笑》、《先知》、《沙与沫》等。

但你就是永生，你也是镜子。

【评析】

纪伯伦是近代黎巴嫩的一位杰出诗人，也是阿拉伯现代文学和东方现代文学史上的杰出代表。他虽然只活了48个春秋，但他一生著述甚丰，总计有20多部著作问世。前期用阿拉伯文写作，后期旅居美国则用英文写作，其中以散文诗的成就最高，出版的散文诗集有14部（包括几部散文诗与小诗的合集）。1923年出版的散文诗集《先知》是纪伯伦散文诗的代表作。

“爱与美”是《先知》的主旋律。“当爱挥手召唤你们时，跟随着他，尽管他的道路艰难而险峻。”在纪伯伦的心目中，世上只有一种宗教，就是“美”的宗教。美就是“上帝”，上帝就是美。而爱，便是通向美的圣殿的道路。与此同时，纪伯伦又把“生命”当做美的体现——“当生命摘去遮盖她圣洁面容的面纱时，美就是生命”。生命的无限与永恒，体现了美的无限与永恒。纪伯伦提倡的美是生命之美，他提倡的爱是“给予”的爱。

关于“美”，在纪伯伦的散文诗中有很多篇，如《先知》中的《美》，《泪与笑》中的《美》和《在美神的宝座前》等。纪伯伦认为，“美是智者哲人登上真理宝座的阶梯”，因为，他对美的认识涵容着对人生、对哲理的深沉思考。他以激越的感情、丰富的想象、富有启发性的比喻以及新颖的意象和象征来表达对一个抽象事物的认识，能为人们提供认识社会、认识自身的新视角，并表达出他对和谐完美理想境界的向往。

【思考与练习】

1. 细读全文，试析作者所言之美的本质。
2. 选择文章中你认为最具感染力的片断，谈谈自己的感受。

生活是美好的![1]

——写给企图自杀的人

契诃夫[2]

生活是极不愉快的事，然而要使生活美好却也不算太难。要做到这点，光是中二十万卢布[3]的彩票，获得“白鹰”勋章，娶个俊俏的女人，以安分守己闻名，那是不够的，因为这些福分都不能长久存在，迟早会使人觉得平淡无奇。为了让内心不断感到幸福，甚至忧伤的时候也不变，那就需要：（一）善于满足现状；（二）高兴地体会到“本来事情可能更糟”。这并不困难。

你的衣袋里的火柴燃起来，那你该高兴，感谢上苍，幸亏你衣袋里没有藏着火药库。

穷亲戚来到你别墅里，你不要脸色煞白，而要得意洋洋地高声叫道：“幸好来的不是警察!”

你手指头扎了一根刺，你应该高兴地喊一声：“幸亏不是扎在眼睛里!”

如果你的妻子或者小姨练琴，那你不要发脾气，而要高兴得忘乎所以，因为你听见的是音乐，而不是虎狼的嗥叫声或者猫的音乐会。

你该快活，因为你不是拉公共马车的马，不是科赫的“小点”，不是旋毛虫，不是猪，不是驴，不是茨冈拉着的熊，不是臭虫。……你该高兴，因为你腿不瘸，眼不瞎，耳不聋，口不哑，也没感染霍乱。……你该高兴，因为目前你没有坐在法庭的被告席上，没有看见面前站着一个债主，没有同土尔巴谈稿费问题。

如果你住在不那么远的地方，那么，你一想到总算没发配到极远的地方去，岂不觉得幸运?

如果你有一颗牙痛起来，那你就要欢欢喜喜，因为你不是满口牙都痛。

你该高兴，因为你无须乎读《公民报》，无须乎坐在垃圾桶上，更不必同时娶三个老婆。……

人家把你押到警察分局去，你就该快活得跳起来，因为人家不是把你押到地狱的熊熊大火中去。

---

① 选自汝龙译《契诃夫小说全集》第三卷，上海译文出版社1995年版。

② 契诃夫（1860—1904），俄国19世纪批判现实主义作家、短篇小说艺术大师、戏剧家。祖父是赎身农奴。父亲曾开设杂货铺，1876年破产。契诃夫靠当家庭教师读完中学，1879年进莫斯科大学医学系，次年开始用笔名给幽默杂志写短篇小说，从此写下了一系列杰出的中短篇小说以及戏剧作品，如《一个官员的死》、《变色龙》、《万卡》、《苦恼》、《套中人》、《第六病室》、《万尼亚舅舅》、《三姐妹》、《樱桃园》等。他的小说往往取材于日常生活，短小精悍，简练朴素，结构紧凑，情节生动，笔调幽默，语言明快，寓意深刻。他以卓越的讽刺幽默才华创作的《变色龙》、《套中人》堪称俄国文学史上的艺术珍品，为世界文学人物画廊中增添了两个不朽的艺术形象。他的名言“简洁是天才的姐妹”也成为后世作家的座右铭。他和法国的莫泊桑，美国的欧·亨利、马克·吐温被人们公认为世界“四大短篇小说巨匠”。

③ 卢布：俄罗斯等一些国家的货币名称。

如果人家用桦树条抽你，你就该乐得踢蹬两条腿，高声叫道：“我多么幸运啊，人家总算没有用荨麻抽我！”

要是你妻子对你变了心，那你就该高兴，因为她是背叛你，而不是背叛祖国。

诸如此类，不胜枚举。……人啊，假如你听从我的忠告，那么你的生活就会成为源源不断的欢乐了。

【评析】

契诃夫的作品有两个特别突出的特点：一是透过平常的生活现象揭示出生活的本质；二是幽默和讽刺。本文以轻松俏皮的文字概括了生活中的许多现象，从而向读者推荐一种积极的生活态度。每个人的人生都不会绝对一帆风顺，都会遇到艰难和挫折，当遭遇到这些艰难和挫折的时候，要善于调整自己的心态，有“退后一步天地宽”的情怀，不可以就此消沉，更不能轻易绝望；当然也不能就此走向另一个极端。生活中有许多美好的东西，能否感觉到生活的美好、快乐，取决于一个人的心态，而不是财富的多少和地位的高低。人的心态，决定着人的生活态度，这就是作家给我们的启示。

【思考与练习】

1. 文中罗列了哪些生活现象？
2. 作者向人们推荐的生活态度是什么样的？联系个人实际谈谈这个问题。
3. 契诃夫作品的写作特点主要有哪些？
4. 契诃夫的著名小说和戏剧作品有哪些？就一部你读过的作品，谈谈契诃夫作品的艺术性。

【拓展阅读】

契诃夫名言选

- 人生的快乐和幸福不在金钱，不在爱情，而在真理。即使你想得到的是一种动物式的幸福，生活也不会任你一边酗酒，一边幸福的，它会时时刻刻猝不及防地给你打击。
- 人的一切都应该是美丽的：面貌，衣裳，心灵，思想。人在智慧上应当是明豁的，道德上应该是清白的，身体上应该是洁净的。
- 当一个人喜爱梭鱼跳跃的水声时，他是个诗人；当他知道了这不过是强者追赶弱者的声音时，他是个思想家。可是要是他不懂得这种追逐的意义所在、这种毁灭性的结果所造成的平衡为什么有其必要时，他就会重回到孩提时代那样糊涂而又愚笨的状态。

- 人在智慧上、精神上的发达程度越高，人就越自由，人生就越能获得莫大的满足。
- 只有受过教育的诚心诚意的人才是有趣味的人，也只有他们才是社会所需要的。这样的人越多，天国来到人间也就越快。

湖光水色[①]（节选）

亨利·戴维·梭罗[②]

瓦尔登的风景是卑微的，虽然很美，却并不是宏伟的，不常去游玩的人，不住在它岸边的人未必能被它吸引住；但是这一个湖以深邃和清澈著称，值得给予突出的描写。这是一个明亮的深绿色的湖，半英里长，圆周约一英里又四分之三，面积约六十一英亩半；它是松树和橡树林中央的岁月悠久的老湖，除了雨和蒸发之外，还没有别的来龙去脉可寻。四周的山峰突然地从水上升起，到四十至八十英尺的高度，但在东南面高到一百英尺，而东边更高到一百五十英尺，其距离湖岸，不过四分之一英里及三分之一英里。山上全部都是森林。所有我们康科德地方的水波，至少有两种颜色：一种是站在远处望见的；另一种，更接近本来的颜色，是站在近处看见的。第一种更多地靠的是光，根据天色变化。在天气好的夏季里，从稍远的地方望去，它呈现了蔚蓝颜色，特别在水波荡漾的时候，但从很远的地方望去，却是一片深蓝。在风暴的天气下，有时它呈现出深石板色。海水的颜色则不然，据说它这天是蓝色的，另一天却又是绿色了，尽管天气连些微的可感知的变化也没有。我们这里的水系中，我看到当白雪覆盖这一片风景时，水和冰几乎都是草绿色的。有人认为，蓝色"乃是纯洁的水的颜色，无论那是流动的水，或凝结的水"。可是，直接从一条船上俯瞰近处湖水，它又有着非常之不同的色彩。甚至从同一个观察点，看瓦尔登是这会儿蓝，那忽儿绿。置身于天地之间，它分担了这两者的色素。从山顶上看，它反映天空的颜色，可是走近了看，在你能看到近岸的细砂的地方，水色先是黄澄澄的，然后是淡绿色的了，然后逐渐地加深起来，直到水波一律地呈现了全湖一致的深绿色。却在有些时候的光线下，便是从一个山顶望去，靠近湖岸的水色也是碧绿得异常生动的。有人说，这是绿原的反映；可是在铁路轨道这儿的黄沙地带的衬托下，也同样是碧绿的，而且，在春天，树叶还没有长大，这也许是太空中的蔚蓝，调和了黄沙以后形成的一个单纯的效果。这是它的虹色彩圈的色素。也是在这一个地方，春天一来，冰块给水底反射上来的太阳的热量，也给土地中传播的太阳的热量溶解了，这里首先溶解成一条狭窄的运河的样子，而中间还是冻冰。在晴朗的气候中，像我们其余的水波，湍急地流动时，波平面是在九十度的直角度里反映了天空的，或者因为太光亮了，从较远处望去，它比天空更蓝些；而在这种时候，泛舟湖上，四处眺望倒影，我发现了一种无可比拟、不能描述的淡蓝色，像浸水的或变色的丝绸，还像青锋宝剑，比之天空还更接近天蓝色，它和那波光的另一面原来的深绿色轮番地闪现，那深绿色与之相比便似乎很混浊了。这是一个玻璃似的带绿色的蓝色，照我所能记忆的，它仿佛是冬天里，日落以前，西方乌云中露出的一角晴天。可是你举起一玻璃杯水，放在空中看，它却毫无颜色，如同装了同样数量的一杯空气一样。众所周知，一大

---

① 选自《瓦尔登湖》中的《湖》，题目为编者所按。

② 亨利·戴维·梭罗，(Henry David Thoreau，1817—1862)，出生于美国康科德城，毕业于哈佛大学。美国哲学家、思想家、散文作家与自然主义者。主要著作有《瓦尔登湖》、《论公民的不服从》等。

块厚玻璃板便呈现了微绿的颜色，据制造玻璃的人说，那是“体积”的关系，同样的玻璃，少了就不会有颜色了。瓦尔登湖应该有多少的水量才能泛出这样的绿色呢？我从来都无法证明。一个直接朝下望着我们的水色的人所见到的是黑的，或深棕色的，一个到河水中游泳的人，河水像所有的湖一样，会给他染上一种黄颜色；但是这个湖水却是这样地纯洁，游泳者会白得像大理石一样，而更奇怪的是，在这水中四肢给放大了，并且给扭曲了，形态非常夸张，值得让米开朗基罗来作一番研究。

水是这样的透明，二十五至三十英尺下面的水底都可以很清楚地看到。赤脚踏水时，你看到在水面下许多英尺的地方有成群的鲈鱼和银鱼，大约只一英寸长，连前者的横行的花纹也能看得清清楚楚，你会觉得这种鱼也是不愿意沾染红尘，才到这里来生存的。有一次，在冬天里，好几年前了，为了钓梭鱼，我在冰上挖了几个洞，上岸之后，我把一柄斧头扔在冰上，可是好像有什么恶鬼故意要开玩笑似的，斧头在冰上滑过了四五杆远，刚好从一个窟窿中滑了下去，那里的水深二十五英尺，为了好奇，我躺在冰上，从那窟窿里望，我看到了那柄斧头，它偏在一边头向下直立着，那斧柄笔直向上，顺着湖水的脉动摇摇摆摆，要不是我后来又把它吊了起来，它可能就会这样直立下去，直到木柄烂掉为止。就在它的上面，用我带来的凿冰的凿子，我又凿了一个洞，又用我的刀，割下了我看到的附近最长的一条赤杨树枝，我做了一个活结的绳圈，放在树枝的一头，小心地放下去，用它套住了斧柄凸出的地方，然后用赤杨枝旁边的绳子一拉，这样就把那柄斧头吊了起来。

湖岸是由一长溜像铺路石那样的光滑的圆圆的白石组成的；除一两处小小的沙滩之外，它陡立着，纵身一跃便可以跳到一个人深的水中；要不是水波明净得出奇，你决不可能看到这个湖的底部，除非是它又在对岸升起。有人认为它深得没有底。它没有一处是泥泞的，偶尔观察的过客或许还会说，它里面连水草也没有一根；至于可以见到的水草，除了最近给上涨了的水淹没的，并不属于这个湖的草地以外，便是细心地查看也确实是看不到菖蒲和芦苇的，甚至没有水莲花，无论是黄色的或是白色的，最多只有一些心形叶子和河蓼草，也许还有一两张眼子菜；然而，游泳者也看不到它们；便是这些水草，也像它们生长在里面的水一样的明亮而无垢。岸石伸展入水，只一二杆远，水底已是纯粹的细沙，除了最深的部分，那里总不免有一点沉积物，也许是腐朽了的叶子，多少个秋天来，落叶被刮到湖上，另外还有一些光亮的绿色水苔，甚至在深冬时令拔起铁锚来的时候，它们也会跟着被拔上来的。

我们还有另一个这样的湖，在九亩角那里的白湖，在偏西两英里半之处；可是以这里为中心的十二英里半径的圆周之内，虽然还有许多的湖沼是我熟悉的，我却找不出第三个湖有这样的纯洁得如同井水的特性。大约历来的民族都饮用过这湖水，艳羡过它并测量过它的深度，而后他们一个个消逝了，湖水却依然澄清，发出绿色。一个春天也没有变化过！也许远在亚当和夏娃被逐出伊甸乐园时，那个春晨之前，瓦尔登湖已经存在了，甚至在那个时候，随着轻雾和一阵阵的南风，飘下了一阵柔和的春雨，湖面不再平静了，成群的野鸭和天鹅在湖上游着，它们一点都没有知道逐出乐园这一回事，能有这样纯粹的湖水真够满足啦。就是在那时候，它已经又涨，又落，澄清了它的水，还染上了现在它所有的色泽，还专有了这一片天空，成了世界上唯一的一个瓦尔登湖，它是天上露珠的蒸馏器。谁知道，在多少篇再没人记得的民族诗篇中，这个湖曾被誉为喀斯泰里亚之泉[①]？在黄金时代里，有多少山林水泽的精灵曾在这里居住？这是在康科德的冠冕上的第一滴水明珠。

【评析】

亨利·戴维·梭罗的《瓦尔登湖》出版于1854年，这是梭罗在瓦登湖林中两年零两个月又两天的生活和思想记录。

梭罗的研究专家哈丁指出：《瓦尔登湖》至少有五种读法：1. 作为一部自然的书籍；2. 作为一部自力更生、简单生活的指南；3. 作为批评现代生活的一部讽刺作品；4. 作为一部文学名著；5. 作为一本神圣的书。

另一位研究专家乔治·艾略特指出：《瓦尔登湖》"深沉而敏感的抒情"是一本"超凡入圣"的好书。艾略特提醒人们，可以把《瓦尔登湖》当做19世纪的《鲁宾逊漂流记》来阅读；并认为《瓦尔登湖》是现代美国散文最早的榜样。梭罗深信如果人们能专注于乐观，就能在人世间创造出一个美好的世界，而且他相信人类会拥有美好的未来。

选文是梭罗散文《湖》中最精美的篇章，起笔以"卑微的美"统领全篇，描写瓦尔登湖的"深邃"、"清澈"。文章首先写湖水的颜色，深绿色的湖水，在山岚、树林和天光的掩映中，"这会儿蓝，那忽儿绿"，水色的改变体现出水的清澈和深邃。然后写湖水的透明，而透明正是清澈和深邃的又一表征。最后写湖与人的关系，借人文历史的沧桑变换，写湖光水色之美的自在与永恒。梭罗就这样在与湖光水色、山川草木的精神交流中，把自己和大自然融为一体，他就是大自然的一部分，从而实践了自己的"美的趣味最好在露天培养"的主张。

本文中，叙述者的"看"是叙事视点。视点的时空变换，是全文展开内容、结构文章的基本方式。视点空间变换，瓦尔登湖的远山近水由此在叙述者和读者眼前次第展开；视点时间变换，在季节和晨昏等不同的时间看瓦尔登湖，湖的光影和水色变幻莫测。在时空交织的视点变化中，梭罗以轻灵洒脱的笔触，运用摹状、比喻等修辞方式，细腻地描绘出湖光水色的丰富色彩，并且凭借这种极具诗情画意的描绘传达出他的"超验"哲学感悟。

《瓦尔登湖》第二章"隐居之原因"中，梭罗说："我隐居林中，因为我希望活得从容，只和生活中最本质的东西周旋。看我究竟能否领略其中的奥妙，以免待我将死之时，才发现我原来是枉度此生。生命是如此宝贵，我不想枉度人生；除非有这种必要，我也不愿听天由命。我想深入生命，摄取其精华。我想借此坚忍不拔与精心简朴的方式，剔除生活中的一切赘疣；以大刀阔斧的方法，摘取生命之核，显其最根本之面目。生命如是无核之果，我也必将此大哀显露给世人，如能通过体验而获正果，也可将其福音带给世人。"

【思考与练习】

1. 结合作者对瓦尔登湖的描写，思考人类应该有一个怎样的理想家园。
2. 全文展开内容、构成文章的基本方式是什么，试做具体说明。

---

① 喀斯泰里亚之泉：传说中文艺女神居住的帕纳萨斯山的神泉。

“慢慢走，欣赏啊！”[①]

——人生的艺术化

朱光潜[②]

直到现在，我们都是讨论艺术的创造与欣赏。在收尾这一节中，我提议约略说明艺术和人生的关系。

我在开章明义时就着重美感态度和实用态度的分别，以及艺术和实际人生之中所应有的距离，如果话说到这里为止，你也许误解我把艺术和人生看成漠不相关的两件事。我的意思并不如此。

人生是多方面而却相互和谐的整体，把它分析开来看，我们说某部分是实用的活动，某部分是科学的活动，某部分是美感的活动，为正名析理起见，原应有此分别；但是我们不要忘记，完满的人生见于这三种活动的平均发展，它们虽是可分别的而却不是互相冲突的。“实际人生”比整个人生的意义较为窄狭。一般人的错误在把它们认为相等，以为艺术对于“实际人生”既是隔着一层，它在整个人生中也就没有什么价值。有些人为维护艺术的地位，又想把它硬纳到“实际人生”的小范围里去。这般人不但是误解艺术，而且也没有认识人生。我们把实际生活看作整个人生之中的一片段，所以在肯定艺术与实际人生的距离时，并非肯定艺术与整个人生的隔阂。严格地说，离开人生便无所谓艺术，因为艺术是情趣的表现，而情趣的根源就在人生；反之，离开艺术也便无所谓人生，因为凡是创造和欣赏都是艺术的活动，无创造、无欣赏的人生是一个自相矛盾的名词。

人生本来就是一种较广义的艺术。每个人的生命史就是他自己的作品。这种作品可以是艺术的，也可以不是艺术的，正犹如同是一种顽石，这个人能把它雕成一座伟大的雕像，而另一个人却不能使它“成器”，分别全在性分与修养。知道生活的人就是艺术家，他的生活就是艺术作品。

过一世生活好比做一篇文章。完美的生活都有上品文章所应有的美点。

第一，一篇好文章一定是一个完整的有机体，其中全体与部分都息息相关，不能稍有移动或增减。一字一句之中都可以见出全篇精神的贯注。比如陶渊明的《饮酒》诗本来是“采菊东篱下，悠然见南山”，后人把“见”字误印为“望”字，原文的自然与物相遇相得的神情便完全丧失。这种艺术的完整性在生活中叫做“人格”，凡是完美的生活都是人格的表现。大而进退取与，小而声音笑貌，都没有一件和全人格

---

① 选自《朱光潜全集》第二卷，安徽教育出版社 1987 年版。

② 朱光潜（1897—1986），笔名孟实、盟石。安徽桐城人。1922 年大学毕业，1925 年出国留学，就读英国爱丁堡大学、伦敦大学，法国巴黎大学和斯特拉斯堡大学，先后获得硕士和博士学位。1933 年回国，先后在北京大学、四川大学、武汉大学任教，曾主编商务印书馆《文学杂志》。中国当代著名的美学家、文艺理论家、教育家、翻译家。曾任北京大学一级教授、中国社会科学院学部委员、第六届全国政协常务委员、中国外国文学学会常务理事。著作有《谈美》、《给青年的十二封信》、《诗论》、《朱光潜全集》等。

相冲突。不肯为五斗米折腰向乡里小儿，是陶渊明的生命史中所应有的一段文章，如果他错过这一个小节，便失其为陶渊明。下狱不肯脱逃，临刑时还叮咛嘱咐还邻人一只鸡的债，是苏格拉底的生命史中所应有的一段文章，否则他便失其为苏格拉底。这种生命史才可以使人把它当作一幅图画去惊赞，它就是一种艺术的杰作。

其次，“修辞立其诚”是文章的要诀，一首诗或是一篇美文一定是至性深情的流露，存于中然后形于外，不容有丝毫假借。情趣本来是物我交感共鸣的结果。景物变动不居，情趣亦自生生不息。我有我的个性，物也有物的个性，这种个性又随时地变迁而生长发展。每人在某一时会所见到的景物，和每种景物在某一时会所引起的情趣，都有它的特殊性，断不容与另一人在另一时会所见到的景物，和另一景物在另一时会所引起的情趣完全相同。毫厘之差，微妙所在。在这种生生不息的情趣中我们可以见出生命的造化。把这种生命流露于语言文字，就是好文章；把它流露于言行风采，就是美满的生命史。

文章忌俗滥，生活也忌俗滥。俗滥就是自己没有本色而蹈袭别人的成规旧矩。西施患心病，常捧心颦眉，这是自然的流露，所以愈增其美。东施没有心病，强学捧心颦眉的姿态，只能引人嫌恶。在西施是创作，在东施便是滥调。滥调起于生命的干枯，也就是虚伪的表现。“虚伪的表现”就是“丑”，克罗齐已经说过。“风行水上，自然成纹”，文章的妙处如此，生活的妙处也是如此。在什么地位，是怎样的人，感到怎样情趣，便现出怎样言行风采，叫人一见就觉其和谐完整，这才是艺术的生活。

俗语说得好：“唯大英雄能本色”，所谓艺术的生活就是本色的生活。世间有两种人的生活最不艺术，一种是俗人，一种是伪君子。“俗人”根本就缺乏本色，“伪君子”则竭力遮盖本色。朱晦庵有一首诗说：“半亩方塘一鉴开，天光云影共徘徊。问渠哪得清如许？为有源头活水来。”艺术的生活就是有“源头活水”的生活。俗人迷于名利，与世浮沉，心里没有“天光云影”，就因为没有源头活水。他们的大病是生命的干枯。“伪君子”则于这种“俗人”的资格之上，又加上“沐猴而冠”的伎俩。他们的特点不仅见于道德上的虚伪，一言一笑、一举一动，都叫人起不美之感。谁知道风流名士的架子之中掩藏了几多行尸走肉？无论是“俗人”或是“伪君子”，他们都是生活中的“苟且者”，都缺乏艺术家在创造时所应有的良心。像柏格森所说的，他们都是“生命的机械化”，只能作喜剧中的角色。生活落到喜剧里去的人大半都是不艺术的。

艺术的创造之中都必寓有欣赏，生活也是如此。一般人对于一种言行常欢喜说它“好看”、“不好看”，这已有几分是拿艺术欣赏的标准去估量它。但是一般人大半不能彻底，不能拿一言一笑、一举一动纳在全部生命史里去看，他们的“人格”观念太淡薄，所谓“好看”、“不好看”往往只是“敷衍面子”。善于生活者则彻底认真，不让一尘一芥妨碍整个生命的和谐。一般人常以为艺术家是一班最随便的人，其实在艺术范围之内，艺术家是最严肃不过的。在锻炼作品时常呕心呕肝，一笔一划也不肯苟且。王荆公作“春风又绿江南岸”一句诗时，原来“绿”字是“到”字，后来由“到”字改为“过”字，由“过”字改为“入”字，由“入”字改为“满”字，改了十几次之后才定为“绿”字。即此一端可以想见艺术家的严肃了。善于生活者对于生活也是这样认真。曾子临死时记得床上的席子是季路的，一定叫门人把它换过才瞑目。吴季札心里已经暗许赠剑给徐君，没有实行徐君就已死去，他很郑重地把剑挂在徐君墓旁树上，以见“中心契合死生不渝”的风谊。像这一类的言行看来虽似小节，而善于生活者却不肯轻易放过，正犹如诗人不肯轻易放过一字一句一样。小节如此，大节更不消说。董孤宁愿断头不肯掩盖史实，夷齐饿死不愿降周，这种风度是道德的也是艺术的。我们主张人生的艺术化，就是主张对于人生的严肃主义。

艺术家估定事物的价值，全以它能否纳入和谐的整体为标准，往往出于一般人意料之外。他能看重一般人所看轻的，也能看轻一般人所看重的。在看重一件事物时，他知道执着；在看轻一件事物时，他也知道摆脱。艺术的能事不仅见于知所取，尤其见于知所舍。苏东坡论文，谓如水行山谷中，行于其所不得不行，止于其所不得不止。这就是取舍恰到好处，艺术化的人生也是如此。善于生活者对于世间一切，也拿艺术的口味去评判它，合于艺术口味者毫毛可以变成泰山，不合于艺术口味者泰山也可以变成毫毛。他不但能认真，而且能摆脱。在认真时见出他的严肃，在摆脱时见出他的豁达。孟敏堕甑，不顾而去，郭林宗见到以为奇怪。他说：“甑已碎，顾之何益?”哲学家斯宾诺莎宁愿靠磨镜过活，不愿当大学教授，怕妨碍他的自由。王徽之居山阴，有一天夜雪初霁，月色清朗，忽然想起他的朋友戴逵，便乘小舟到剡溪去访他，刚到门口便把船划回去。他说：“乘兴而来，兴尽而返。”这几件事彼此相差很远，却都可以见出艺术家的豁达。伟大的人生和伟大的艺术都要同时并有严肃与豁达之胜。晋代清流大半只知道豁达而不知道严肃，宋朝理学又大半只知道严肃而不知道豁达。陶渊明和杜子美庶几算得恰到好处。

一篇生命史就是一种作品，从伦理的观点看，它有善恶的分别，从艺术的观点看，它有美丑的分别。善恶与美丑的关系究竟如何呢?

就狭义说，伦理的价值是实用的，美感的价值是超实用的；伦理的活动都是有所为而为，美感的活动则是无所为而为。比如仁义忠信等等都是善，问它们何以为善，我们不能不着眼到人群的幸福。美之所以为美，则全在美的形象本身，不在它对于人群的效用（这并不是说它对于人群没有效用)。假如世界上只有一个人，他就不能有道德的活动，因为有父子才有慈孝可言，有朋友才有信义可言。但是这个想象的孤零零的人还可以有艺术的活动，他还可以欣赏他所居的世界，他还可以创造作品。善有所赖而美无所赖，善的价值是“外在的”，美的价值是“内在的”。

不过这种分别究竟是狭义的。就广义说，善就是一种美，恶就是一种丑。因为伦理的活动也可以引起美感上的欣赏与嫌恶。希腊大哲学家柏拉图和亚理斯多德讨论伦理问题时都以为善有等级，一般的善虽只有外在的价值，而“至高的善”则有内在的价值。这所谓“至高的善”究竟是什么呢?柏拉图和亚理斯多德本来是一走理想主义的极端，一走经验主义的极端，但是对于这个问题，意见却一致，他们都以为“至高的善”在“无所为而为的玩索”（Disinterested Contemplation)。这种见解在西方哲学思潮上影响极大，斯宾诺莎、黑格尔、叔本华的学说都可以参证。从此可知西方哲人心目中的“至高的善”还是一种美，最高的伦理的活动还是一种艺术的活动了。

“无所为而为的玩索”何以看成“至高的善”呢?这个问题涉及西方哲人对于神的观念。从耶稣教盛行之后，神才是一个大慈大悲的道德家。在希腊哲人以及近代莱布尼兹、尼采、叔本华诸人的心目中，神却是一个大艺术家，他创造这个宇宙出来，全是为着自己要创造，要欣赏。其实这种见解也并不减低神的身份。耶稣教的神只是一班穷叫化子中的一个肯施舍的财主老，而一般哲人心中的神，则是以宇宙为乐曲而要在这种乐曲之中见出和谐的音乐家。这两种观念究竟是哪一个伟大呢？在西方哲人想，神只是一片精灵，他的活动绝对自由而不受限制，至于人则为肉体的需要所限制而不能绝对自由。人愈能脱肉体需求的限制而作自由活动，则离神亦愈近。“无所为而为的玩索”是唯一的自由活动，所以成为最上的理想。

这番话似乎有些玄渺，在这里本来不应说及。不过无论你相信不相信，有许多思想却值得当作一个意象悬在心眼前来玩味玩味。我自己在闲暇时也欢喜看看哲学书籍。老实说，我对于许多哲学家的话都很怀疑，但是我觉得他们有趣。我以为穷到究竟，一切哲学系统也都只能当作艺术作品去看。哲学和科学穷到极境，都是要满足求知的欲望。每个哲学家和科学家对于他自己所见到的一点真理（无论它究竟是不是真理）都觉得有趣味，都用一股热忱去欣赏它。真理在离开实用而成为情趣中心时就已经是美感的对象了。“地球绕日运行”，“勾方加股方等于弦方”一类的科学事实，和《密罗斯爱神》或《第九交响曲》一样可以摄魂震魄。科学家去寻求这一类的事实，穷到究竟，也正因为它们可以摄魂震魄。所以科学的活动也还是一种艺术的活动，不但善与美是一体，真与美也并没有隔阂。

艺术是情趣的活动，艺术的生活也就是情趣丰富的生活。人可以分为两种，一种是情趣丰富的，对于许多事物都觉得有趣味，而且到处寻求享受这种趣味；一种是情趣干枯的，对于许多事物都觉得没有趣味，也不去寻求趣味，只终日拼命和蝇蛆在一块争温饱。后者是俗人，前者就是艺术家。情趣愈丰富，生活也愈美满，所谓人生的艺术化就是人生的情趣化。

“觉得有趣味”就是欣赏。你是否知道生活，就看你对于许多事物能否欣赏。欣赏也就是“无所为而为的玩索”。在欣赏时人和神仙一样自由，一样有福。

阿尔卑斯山谷中有一条大汽车路，两旁景物极美，路上插着一个标语牌劝告游人说：“慢慢走，欣赏啊！”许多人在这车如流水马如龙的世界过活，恰如在阿尔卑斯山谷中乘汽车兜风，匆匆忙忙地急驰而过，无暇一回首流连风景，于是这丰富华丽的世界便成为一个了无生趣的囚牢。这是一件多么可惋惜的事啊！

朋友，在告别之前，我采用阿尔卑斯山路上的标语，在中国人告别习用语之下加上三个字奉赠：

“慢慢走，欣赏啊！”

【评析】

本文是《朱光潜全集》第二卷中的《谈美》的最后一章。《谈美》是朱光潜先生为青年人写的美学入门书。《谈美》为书信体，遵循“要求人生净化，先要求人生美化”的理念，从美感态度的特性、艺术与人生的距离、美感经验与移情的关系、美感与快感、自然美与艺术美等角度次第展开，充满了真知灼见，为读者指引了一条认识美学的“简捷不绕弯的道路”，兼具学术性与普及性的特点。

文章从讨论艺术和人生的关系开始，认为艺术和人生既要有一定距离，同时二者又相互依赖。“人生本来就是一种较广义的艺术，每个人的生命史就是他自己的作品。”个体的性格与修养决定了生命这部作品与艺术的联系。东方的陶渊明，西方的苏格拉底，他们的人生就是艺术的杰作。接着讨论生命史要像作文章一样，全体与部分息息相关，要有生生不息的情趣，本色的生活忌俗滥。人生的艺术化，“同时并有严肃和豁达之胜”，在认真时看出一丝不苟严肃认真的态度，在摆脱时知所舍而豁达。然后，把伦理、科学与艺术进行对照，其间有实用与非实用、外在与内在的区别，而从“伦理活动还是一种艺术的活动”、“科学事实离开使用成为美感的对象”，则得出真善美没有隔阂的结论，艺术贯穿生命的各个层面。文章最后，提出“人生的艺术化就是人生的情趣化”，引导我们由艺术走向人生，再将人生纳入到艺术中去。

文章不同于一般为理论而理论的文论，作者致力于解决现实问题，通过古今中外的例证把抽象的美学思考转化为联系人生实际的某些思想片段。文章说理透彻、语言明白晓畅，既指出实现人生艺术化的审美途径，又有丰富“情趣”阅读带来的审美感受，是难得的美学经典作品。

【思考与练习】

1. 如何理解文中提到的“无所为而为的玩索”。
2. 结合作品，就如何实现自己“人生的艺术化”进行思考并做出规划。

冯谖[①]客孟尝君[②]

《战国策》[③]

齐人有冯谖者，贫乏不能自存[④]，使人属[⑤]孟尝君，愿寄食[⑥]门下。孟尝君曰："客何好[⑦]？"曰："客无好也。"曰："客何能？"曰："客无能也。"孟尝君笑而受之，曰："诺。[⑧]"

左右以君贱之也，食以草具[⑨]。居有顷[⑩]，倚柱弹其剑，歌曰："长铗归来[⑪]乎！食无鱼。"左右以告。孟尝君曰："食之，比[⑫]门下之客。"居有顷，复弹其铗，歌曰："长铗归来乎！出无车。"左右皆笑之，以告。孟尝君曰："为之驾，比门下之车客。[⑬]"于是乘其车，揭[⑭]其剑，过[⑮]其友曰："孟尝君客我。"后有顷，复弹其剑铗，歌曰："长铗归来乎！无以为家。"左右皆恶[⑯]之，以为贪而不知足。孟尝君问："冯公有亲[⑰]乎？"对曰："有老母。"孟尝君使人给[⑱]其食用，无使乏。于是冯谖不复歌。

后孟尝君出记，问门下诸客："谁习计会[⑲]，能为文收责[⑳]于薛者乎？"冯谖署[㉑]曰："能。"孟尝君怪之，曰："此谁也？"左右曰："乃歌夫'长铗归来'者也。"孟

---

① 选自李梦生、史良昭等译注《古文观止译注》（上），上海古籍出版社 1999 年版。冯谖（xuān）：齐国游说之士。谖，一作"煖"，《史记》又作"驩"，音皆同。

② 孟尝君：齐国贵族，姓田名文。齐湣王时为相。孟尝君好养士，据说有门客三千，成为以养士而著称的"战国四公子"之一，其他三位是魏国信陵君、楚国春申君、赵国平原君。

③ 战国时期的史料汇编，作者已无可考，流传到现在的本子是经西汉刘向整理过的。共 33 篇。记载了战国 200 多年间各诸侯国、各政治集团之间政治、军事、外交的史实以及策士们游说诸侯或互相辩论时所提出的政治主张和斗争策略。反映了战国时期尖锐复杂的矛盾和斗争，是研究战国历史的重要材料。史实生动翔实，语言犀利流畅，是论辩文的典型。

④ 存：存在，这里指生活。

⑤ 属（zhǔ）：后来写作"嘱"，嘱托、请托。

⑥ 寄食：依靠别人吃饭，这里指到孟尝君门下做门客。

⑦ 好（hào）：爱好，擅长，喜好。

⑧ 诺：答应声。可译为"好"、"好吧"。

⑨ 食（sì）：给人吃。草具：粗劣的饭菜。

⑩ 居有顷：过了不久。

⑪ 长铗归来：铗（jiá），剑把，这里指剑。归来：离开。来，语气词。

⑫ 比：和……一样，等同于。

⑬ 车客：可以坐车的门客。

⑭ 揭：高举。

⑮ 过：拜访。

⑯ 恶（wù）：讨厌。

⑰ 亲：这里指父母双亲。

⑱ 给（jǐ）：供给。

⑲ 习：懂得，知晓。计会（kuài）：会计。

⑳ 责：后来写作"债"（zhài）。债务，借款。

㉑ 署：署名，签名。

尝君笑曰："客果有能也，吾负[①]之，未尝见也。"请而见之，谢[②]曰："文倦于事[③]，愦于忧[④]，而性懧愚[⑤]，沉于国家之事，开罪于先生。先生不羞，乃有意欲为收责于薛乎？"冯谖曰："愿之。"于是约车治装[⑥]，载券契[⑦]而行，辞曰："责毕收，以何市而反[⑧]？"孟尝君曰："视吾家所寡有者。"

驱而之薛，使吏召诸民当偿者，悉来合券。券徧[⑨]合，起，矫命[⑩]，以责赐诸民。因[⑪]烧其券。民称万岁。

长驱[⑫]到齐，晨而求见。孟尝君怪其疾[⑬]也，衣冠[⑭]而见之，曰："责毕收乎？来何疾也！"曰："收毕矣。""以何市而反？"冯谖曰："君云'视吾家所寡有者'。臣窃计[⑮]君宫中积珍宝，狗马实[⑯]外厩，美人充下陈[⑰]。君家所寡有者以义耳！窃以为君市义。"孟尝君曰："市义奈何[⑱]？"曰："今君有区区[⑲]之薛，不拊爱[⑳]子其民[㉑]，因而贾利之[㉒]。臣窃矫君命，以责赐诸民，因烧其券，民称万岁。乃臣所以为君市义也。"孟尝君不悦，曰："诺，先生休矣！"

后期[㉓]年，齐王谓孟尝君曰："寡人不敢以先王之臣为臣。"孟尝君就国[㉔]于薛，未至百里，民扶老携幼，迎君道中。孟尝君顾谓冯谖："先生所为文市义者，乃今日见之。"

冯谖曰："狡兔有三窟，仅得免其死耳；今君有一窟，未得高枕而卧也。请为君复凿二窟。"孟尝君予车五十乘[㉕]，金五百斤，西游于梁，谓惠王[㉖]曰："齐放其大臣

---

① 负：辜负，对不住。实际意思是没有发现他的才干。
② 谢：道歉。
③ 倦于事：忙于事务，疲劳不堪。
④ 愦（kuì）于忧：忧愁思虑太多，心思烦乱。
⑤ 懧（nuò）愚：懦弱无能。懧，同"懦"，懦弱。
⑥ 约车治装：准备车马，整理行装。约，缠束，约车即套车。
⑦ 券契：债契。债务关系人双方各持一半为凭。古时契约写在竹简或木简上，分两半，验证时，合起来查对，故后有合券之说。
⑧ 以何市而反：用收上来的债买什么回来？市，买。反，后来写作"返"。
⑨ 徧：同"遍"，普遍。
⑩ 矫命：假托（孟尝君）的命令。
⑪ 因：于是。
⑫ 长驱：一直驱车前行，不停歇。
⑬ 疾：快。
⑭ 衣冠：穿好衣服戴好帽子。
⑮ 窃计：窃，私自，谦词；计，考虑。
⑯ 实：和下文的"充"是同义词，当充实讲。
⑰ 下陈：堂下，后室。
⑱ 奈何：怎么样。
⑲ 区区：少，小。
⑳ 拊爱：爱抚，抚育，抚慰。
㉑ 子其民：以其民为子。
㉒ 贾利之：通过做买卖从其身上获利。
㉓ 期（jī）年：整整一年。
㉔ 就国：回自己的封地。国，指孟尝君的封地薛。
㉕ 乘（shèng）：古代四马一车为一乘，亦可泛指车。
㉖ 惠王：梁惠王，魏武侯之子。

孟尝君于诸侯，诸侯先迎之者，富而兵强。”于是梁王虚上位[①]，以故相为上将军，遣使者黄金千斤，车百乘，往聘孟尝君。冯谖先驱，诫孟尝君曰：“千金，重币也；百乘，显使也。齐其闻之矣。”梁使三反[②]，孟尝君固辞[③]不往也。

齐王闻之，君臣恐惧，遣太傅[④]赍[⑤]黄金千斤，文车二驷[⑥]，服剑[⑦]一，封书，谢孟尝君曰：“寡人不祥[⑧]，被于宗庙之祟[⑨]，沉于谄谀之臣，开罪于君。寡人不足为[⑩]也；愿君顾[⑪]先王之宗庙，姑反国统万人乎！”冯谖诫孟尝君曰：“愿请先王之祭器，立宗庙于薛[⑫]。”庙成，还报孟尝君曰：“三窟已就[⑬]，君姑高枕为乐矣。”

孟尝君为相数十年，无纤介[⑭]之祸者，冯谖之计也。

【译文】

齐国有位名叫冯谖的人，生活贫困，养活不了自己。他让人转告孟尝君，说愿意到孟尝君门下做食客。孟尝君问：“冯谖有何爱好？”回答说：“没有什么爱好。”又问：“有何才干？”回答说：“没什么才干。”孟尝君笑了笑，说道：“好吧。”就收留了冯谖。

手下人以为孟尝君看不起冯谖，所以只给他粗茶淡饭吃。过了没多久，冯谖靠着柱子，弹拨着他的佩剑唱道：“长铗啊，咱们还是回去吧，这儿没有鱼吃啊！”手下的人把这事告诉了孟尝君。孟尝君说：“就照可以吃鱼的食客那样给他吃鱼。”过了没多久，冯谖又弹着剑唱道：“长铗啊，咱们还是回去吧，这儿出门没有车！”左右的人都笑他，又把这话告诉了孟尝君。孟尝君说：“照有车的门客那样给他备车吧。”于是冯谖坐着车子，举着宝剑去拜访他的朋友，说道：“孟尝君以客礼待我！”后来又过了些日子，冯谖又弹起他的剑唱道：“长铗啊，咱们还是回去吧，在这儿无法养家。”左右的人都很讨厌他，认为这人贪心不足。孟尝君问：“冯先生有父母吗？”回答说：“有老母亲。”孟尝君就派人供给冯谖母亲吃用，不使她感到缺乏。这样，冯谖就不再唱了。

后来，孟尝君发布文告：“谁懂得会计？”冯谖在文告上署了自己的名字，并签上一个“能”字。孟尝君感到很奇怪，问：“这是谁呀？”左右的人说：“就是唱那‘长铗归来’的人。”孟尝君笑道：“这位客人果真有才能，我亏待了他，还没见过面

---

① 虚上位：把上位（宰相之位）空出来。
② 三反：先后多次往返。
③ 固辞：坚决辞谢。
④ 太傅：官名，为辅弼国君之官。掌制定颁行礼法。
⑤ 赍（jī）：带着，拿着，
⑥ 文车二驷：两辆文饰华美的四匹马驾的车。
⑦ 服剑：佩剑。
⑧ 不祥：不善，没有福气。
⑨ 被于宗庙之祟：遭受祖宗神灵降下的灾祸。被，同“披”，遭受。
⑩ 不足为：不值得你看重并辅助。
⑪ 顾：顾念。
⑫ “愿请”二句：希望向齐王请要先王的祭器，在薛地建立宗庙。
⑬ 就：完成。
⑭ 纤介：比喻极小。介，通“芥”，小草。

呢!”他请冯谖来相见，当面赔礼道：“我被琐事搞得精疲力竭，被忧虑搅得心烦意乱；加之我懦弱无能，整天埋头在国家大事之中，以致怠慢了您，而您却并不见怪，反而愿意替我到薛地收债，是吗?”冯谖回答道：“愿意去。”于是他套好车马，整治行装，载上契约票据动身了。辞行的时候冯谖问：“债收完了，用收上来的债款买什么回来?”孟尝君说：“您就看我家里缺什么吧。”

冯谖赶着车到薛地，派官吏把该还债务的百姓找来核验契据。全部核验完毕后，他站起来，假托孟尝君的命令，把所有的债款赏赐给欠债人，并当场把债券烧掉。百姓都高呼“万岁”。

冯谖赶着车，马不停蹄，直奔齐都，清晨就求见孟尝君。冯谖回来得如此迅速，孟尝君感到很奇怪，立即穿衣戴帽去见他，问道：“债都收完了吗？为什么回来得这么快?”冯谖说：“都收完了。”“用债款买什么回来了?”冯谖回答道：“您说过‘看我家缺什么’，我私下考虑您宫中积满金银珠宝，马圈多的是猎狗、骏马，后宫多的是美女，您家里所缺的只不过是‘仁义’罢了，所以我私下里决定用债款为您买了‘仁义’。”孟尝君道：“买仁义怎么样呢?”冯谖道：“现在您不过有块小小的薛地，不抚爱百姓，视民如子，而用商贾之道向人民图利，因此我擅自假传您的命令，把债款赏赐给百姓，而且烧掉了契据，百姓都欢呼‘万岁’，这就是我用来为您买仁义的方式啊。”孟尝君听后很不高兴，说：“好吧，先生，算了吧。”

过了一年，齐王对孟尝君说：“我不敢把先王的臣子当做我的臣子。”孟尝君只好回到他的薛地。还差百里未到，薛地的人民扶老携幼，都在路旁迎接孟尝君到来。孟尝君见此情景，回头看着冯谖说：“您为我买的‘义’，今天算是见到了。”

冯谖说：“狡兔三窟才能免于一死，现在您才有一‘窟’，还不能高枕无忧，请让我再去为您打造两个‘窟’吧。”孟尝君给了他五十辆车子，五百斤黄金。冯谖往西到了梁国，他对惠王说：“现在齐国把他的大臣孟尝君放逐到各诸侯国，哪个诸侯国先迎住他，就可使自己的国家富庶、军事强盛。”于是梁惠王把相位空出来，把原来的国相封为上将军，并派使者带着千斤黄金，百辆车子去聘请孟尝君。冯谖提前赶回去，告诫孟尝君说：“黄金千斤，这是很重的聘金了；百辆车子，这算显贵的使臣了。齐国大概听说这事了吧。”梁国的使臣往返了多次，孟尝君坚决推辞而不去。

齐王听到这一消息，君臣上下十分惊恐。于是派太傅带着黄金千斤，驾着两辆四匹马拉的绘有文采的车子，带上一把佩剑，带着齐王封好了的书信向孟尝君谢罪说：“由于我不善，遭到祖宗降下的灾祸，又被身边阿谀逢迎的臣下蒙蔽，以致得罪了您。我是不值得您帮助的，但希望您顾念先王的宗庙，暂且回国都来治理国事吧。”冯谖告诫孟尝君道：“希望你向齐王请要先王传下来的祭器，在薛地建立宗庙。”宗庙建成后，冯谖回报孟尝君：“现在‘三窟’已经打造好，您可以高枕无忧了。”

孟尝君在齐国当了几十年国相，没有遭到丝毫祸患，这都是冯谖计谋的结果啊!

【评析】

本篇选自《战国策·齐策四》。记叙冯谖在孟尝君家做食客时为孟尝君出谋划策，凿就“三窟”，使他的政治地位得以巩固的事迹。

战国时期，各诸侯或大夫为了逐鹿中原，扩张势力，十分看重“士”的力量，养士成风。他们不吝珍珠重宝，求贤若渴，礼贤下士。“士”既有文化知识，又有统治才能，其中不乏济世安邦的人才。他们择良木而栖，为各自的主子建功立业献计献策。孟尝君养士最为著名。天下豪杰只要投奔他的，他全都收留。

冯谖初来乍到并没有表现特殊的才能，被人认为是个无能的人而“食以草具”。他三次弹铗而歌，抒发怀才不遇的愤懑。孟尝君三次大度满足他的要求，为后来冯谖竭尽全力为其打造“三窟”埋下了伏笔。

第一窟“市义”先抑后扬。冯谖主动请缨替孟尝君收债于薛，焚券市义，初露头角便表现出他的远见卓识以及果决大胆的行事风格。但他的义举并没有得到孟尝君的赏识，“轻轻一笑”表现了主人对冯谖的失望与轻视。一年后，孟尝君被齐王驱遣“就国于薛”时，得益于冯谖所“市”之“义”，才叹服于冯谖的义举。

第二窟“谋复相位”正面表现冯谖足智多谋。他对时局了如指掌，处变不惊，巧妙利用梁国化解齐王对孟尝君的排挤放逐。孟尝君依冯谖计轻而易举变被动为主动，复得相位。

第三窟“立庙于薛”得简洁精要之妙。前文已经把冯谖的性格形象刻画得入木三分，此处则画龙点睛，寥寥数语，把冯谖为主人数十年之久的“高枕无忧”所作的贡献表现出来，看似轻描淡写，实则落笔有声——冯谖真正做到了一个策士的本分，同时也侧面反映出战国时期“养士”风气的真正缘由。

文章采用抑扬法，以冯谖状似无赖而孟尝君度量宏大开场，下文却逐步转变两人的地位，让他们高下易位。孟尝君对冯谖收留——任用——信任——言听计从的情节曲折生动，最后以史赞笔法，述说孟尝君因此数十年无纤介之祸。如此铺陈，才将冯谖推上最高处，这是本篇在章法上的巧思。

【思考与练习】

1. 分析冯谖的人物形象。
2. 分析文章用“先抑后扬”手法塑造人物形象的成功之处。
3. 有人说“焚券市义”情节表现出《战国策》的民本思想，你的看法如何？

婴　宁[1]

蒲松龄[2]

王子服，莒之罗店人，早孤，绝慧，十四入泮[3]。母最爱之，寻常不令游郊野。聘萧氏，未嫁而夭，故求凰未就也。

会上元[4]，有舅氏子吴生邀同眺瞩，方至村外，舅家仆来，招吴去。生见游女如云，乘兴独游。有女郎携婢，拈梅花一枝，容华绝代，笑容可掬。生注目不移，竟忘顾忌。女过去数武[5]，顾婢子笑曰："个儿郎目灼灼似贼！"遗花地上，笑语自去。生拾花怅然，神魂丧失，怏怏遂返。

至家，藏花枕底，垂头而睡，不语亦不食。母忧之，醮禳[6]益剧，肌革锐减。医师诊视，投剂发表[7]，忽忽若迷。母抚问所由，默然不答。适吴生来，嘱秘诘之。吴至榻前，生见之泪下。吴就榻慰解，渐致研诘。生具吐其实，且求谋画。吴笑曰："君意亦痴！此愿有何难遂？当代访之。徒步于野，必非世家，如其未字，事固谐矣；不然，拚以重赂，计必允遂。但得痊瘳，成事在我。"生闻之，不觉解颐[8]。吴出告母，物色女子居里。而探访既穷，并无踪迹。母大忧，无所为计。然自吴去后，颜顿开，食亦略进。

数日，吴复来。生问所谋。吴绐[9]之曰："已得之矣。我以为谁何人，乃我姑之女，即君姨妹，今尚待聘。虽内戚有婚姻之嫌，实告之，无不谐者。"生喜溢眉宇，问："居何里？"吴诡曰："西南山中，去此可三十余里。"生又嘱再四，吴锐身自任而去。生由是饮食渐加，日就平复。探视枕底，花虽枯，未便雕落。凝思把玩，如见其人。怪吴不至，折柬招之。吴支托不肯赴招。生恚怒，悒悒不欢。母虑其复病，急为议姻；略与商榷，辄摇首不愿，惟日盼吴。

吴迄无耗，益怨恨之。转思三十里非遥，何必仰息他人？怀梅袖中，负气自往，

---

① 选自《聊斋志异》。《聊斋志异》：清代短篇小说集，是蒲松龄的代表作，在他40岁左右时基本完成，此后不断有所增补和修改。"聊斋"是他的书屋名称，"志"是记述的意思，"异"指奇异的故事。全书共有短篇小说491篇，《婴宁》是其中精彩的篇章之一。

② 蒲松龄（1640—1715），清代文学家、小说家，山东省淄博市淄川区洪山镇蒲家庄人。出身于一个逐渐败落的地主家庭，书香世家。一生热衷科举，却不得志。自幼喜欢民间文学，广泛搜集精怪鬼魅的奇闻异事，汲取创作营养，再加上自己的生活体验，创作出杰出的文言短篇小说集《聊斋志异》，述说狐仙鬼妖的故事，反映现实社会的生活，寄托作者的理想。还有文集4卷，诗集6卷；杂著《省身语录》、《怀刑录》等多种；戏曲3种，通俗俚曲14种。经人搜集编定为《蒲松龄集》。

③ 入泮（pàn）：古代的学校有泮池，所以称学童入学为入泮。

④ 上元：农历正月十五元宵节。

⑤ 数武：几步。武，半步。

⑥ 醮禳（jiào ráng）：请僧人道士祈祷做法事。

⑦ 发表：中医治疗办法，让患者发汗，使其体内的邪毒排出来。

⑧ 解颐：开怀大笑。

⑨ 绐（dài）：欺骗，说谎。

而家人不知也。伶仃独步，无可问程，但望南山行去。约三十余里，乱山合沓，空翠爽肌，寂无人行，止有鸟道。遥望谷底，丛花乱树中，隐隐有小里落。下山入村，见舍宇无多，皆茅屋，而意甚修雅。北向一家，门前皆丝柳，墙内桃杏尤繁，间以修竹；野鸟格磔①其中。意其园亭，不敢遽入。回顾对户，有巨石滑洁，因坐少憩。

俄闻墙内有女子长呼："小荣！"其声娇细。方伫听间，一女郎由东而西，执杏花一朵，俯首自簪。举头见生，遂不复簪，含笑拈花而入。审视之，即上元途中所遇也。心骤喜。但念无以阶"欲呼姨氏，顾从无还往，惧有讹误。门内无人可问"坐卧徘徊，自朝至于日昃②，盈盈望断，并忘饥渴。时见女子露半面来窥，似讶其不去者。忽一老媪扶杖出，顾生曰："何处郎君，闻自辰刻来，以至于今。意将何为？得勿饥也？"生急起揖之，答云："将以探亲。"媪聋聩不闻。又大言之。乃问："贵戚何姓？"生不能答。媪笑曰："奇哉！姓名尚自不知，何亲可探？我视郎君，亦书痴耳。不如从我来，啖以粗粝，家有短榻可卧。待明朝归，询知姓氏，再来探访。"生方腹馁思啖，又从此渐近丽人，大喜。从媪入，见门内白石砌路，夹道红花，片片坠阶上；曲折而西，又启一关③，豆棚花架满庭中。肃客④入舍，粉壁光如明镜；窗外海棠枝朵，探入室中；裀藉⑤几榻，罔不洁泽。甫坐，即有人自窗外隐约相窥。媪唤："小荣！可速作黍。"外有婢子嗷声而应。坐次，具展宗阀⑥。媪曰："郎君外祖，莫姓吴否？"曰："然。"媪惊曰："是吾甥也！尊堂，我妹子。年来以家屡贫，又无三尺之男，遂至音问梗塞。甥长成如许，尚不相识。"生曰："此来即为姨也，匆遽遂忘姓氏。"媪曰："老身秦姓，并无诞育，弱息亦为庶产。渠母改醮⑦，遗我鞠养。颇亦不钝，但少教训，嬉不知愁。少顷，使来拜识。"

未几，婢子具饭，雏尾盈握⑧。媪劝餐已，婢来敛具。媪曰："唤宁姑来。"婢应去。良久，闻户外隐有笑声。媪又唤曰："婴宁，汝姨兄在此。"户外嗤嗤笑不已。婢推之以入，犹掩其口，笑不可遏。媪嗔目曰："有客在，咤咤叱叱，景象何堪？"女忍笑而立，生揖之。媪曰："此王郎，汝姨子。一家尚不相识，可笑人也。"生问："妹子年几何矣？"媪未能解，生又言之。女复笑，不可仰视。媪谓生曰："我言少教诲，此可见矣。年已十六，呆痴如婴儿。"生曰："小甥一岁。"曰："阿甥已十七矣，得非庚午属马者耶？"生首应之。又问："甥妇阿谁？"答曰："无之。"曰："如甥才貌，何十七岁犹未聘？婴宁亦无姑家，极相匹敌。惜有内亲之嫌。"生无语，目注婴宁，不遑他瞬⑨。婢向女小语云："目灼灼，贼腔未改！"女又大笑，顾婢曰："视碧桃开未？"遽起，以袖掩口，细碎连步而出。至门外，笑声始纵。媪亦起，唤婢襆被，为生安置。曰："阿甥来不易，宜留三五日，迟迟送汝归。如嫌幽闷，舍后有小

---

① 格磔（gé zhé）：鸟鸣叫声。

② 日昃：过午。昃（zè），日偏。

③ 启一关：开了一道门。关，门。

④ 肃客：迎客。肃，引导，迎接。

⑤ 裀藉：坐垫，坐席。

⑥ 宗阀：家世。阀，原指官宦人家门前记录功业的柱子，后泛指功业或家世。

⑦ 渠母改醮：她的母亲改嫁。醮（jiào），古代结婚时用酒祭神的礼。

⑧ 雏尾盈握：（摆上）肥鸡肥鸭。古时称小的鸡鸭为"雏尾不盈握"，即尾巴还不能抓满一把。

⑨ 不遑他瞬：顾不上看别的地方。遑，闲暇。

园，可供消遣；有书可读。”

次日，至舍后，果有园半亩，细草铺毡，杨花糁径，有草舍三楹，花木四合其所。穿花小步，闻树头苏苏有声，仰视，则婴宁在上。见生来，狂笑欲堕。生曰：“勿尔，堕矣！”女且下且笑，不能自止。方将及地，失手而堕，笑乃止。生扶之，阴捘[①]其腕。女笑又作，倚树不能行，良久乃罢。生俟其笑歇，乃出袖中花示之。女接之，曰：“枯矣。何留之？”曰：“此上元妹子所遗，故存之。”问：“存之何益？”曰：“以示相爱不忘。自上元相遇，凝思成病，自分化为异物[②]；不图得见颜色，幸垂怜悯。”女曰：“此大细事。至戚何所靳惜？待郎行时，园中花，当唤老奴来，折一巨捆负送之。”生曰：“妹子痴耶？”女曰：“何便是痴？”生曰：“我非爱花，爱拈花之人耳。”女曰：“葭莩[③]之情，爱何待言。”生曰：“我所为爱，非瓜葛之爱，乃夫妻之爱。”女曰：“有以异乎？”曰：“夜共枕席耳。”女俯首思良久，曰：“我不惯与生人睡。”语未已，婢潜至，生惶恐遁去。

少时，会母所，母问：“何往？”女答以园中共话。媪曰：“饭熟已久，有何长言，周遮乃尔。”女曰：“大哥欲我共寝。”言未已，生大窘，急目瞪之。女微笑而止。幸媪不闻，犹絮絮究诘。生急以他词掩之，因小语责女。女曰：“适此语不应说耶？”生曰：“此背人语。”女曰：“背他人，岂得背老母。且寝处亦常事，何讳之？”生恨其痴，无术可悟之。食方竟，家人捉双卫[④]来寻生。先是，母待生久不归，始疑；村中搜觅已遍，竟无踪兆。因往寻吴。吴忆曩言，因教于西南山村行觅。凡历数村，始至于此。生出门，适相值，便入告媪，且请偕女同归。媪喜曰：“我有志，匪伊朝夕。但残躯不能远涉，得甥携妹子去，识认阿姨，大好！”呼婴宁，宁笑至。媪曰：“有何喜，笑辄不辍？若不笑，当为全人。”因怒之以目，乃曰：“大哥欲同汝去，可便装束。”又饷家人酒食，始送之出，曰：“姨家田产丰裕，能养冗人。到彼且勿归，小学诗礼，亦好事翁姑。即烦阿姨，择一良匹与汝。”二人遂发。至山坳，回顾，犹依稀见媪倚门北望也。

抵家，母睹姝丽，惊问为谁。生以姨妹对。母曰：“前吴郎与儿言者，诈也。我未有姊，何以得甥？”问女，女曰：“我非母出。父为秦氏，没时，儿在褓中，不能记忆。”母曰：“我一姊适秦氏，良确；然殂谢已久，那得复存？”因审诘面庞、志赘[⑤]，一一符合。又疑曰：“是矣！然亡已多年。”疑虑间，吴生至，女避入室。吴询得故，惘然久之。忽曰：“此女名婴宁耶？”生然之。吴极称怪事。问所自知，吴曰：“秦家姑去世后，姑丈鳏居，祟于狐，病瘠死。狐生女名婴宁，绷卧床上，家人皆见之。姑丈没，狐犹时来；后求天师符粘壁上，狐遂携女去。将勿此耶？”彼此疑参，但闻室中嗤嗤皆婴宁笑声。母曰：“此女亦太憨。”吴生请面之。母入室，女犹浓笑不顾。母促令出，始极力忍笑，又面壁移时方出。才一展拜，翻然遽入，放声大笑。满室妇女，为之粲然。

---

① 阴捘：暗地里捏。捘（zùn），用手指按。

② 自分化为异物：自以为要死了。异物，《庄子》中有人死后“或化为鼠肝，或化为虫臂”的句子。

③ 葭莩（jiā fú）：芦苇中的薄膜。多指疏远的亲戚（取“薄”的喻义），但也可泛指亲戚，此处为泛指亲戚。

④ 双卫：两头驴。卫，驴的别名。

⑤ 志赘：指人体特征。志，同“痣”。赘，赘疣。

吴请往觇其异，就便执柯①。寻至村所，庐舍全无，山花零落而已。吴忆葬处，仿佛不远，然坟垅湮没，莫可辨识，诧叹而返。母疑其为鬼，入告吴言，女略无骇意；又吊其无家，亦殊无悲意，孜孜憨笑而已。众莫之测，母令与少女同寝止。昧爽即来省问②，操女红精巧绝伦。但善笑，禁之亦不可止；然笑处嫣然，狂而不损其媚，人皆乐之。邻女少妇，争承迎之。母择吉为之合卺③，而终恐为鬼物。窃于日中窥之，形影殊无少异。至日，使华装行新妇礼，女笑极不能俯仰，遂罢。生以憨痴，恐泄漏房中隐事，而女殊密秘，不肯道一语。每值母忧怒，女至，一笑即解。奴婢小过，恐遭鞭楚，辄求诣母共话；罪婢投见，恒得免。而爱花成癖，物色遍戚党；窃典金钗，购佳种，数月，阶砌藩溷④，无非花者。

庭后有木香一架，故邻西家。女每攀登其上，摘供簪玩。母时遇见辄诃之。女卒不改。一日，西人子见之，凝注倾倒。女不避而笑。西人子谓女意属己，心益荡。女指墙底笑而下，西人子谓示约处，大悦。及昏而往，女果在焉，就而淫之，则阴如锥刺，痛彻于心，大号而踣。细视非女，则一枯木卧墙边，所接乃水淋窍也。邻父闻声，急奔研问，呻而不言。妻来，始以实告。爇⑤火烛窥，见中有巨蝎，如小蟹然。翁碎木捉杀之。负子至家，半夜寻卒。邻人讼生，讦发婴宁妖异。邑宰素仰生才，稔知其笃行士，谓邻翁讼诬，将杖责之。生为乞免，遂释而出。母谓女曰："憨狂尔尔，早知过喜而伏忧也。邑令神明，幸不牵累；设鹘突⑥官宰，必逮妇女质公堂，我儿何颜见戚里？"女正色，矢⑦不复笑。母曰："人罔不笑，但须有时。"而女由是竟不复笑，虽故逗之，亦终不笑；然竟日未尝有戚容。

一夕，对生零涕。异之。女哽咽曰："曩以相从日浅，言之恐致骇怪。今日察姑及郎，皆过爱无有异心，直告或无妨乎？妾本狐产。母临去，以妾托鬼母，相依十余年，始有今日。妾又无兄弟，所恃者惟君。老母岑寂山阿，无人怜而合厝⑧之，九泉辄为悼恨。君倘不惜烦费，使地下人消此怨恫，庶养女者不忍溺弃⑨。"生诺之，然虑坟冢迷于荒草。女言无虑。刻日夫妇舆榇⑩而往。女于荒烟错楚中，指示墓处，果得媪尸，肤革犹存。女抚哭哀痛。舁归，寻秦氏墓合葬焉。是夜，生梦媪来称谢，寤而述之。女曰："妾夜见之，嘱勿惊郎君耳。"生恨不邀留。女曰："彼鬼也。生人多，阳气胜，何能久居？"生问小荣，曰："是亦狐，最黠。狐母留以视妾，每摄饵相哺，故德之常不

---

① 执柯：比喻做媒。出自《诗经》"伐柯伐柯，其则不远"。

② 昧爽：晚上和早晨。省问：问候，请安。

③ 合卺（hé jǐn）：圆房，结婚。

④ 阶砌藩溷：台阶、院墙，甚至厕所。溷（hùn），厕所。

⑤ 爇（ruò）：燃烧，点燃。

⑥ 设鹘突：假设糊涂。

⑦ 矢：发誓。

⑧ 合厝：合葬。厝（cuò），埋葬。

⑨ 庶养女者不忍溺弃：古时认为女孩不能接续香火，不能办理父母的后事，因此常把女婴溺死。此句指我安葬了父母，或许能改变轻视女儿的恶俗。

⑩ 舆榇：用车子运载棺材。舆（yú），车。榇（chèn），棺材。

去心[①]。昨问母，云已嫁之。”由是岁值寒食[②]，夫妇登秦墓，拜扫无缺。

女逾年生一子，在怀抱中，不畏生人，见人辄笑，亦大有母风云。

异史氏[③]曰：“观其孜孜憨笑，似全无心肝者；而墙下恶作剧，其黠孰甚焉！至凄恋鬼母，反笑为哭，我婴宁殆隐于笑者矣[④]。窃闻山中有草，名‘笑矣乎’，嗅之，则笑不可止。房中植此一种，则合欢、忘忧[⑤]，并无颜色矣。若解语花，正嫌其作态耳[⑥]。”

【评析】

《聊斋志异》是一部具有独特思想风貌和艺术风貌的文言短篇小说集。多数小说是通过幻想的形式谈狐说鬼，但内容却深深地扎根于现实生活的土壤之中，曲折地反映了蒲松龄所生活的时代的社会矛盾和人民的思想愿望，熔铸了作者对生活的独特感受和认识。蒲松龄在《聊斋自志》中说：“集腋为裘，妄续幽冥之录；浮白载笔，仅成孤愤之书。寄托如此，亦足悲矣！”在这部小说集中，作者寄托了他自身的深沉孤愤。因此我们不能把《聊斋志异》只当做一本消愁解闷的书来读，而应该深入地去体会作者寄寓其中的爱和恨，悲愤和喜悦，以及产生这些思想感情的现实生活和深刻的历史内容。因此，郭沫若评价说：“写鬼写妖高人一等，刺贪刺虐入木三分。”老舍则评价说：“鬼狐有性格，笑骂成文章。”

《婴宁》中塑造了极其鲜明的狐女形象，其性格中最为突出的特征是爱笑，表层看是她未经世俗的自然天性的流露，寄托着作者的赞美和向往；里层看则是她试探人生，应对社会的手段。婴宁由“无时不笑”到“笑须有时”，既是她由自然人成为社会人的过程，也是她自然天性失落的过程，这是小说构思精妙的第一个所在——触及了人类生存的困境。

小说构思精妙的第二个所在，则是作品中的景物描写，小说中写花儿是为了写人：通过花儿彰显婴宁的自然天性，说明其性格形成的原因；通过花儿象征婴宁人格的纯真美善；通过花儿映衬婴宁的绝世美貌。

小说构思精妙的第三个所在，则是叙事的双重性：表层叙事是书生遇美女——寻美女——娶美女；里层叙事则是鬼母养狐女——教狐女——嫁狐女。

由此，《婴宁》和其他作品一样，代表着《聊斋志异》的成就，长久受到人们的关注和喜爱，不断地被后人改编成电影、电视作品。

---

① 德之常不去心：感激她，常常在心中惦念。德，名词用作动词。去，离开。

② 寒食：清明节的前两天是寒食节，旧时有寒食节吃冷饭的民俗。寒食节到清明节是人们祭祀亲人、扫墓的日子。

③ 异史氏：指作者。

④ 我婴宁殆隐于笑者矣：此句有的版本为“我婴宁何常憨耶”。可译为“我们的婴宁恐怕是用笑隐藏真实情感的人啊。”

⑤ 合欢、忘忧：合欢花、忘忧草。因为这两种花草的名字有开怀的含义，所以作者用来与“笑矣乎”比较。

⑥ 若解语花，正嫌其作态耳：唐明皇称杨贵妃为“解语花”，意为像花儿一样美丽又善解人意，讲话善于迎合。本文指迎合他人不是天性的自然流露。作态，造作，不自然。

【思考与练习】

1. 小说的叙事线索是什么？

2. 婴宁性格中的主要特点是什么？婴宁与“西人子”的故事表现出婴宁性格的什么特点？

3. 谈谈小说中描写花儿的作用。

4. 就婴宁性格的变化，谈谈古今人类的生存困境问题。

【拓展阅读】

蒲松龄镇纸铭联

有志者事竟成，破釜沉舟，百二秦关终属楚；
苦心人天不负，卧薪尝胆，三千越甲可吞吴。

栊翠庵茶品梅花雪 怡红院劫遇母蝗虫[①]

曹雪芹

话说刘姥姥两只手比着说道："花儿落了结个大倭瓜。"众人听了，哄堂大笑起来。于是吃过门杯，因又逗趣笑道："实告诉说罢，我的手脚子粗笨，又吃了酒，仔细失手打了这瓷杯。有木头的杯取个来，我便失了手，掉了地下也无碍。"众人听了，又笑起来。凤姐儿听如此说，便忙笑道："果真要木头的，我就取了来。可有一句先说下：这木头的可比不得瓷的，他都是一套，定要吃遍一套方使得。"刘姥姥听了心下战栗道："我方才不过是趣话取笑儿，谁知他果真竟有。我时常在村庄乡绅大家也赴过席，金杯银杯倒都也见过，从来没见有木头杯之说。哦，是了，想必是小孩子们使的木碗儿，不过诓我多喝两碗。别管他，横竖这酒蜜水儿似的，多喝点子也无妨。"想毕，便说："取来再商量。"凤姐乃命丰儿："到前面里间屋，书架子上有十个竹根套杯取来。"丰儿听了，答应才要去，鸳鸯笑道："我知道你这十个杯还小。况且你才说是木头的，这会子又拿了竹根子的来，倒不好看。不如把我们那里的黄杨根整抠的十个大套杯拿来，灌他十下子。"凤姐儿笑道："更好了。"鸳鸯果命人取来。刘姥姥一看，又惊又喜：惊的是一连十个，挨次大小分下来，那大的足似个小盆子，第十个极小的还有手里的杯子两个大，喜的是雕镂奇绝，一色山水树木人物，并有草字以及图印。因忙说道："拿了那小的来就是了，怎么这样多?"凤姐儿笑道："这个杯没有喝一个的理。我们家因没有这大量的，所以没人敢使他。姥姥既要，好容易寻了出来，必定要挨次吃一遍才使得。"刘姥姥唬的忙道："这个不敢，好姑奶奶，饶了我罢。"贾母、薛姨妈、王夫人知道他上了年纪的人，禁不起，忙笑道："说是说，笑是笑，不可多吃了，只吃这头一杯罢。"刘姥姥道："阿弥陀佛！我还是小杯吃罢。把这大杯收着，我带了家去慢慢的吃罢。"说的众人又笑起来。鸳鸯无法，只得命人满斟了一大杯，刘姥姥两手捧着喝。贾母薛姨妈都道："慢些，不要呛了。"薛姨妈又命凤姐儿布了菜。凤姐笑道："姥姥要吃什么，说出名儿来，我搛[②]了喂你。"刘姥姥道："我知什么名儿，样样都是好的。"贾母笑道："你把茄鲞搛些喂他。"凤姐儿听说，依言搛些茄鲞[③]送入刘姥姥口中，因笑道："你们天天吃茄子，也尝尝我们的茄子弄的可口不可口。"刘姥姥笑道："别哄我了，茄子跑出这个味儿来了，我们也不用种粮食，只种茄子了。"众人笑道："真是茄子，我们再不哄你。"刘姥姥诧异道："真是茄子？我白吃了半日。姑奶奶再喂我些，这一口细嚼嚼。"凤姐儿果又搛了些放入口内。刘姥姥细嚼了半日，笑道："虽有一点茄子香，只是还不像

---

① 选自《红楼梦》第四十一回《栊翠庵茶品梅花雪 怡红院劫遇母蝗虫》。作者曹雪芹，清代小说家，名霑，字梦阮，号雪芹、芹圃、芹溪，生平不详。

② 搛（jiān）：夹菜。

③ 鲞（xiǎng）：剖开晾干的鱼，这里指茄丁。

是茄子。告诉我是个什么法子弄的，我也弄着吃去。”凤姐儿笑道：“这也不难。你把才下来的茄子把皮削了，只要净肉，切成碎钉子，用鸡油炸了，再用鸡脯子肉并香菌，新笋，蘑菇，五香腐干，各色干果子，俱切成钉子，用鸡汤煨干，将香油一收，外加糟油一拌，盛在瓷罐子里封严，要吃时拿出来，用炒的鸡瓜一拌就是。”刘姥姥听了，摇头吐舌说道：“我的佛祖！倒得十来只鸡来配他，怪道这个味儿！”一面说笑，一面慢慢的吃完了酒，还只管细玩那杯。凤姐笑道：“还是不足兴，再吃一杯罢。”刘姥姥忙道：“了不得，那就醉死了。我因为爱这样范，亏他怎么做了。”鸳鸯笑道：“酒吃完了，到底这杯子是什么木的？”刘姥姥笑道：“怨不得姑娘不认得，你们在这金门绣户的，如何认得木头！我们成日家和树林子作街坊，困了枕着他睡，乏了靠着他坐，荒年间饿了还吃他，眼睛里天天见他，耳朵里天天听他，口儿里天天讲他，所以好歹真假，我是认得的。让我认一认。”一面说，一面细细端详了半日，道：“你们这样人家断没有那贱东西，那容易得的木头，你们也不收着了。我掂着这杯体重，断乎不是杨木，这一定是黄松的。”众人听了，哄堂大笑起来。

只见一个婆子走来请问贾母，说：“姑娘们都到了藕香榭，请示下，就演罢还是再等一会子？”贾母忙笑道：“可是倒忘了他们，就叫他们演罢。”那个婆子答应去了。不一时，只听得箫管悠扬，笙笛并发。正值风清气爽之时，那乐声穿林度水而来，自然使人神怡心旷。宝玉先禁不住，拿起壶来斟了一杯，一口饮尽。复又斟上，才要饮，只见王夫人也要饮，命人换暖酒，宝玉连忙将自己的杯捧了过来，送到王夫人口边，王夫人便就他手内吃了两口。一时暖酒来了，宝玉仍归旧坐，王夫人提了暖壶下席来，众人皆都出了席，薛姨妈也立起来，贾母忙命李、凤二人接过壶来：“让你姨妈坐了，大家才便。”王夫人见如此说，方将壶递与凤姐，自己归坐。贾母笑道：“大家吃上两杯，今日着实有趣。”说着擎杯让薛姨妈，又向湘云、宝钗道：“你姐妹两个也吃一杯。你妹妹虽不大会吃，也别饶他。”说着自己已干了。湘云、宝钗、黛玉也都干了。当下刘姥姥听见这般音乐，且又有了酒，越发喜的手舞足蹈起来。宝玉因下席过来向黛玉笑道：“你瞧刘姥姥的样子。”黛玉笑道：“当日圣乐一奏，百兽率舞，如今才一牛耳。”众姐妹都笑了。

须臾乐止，薛姨妈出席笑道：“大家的酒想也都有了，且出去散散再坐罢。”贾母也正要散散，于是大家出席，都随着贾母游玩。贾母因要带着刘姥姥散闷，遂携了刘姥姥至山前树下盘桓了半晌，又说与他这是什么树，这是什么石，这是什么花。刘姥姥一一的领会，又向贾母道：“谁知城里不但人尊贵，连雀儿也是尊贵的。偏这雀儿到了你们这里，他也变俊了，也会说话了。”众人不解，因问什么雀儿变俊了，会讲话。刘姥姥道：“那廊下金架子上站的绿毛红嘴是鹦哥儿，我是认得的。那笼子里黑老鸹子怎么又长出凤头来，也会说话呢。”众人听了都笑将起来。

一时只见丫鬟们来请用点心。贾母道：“吃了两杯酒，倒也不饿。也罢，就拿了这里来，大家随便吃些罢。”丫鬟便去抬了两张几来，又端了两个小捧盒。揭开看时，每个盒内两样：这盒内一样是藕粉桂糖糕，一样是松穰①鹅油卷，那盒内一样是一寸来大的小饺儿，……贾母因问什么馅儿，婆子们忙回是螃蟹的。贾母听了，皱眉

---

① 穰（ráng）：同“瓤”。

说："这油腻腻的，谁吃这个！"那一样是奶油炸的各色小面果，也不喜欢。因让薛姨妈吃，薛姨妈只拣了一块糕，贾母拣了一个卷子，只尝了一尝，剩的半个递与丫鬟了。刘姥姥因见那小面果子都玲珑剔透，便拣了一朵牡丹花样的笑道："我们那里最巧的姐儿们，也不能铰出这么个纸的来。我又爱吃，又舍不得吃，包些家去给他们做花样子去倒好。"众人都笑了。贾母道："家去我送你一坛子。你先趁热吃这个罢。"别人不过拣各人爱吃的一两点就罢了，刘姥姥原不曾吃过这些东西，且都作的小巧，不显盘堆的，他和板儿每样吃了些，就去了半盘子。剩的，凤姐又命攒了两盘并一个攒盘，与文官等吃去。忽见奶子抱了大姐儿来，大家哄他顽了一会。那大姐儿因抱着一个大柚子玩的，忽见板儿抱着一个佛手，便也要佛手。丫鬟哄他取去，大姐儿等不得，便哭了。众人忙把柚子与了板儿，将板儿的佛手哄过来与他才罢。那板儿因顽了半日佛手，此刻又两手抓着些果子吃，又忽见这柚子又香又圆，更觉好顽，且当球踢着玩去，也就不要佛手了。

当下贾母等吃过茶，又带了刘姥姥至栊翠庵来。妙玉忙接了进去。至院中见花木繁盛，贾母笑道："到底是他们修行的人，没事常常修理，比别处越发好看。"一面说，一面便往东禅堂来。妙玉笑往里让，贾母道："我们才都吃了酒肉，你这里头有菩萨，冲了罪过。我们这里坐坐，把你的好茶拿来，我们吃一杯就去了。"妙玉听了，忙去烹了茶来。宝玉留神看他是怎么行事。只见妙玉亲自捧了一个海棠花式雕漆填金云龙献寿的小茶盘，里面放一个成窑五彩小盖钟，捧与贾母。贾母道："我不吃六安茶。"妙玉笑说："知道。这是老君眉。"贾母接了，又问是什么水。妙玉笑回："是旧年蠲[①]的雨水。"贾母便吃了半盏，便笑着递与刘姥姥说："你尝尝这个茶。"刘姥姥便一口吃尽，笑道："好是好，就是淡些，再熬浓些更好了。"贾母众人都笑起来。然后众人都是一色官窑脱胎填白盖碗。

那妙玉便把宝钗和黛玉的衣襟一拉，二人随他出去，宝玉悄悄的随后跟了来。只见妙玉让他二人在耳房内，宝钗坐在榻上，黛玉便坐在妙玉的蒲团上。妙玉自向风炉上扇滚了水，另泡一壶茶。宝玉便走了进来，笑道："偏你们吃梯己[②]茶呢。"二人都笑道："你又赶了来混茶吃。这里并没你的。"妙玉刚要去取杯，只见道婆收了上面的茶盏来。妙玉忙命："将那成窑的茶杯别收了，搁在外头去罢。"宝玉会意，知为刘姥姥吃了，他嫌脏不要了。又见妙玉另拿出两只杯来。一个旁边有一耳，杯上镌着"𤫩瓟斝"三个隶字，后有一行小真字是"晋王恺珍玩"，又有"宋元丰五年四月眉山苏轼见于秘府"一行小字。妙玉便斟了一斝，递与宝钗。那一只形似钵而小，也有三个垂珠篆字，镌着"点犀䀉"。妙玉斟了一䀉与黛玉。仍将前番自己常日吃茶的那只绿玉斗来斟与宝玉。宝玉笑道："常言世法平等，他两个就用那样古玩奇珍，我就是个俗器了。"妙玉道："这是俗器？不是我说狂话，只怕你家里未必找得出这么一个俗器来呢。"宝玉笑道："俗说'随乡入乡'，到了你这里，自然把那金玉珠宝一概贬为俗器了。"妙玉听如此说，十分欢喜，遂又寻出一只九曲十环一百二十节蟠虬整雕竹根的一个大盒出来，笑道："就剩了这一个，你可吃得了这一盒？"宝玉喜的

---

① 蠲（juān）：净化。

② 梯己：体己。

忙道："吃的了。"妙玉笑道："你虽吃的了，也没这些茶糟蹋。岂不闻'一杯为品，二杯即是解渴的蠢物，三杯便是饮牛饮骡了'。你吃这一盒便成什么？"说的宝钗、黛玉、宝玉都笑了。妙玉执壶，只向盒内斟了约有一杯。宝玉细细吃了，果觉轻浮无比，赏赞不绝。妙玉正色道："你这遭吃的茶是托他两个福，独你来了，我是不给你吃的。"宝玉笑道："我深知道的，我也不领你的情，只谢他二人便是了。"妙玉听了，方说："这话明白。"黛玉因问："这也是旧年的雨水？"妙玉冷笑道："你这么个人，竟是大俗人，连水也尝不出来。这是五年前我在玄墓蟠香寺住着，收的梅花上的雪，共得了那一鬼脸青的花瓮一瓮，总舍不得吃，埋在地下，今年夏天才开了。我只吃过一回，这是第二回了。你怎么尝不出来？隔年蠲的雨水哪有这样轻浮，如何吃得。"黛玉知他天性怪僻，不好多话，亦不好多坐，吃完茶，便约着宝钗走了出来。

宝玉和妙玉陪笑道："那茶杯虽然脏了，白撂了岂不可惜？依我说，不如就给那贫婆子罢，他卖了也可以度日。你道可使得。"妙玉听了，想了一想，点头说道："这也罢了。幸而那杯子是我没吃过的，若我使过，我就砸碎了也不能给他。你要给他，我也不管你，只交给你，快拿了去罢。"宝玉笑道："自然如此，你那里和他说话授受去，越发连你也脏了。只交与我就是了。"妙玉便命人拿来递与宝玉。宝玉接了，又道："等我们出去了，我叫几个小幺儿来河里打几桶水来洗地如何？"妙玉笑道："这更好了，只是你嘱咐他们，抬了水只搁在山门外头墙根下，别进门来。"宝玉道："这是自然的。"说着，便袖着那杯，递与贾母房中小丫头拿着，说："明日刘姥姥家去，给他带去罢。"交代明白，贾母已经出来要回去。妙玉亦不甚留，送出山门，回身便将门闭了。不在话下。

且说贾母因觉身上乏倦，便命王夫人和迎春姊妹陪了薛姨妈去吃酒，自己便往稻香村来歇息。凤姐忙命人将小竹椅抬来，贾母坐上，两个婆子抬起，凤姐李纨和众丫鬟婆子尾随去了，不在话下。这里薛姨妈也就辞出。王夫人打发文官等出去，将攒盒散与众丫鬟们吃去，自己便也乘空歇着，随便歪在方才贾母坐的榻上，命一个小丫头放下帘子来，又命他捶着腿，吩咐他："老太太那里有信，你就叫我。"说着也歪着睡着了。

宝玉湘云等看着丫鬟们将攒盒搁在山石上，也有坐在山石上的，也有坐在草地下的，也有靠着树的，也有傍着水的，倒也十分热闹。一时又见鸳鸯来了，要带着刘姥姥各处去逛，众人也都赶着取笑。一时来至"省亲别墅"的牌坊底下，刘姥姥道："嗳呀！这里还有个大庙呢。"说着，便爬下磕头。众人笑弯了腰。刘姥姥道："笑什么？这牌楼上字我都认得。我们那里这样的庙宇最多，都是这样的牌坊，那字就是庙的名字。"众人笑道："你认得这是什么庙？"刘姥姥便抬头指那字道："这不是'玉皇宝殿'四字？"众人笑的拍手打脚，还要拿他取笑。刘姥姥觉得腹内一阵乱响，忙的拉着一个小丫头，要了两张纸就解衣。众人又是笑，又忙喝他"这里使不得！"忙命一个婆子带了东北上去了。那婆子指与地方，便乐得走开去歇息。

那刘姥姥因喝了些酒，他脾气不与黄酒相宜，且吃了许多油腻饮食，发渴多喝了几碗茶，不免通泻起来，蹲了半日方完。及出厕来，酒被风禁，且年迈之人，蹲了半天，忽一起身，只觉得眼花头眩，辨不出路径。四顾一望，皆是树木山石楼台房舍，却不知那一处是往那里去的了，只得认着一条石子路慢慢地走来。及至到了房舍跟前，又找不着门，再找了半日，忽见一带竹篱，刘姥姥心中自忖道："这里也有扁豆架子。"一面想，一面顺着花障走了来，得了一个月洞门进去。只见迎面忽有一带水池，只有七八尺宽，石头砌岸，里面碧浏清水流往那边去了，上面有一块白石横架在上面。刘姥姥便度石过去，顺着石子甬路走去，转了两个弯子，只见有一房门。于是进了房门，只见迎面一个女孩儿，满面含笑迎了出来。刘姥姥忙笑道："姑娘们把我丢下来了，要我碰头碰到这里来。"说了，只觉那女孩儿不答。刘姥姥便赶来拉他的手，"咕咚"一声，便撞到板壁上，把头碰的生疼。细瞧了一瞧，原来是一幅画儿。刘姥姥自忖道："原来画儿有这样活凸出来的。"一面想，一面看，一面又用手摸去，却是一色平的，点头叹了两声。一转身方得了一个小门，门上挂着葱绿撒花软帘。刘姥姥掀帘进去，抬头一看，只见四面墙壁玲珑剔透，琴剑瓶炉皆贴在墙上，锦笼纱罩，金彩珠光，连地下踩的砖，皆是碧绿凿花，竟越发把眼花了，找门出去，那里有门？左一架书，右一架屏。刚从屏后得了一门转去，只见他亲家母也从外面迎了进来。刘姥姥诧异，忙问道："你想是见我这几日没家去，亏你找我来。那一位姑娘带你进来的？"他亲家只是笑，不还言。刘姥姥笑道："你好没见世面，见这园里的花好，你就没死活戴了一头。"他亲家也不答。便心下忽然想起："常听大富贵人家有一种穿衣镜，这别是我在镜子里头呢罢。"说毕伸手一摸，再细一看，可不是，四面雕空紫檀板壁将镜子嵌在中间。因说："这已经拦住，如何走出去呢？"一面说，一面只管用手摸。这镜子原是西洋机括，可以开合。不意刘姥姥乱摸之间，其力巧合，便撞开消息，掩过镜子，露出门来。刘姥姥又惊又喜，迈步出来，忽见有一副最精致的床帐。他此时又带了七八分醉，又走乏了，便一屁股坐在床上，只说歇歇，不承望身不由己，前仰后合的，朦胧着两眼，一歪身就睡熟在床上。

且说众人等他不见，板儿见没了他姥姥，急得哭了。众人都笑道："别是掉在茅厕里了？快叫人去瞧瞧。"因命两个婆子去找，回来说没有。众人各处搜寻不见。袭人指其道路："是他醉了迷了路，顺着这一条路往我们后院子里去了。若进了花障子到后房门进去，虽然碰头，还有小丫头们知道，若不进花障子再往西南上去，若绕出去还好，若绕不出去，可够他绕回子好的。我且瞧瞧去。"一面想，一面回来，进了怡红院便叫人，谁知那几个房子里小丫头已偷空玩去了。

袭人一直进了房门，转过集锦隔子，就听的鼾声如雷。忙进来，只闻见酒屁臭气，满屋一瞧，只见刘姥姥扎手舞脚的仰卧在床上。袭人这一惊不小，慌忙赶上来将他没死活的推醒。那刘姥姥惊醒，睁眼见了袭人，连忙爬起来道："姑娘，我失错了！并没弄脏了床帐。"一面说一面用手去掸。袭人恐惊动了人，被宝玉知道了，只向他摇手，不叫他说话。忙将鼎内贮了三四把百合香，仍用罩子罩上。些须收拾收拾，所喜不曾呕吐，忙悄悄地笑道："不相干，有我呢。你随我出来。"刘姥姥跟了袭人，出至小丫头们房中，命他坐了，向他说道："你就说醉倒在山子石上打了个盹儿。"刘姥姥答应知道。又与他两碗茶吃，方觉酒醒了，因问道："这是那个小姐的绣房，这样精致？我就像到了天宫里的一样。"袭人微微笑道："这个么，是宝二爷的卧室。"那刘姥姥吓得不敢作声。袭人带他从前面出去，见了众人，只说他在草地下睡着了，带了他来的。众人都不理会，也就罢了。

【评析】

《红楼梦》描写的是贾宝玉与林黛玉、薛宝钗的爱情故事和婚姻悲剧。作品以宝黛爱情为主线，以四大家族的兴衰为背景，表现出反对封建与追求民主的主题思想，也体现了爱情悲剧、封建家族命运悲剧、人生悲剧的悲剧结局。

《红楼梦》别名《石头记》、《情僧录》、《风月宝鉴》、《还泪记》、《金陵十二钗》。本书写实性强，最值得称道的，是人物形象的塑造。

作品中，塑造了众多美好的女性形象，不仅有豪门闺秀，如林黛玉、薛宝钗、史湘云、贾探春等，还有下层婢女，如晴雯、紫鹃、香菱、鸳鸯等，但其中有一位女性是神秘而值得玩味的，她就是女尼妙玉。而饮茶栊翠庵也是除了黛玉葬花、宝钗扑蝶、宝玉挨打、湘云眠芍等精彩片段之外的又一个精彩片段。

妙玉、宝玉、黛玉、宝钗栊翠庵中茶品梅花雪，高雅境界令人仰慕。妙玉，大观园栊翠庵女尼，出身高贵，体弱多病，气质秀美，心性孤僻，世俗难容。她自尊、绝冷、清高、孤傲、嗜洁，举世皆嫌；同时她又有真诚、纯情、超逸脱俗、高雅、傲岸的性格特征。

另外特别值得提及的是刘姥姥。这一位乡间老妇，本是深于世故，为生活所迫，却以装痴弄傻的表演，供贾母等人取乐。然而，最后却是她解救了巧姐。这一个出场时极似戏曲中丑角的人物，可笑、可怜却又可敬，人性的含蕴十分丰富，表现了曹雪芹对下层人物的理解。

【思考与练习】

1. 阅读本精彩片段，说说作者借这一片段表达了什么主题思想。
2. 试分析妙玉形象。
3. 借金陵十二钗的名字试分析作者借谐音暗示人物命运的创作方式。

萧　　萧[1]

沈从文[2]

乡下人吹唢呐接媳妇，到了十二月是成天有的事情。

唢呐后面一顶花轿，四个伕子平平稳稳的抬着，轿中人被铜锁锁在里面，虽穿了平时不上过身的体面红绿衣裳，也仍然是荷荷大哭。在这些小女人心中，做新娘子，从母亲身边离开，且准备作他人的母亲，从此将有许多事情等待发生。像做梦一样，将同一个陌生男子汉在一个床上睡觉，做着承宗接祖的事情，当然十分害怕，所以照例觉得要哭，就哭了。

也有做媳妇不哭的人。萧萧做媳妇就不哭。这女人没有母亲，从小寄养到伯父种田的庄子上，出嫁只是从这家转到那家。因此到那一天这女人还只是笑。她又不害羞，又不怕，她是什么事也不知道，就做了人家的媳妇了。

萧萧做媳妇时年纪十二岁，有一个小丈夫，年纪三岁。丈夫比她年少九岁，还在吃奶。地方规矩如此，过了门，她喊他做弟弟。她每天应作的事是抱弟弟到村前柳树下去玩，饿了，喂东西吃，哭了，就哄他，摘南瓜花或狗尾草戴到小丈夫头上，或者亲嘴，一面说，“弟弟，哪，啅。再来，啅。”在那满是肮脏的小脸上亲了又亲，孩子于是便笑了。孩子一欢喜，会用短短的小手乱抓萧萧的头发。那是平时不大能收拾蓬蓬松松到头上的黄发。有时垂到脑后一条有红绒绳作结的小辫儿被拉，生气了，就挞那弟弟，弟弟自然哨的哭出声来，萧萧便也装成要哭的样子，用手指着弟弟的哭脸，说，“哪，不讲理，这可不行！”

天晴落雨日子混下去，每日抱抱丈夫，也时常到溪沟里去洗衣，搓尿片，一面还捡拾有花纹的田螺给坐到身边的丈夫玩。到了夜里睡觉，便常常做世界上人所做过的梦，梦到后门角落或别的什么地方捡得大把大把铜钱，吃好东西，爬树，自己变成鱼到水中溜扒，或一时仿佛很小很轻，身子飞到天上众星中，没有一个人，只是一片白，一片金光，于是大喊“妈！”人醒了。醒来心还只是跳。吵了隔壁的人，就骂着，“疯子，你想什么！”却不作声只是咕咕笑着。也有很好很爽快的梦，为丈夫哭醒的事。那丈夫本来晚上在自己母亲身边睡，吃奶方便，但是吃多了奶，或因另外情形，半夜大哭，起来放水拉稀是常有的事。丈夫哭到婆婆不能处置，于是萧萧轻脚轻手爬起来，眼屎朦胧，走到床边，把人抱起，给他看灯光，看星光。或者仍然啅啅的亲嘴，互相觑着，孩子气的“嗨嗨，看猫呵，”那样喊着哄着。于是丈夫笑了。慢慢地阖上眼。人睡了，放上床，站在床边看着，听远处一传一递的鸡叫，知道天快到什么时候了。于是仍然蜷到小床上睡去。天亮了，虽不做梦，却可以无意中闭眼开眼，

---

① 选自《沈从文全集》第八卷，北岳文艺出版社 2002 年版。

② 沈从文（1902—1988），原名沈岳焕，湖南凤凰县人。现代作家、历史文物研究家、京派小说代表人物。著有小说《边城》、《长河》等，散文《湘行散记》等。

看一阵空中黄金颜色变幻无端的葵花。

萧萧嫁过了门，做了拳头大丈夫的媳妇，一切并不比先前受苦，这只看她半年来身体发育就可明白。风里雨里过日子，像一株长在园角落不为人注意的蓖麻；大叶大枝，日增茂盛。这小女人简直是全不为丈夫设想那么似的长大起来了。

夏夜光景说来如做梦。坐到院心，挥摇蒲扇，看天上的星同屋角的萤，听南瓜棚上纺织娘子咯咯咯拖长声音纺车，禾花风翛翛吹到脸上，正是让人在自己方便中说笑话的时候。

萧萧好高，一个人常常爬到草料堆上去，抱了已经熟睡的丈夫在怀里，轻轻的轻轻的随意唱着那使自己也快要睡去的歌。

在院中，公公婆婆，祖父祖母，另外还有帮工汉子两个，散乱的坐，小板凳无一作空。

祖父身边有烟包，在黑暗中放光。这用艾蒿作成的长火绳，是驱逐长脚蚊东西，蜷承祖父脚边，就如一条黑色长蛇。

想起白天场上的事，那祖父开口说话：

“听三金说前天有女学生过身。”

大家就哄然笑了。

这笑的意义何在？只因为大家都知道女学生没有辫子，像个尼姑，穿的衣服又像洋人，吃的，用的，……总而言之一想起来就觉得怪可笑！

萧萧不大明白，她不笑。所以祖父又说话了。他说：

“萧萧，你将来也会做女学生！”

大家于是更哄然大笑起来。

萧萧为人并不愚蠢，觉得这一定是不利于己的一件事情了，所以接口便说：

“我不做女学生！”

“不做可不行。”

“我不做。”

众口一声的说：“非做女学生不行！”

女学生这东西，在本乡的确永远是奇闻。每年热天，据说放“水”假日子一到，便有三三五五女学生，由一个荒谬不经的热闹地方来，到另一个远地方去，取道从本地过身，从乡下人眼中看来，这些人皆近于另一世界中活下的人，装扮如怪如神，行为也不可思议。这种人过身时，使一村人皆可以说一整天的笑话。

祖父是当地人物，因为想起所知道的女学生在大城中的生活情形，所以说笑话要萧萧也去作女学生。一面听到这话就感觉一种打哈哈趣味，一面还有那被说的萧萧感觉一种惶恐，说这话的不为无意义了。

女学生由祖父方面所知道的是这样一种人：她们穿衣服不管天气冷暖，吃东西不问饥饱，晚上交到子时才睡觉，白天正经事全不作，只知唱歌打球，读洋书。她们一年用的钱可以买十六只水牛。她们在省里京里想往什么地方去时，不必走路，只要钻进一个大匣子中，那匣子就可以带她到地。她们在学校，男女一处上课，人熟了，就随意同那男子睡觉，也不要媒人，也不要财礼，名叫“自由”。她们也做官；做县官，带家眷上任，男子仍然喊作老爷，小孩子叫少爷。她们自己不养牛，却吃牛奶羊奶，如小牛小羊，买那奶时是用铁罐子盛的。她们无事时到一个唱戏地方去，那地方完全像个大庙，从衣袋中取出一块洋钱来（那洋钱在乡下可买五只母鸡），买了一小方纸片儿，拿了那纸片到里面去，就可以坐下看洋人扮演影子戏。她们被冤了，不赌咒，不哭。她们年纪有老到二十四岁还不肯嫁人的，有老到三十四五还好意思嫁人的。她们不怕男子，男子不能使她们受委屈，一受委屈就上衙门打官司，要官罚男子的款，这笔钱她可以同官平分。她们不洗衣煮饭，有了小孩子也只化[①]五块钱或十块钱一月，雇人专管小孩，自己仍然整天看戏打牌。……

总而言之，说来都稀奇古怪，岂有此理。这时经祖父一为说明，听过这话的萧萧，心中却忽然有了一种模模糊糊的愿望，以为倘若她也是个女学生，她是不是照祖父说的女学生一个样子去做那些事？不管好歹，做女学生极有趣味，因此一来却已为这乡下姑娘体念到了。

因为听祖父说起女学生是怎样的人物，到后萧萧独自笑得特别久。笑够了时，她说：

“祖爹，明天有女学生过路，你喊我，我要看。”

“你看，她们捉你去作丫头。”

“我不怕她们。”

“她们读洋书你不怕？”

“我不怕。”

“她们咬人你不怕？”

“也不怕。”

可是这时节萧萧手上所抱的丈夫，不知为什么，在睡梦中哭了，媳妇用作母亲的声势，半哄半吓说：

“弟弟，弟弟，不许哭，不许哭，女学生咬人来了。”

丈夫还仍然哭着，得抱起各处走走。萧萧抱着丈夫离开了祖父，祖父同人说另外一样话去了。

萧萧从此以后心中有个“女学生”。做梦也便常常梦到女学生，且梦到同这些人并排走路。仿佛也坐过那种自己会走路的匣子，她又觉得这匣子并不比自己跑路更快。在梦中那匣子的形体同谷仓差不多，里面有小小灰色老鼠，眼珠子红红的。

因为有这样一段经过，祖父从此喊萧萧不喊“小丫头”，不喊“萧萧”，却唤作“女学生”。在不经意中萧萧答应得很好。

乡下里日子也如世界上一般日子，时时不同。世界上人把日子糟蹋，和萧萧一类人家把日子吝惜是这样的，各人皆有所得，各人皆为命定。城市中文明人，把一个夏天全消磨到软绸衣服精美饮料以及种种好事情上面。萧萧的一家，因为一个夏天，却得了十多斤细麻，二三十担瓜。

作小媳妇的萧萧，一个夏天中，一面照料丈夫，一面还绩了细麻四斤。这时工人摘瓜，在瓜间玩，看硕大如盆上面满是灰粉的大南瓜，成排成堆摆到地上，很有趣味。时间到摘瓜，秋天已来了，院中各处有从屋后林子里树上吹来的大红大黄木叶。萧萧在瓜旁站定，手拿木叶一束，为丈夫编小笠帽玩。

---

① 化：即“花”，编者注。

工人中有个名叫花狗，抱了萧萧的丈夫到枣树下去打枣子。小小竹杆打在枣树上，落枣满地。

“花狗大，莫打了，太多了吃不完。”

虽这样喊，还不动身。到后，仿佛完全因为丈夫要枣子，花狗才不听话。萧萧于是又喊他那小丈夫：

“弟弟，弟弟，来，不许捡了。吃多了生东西肚子痛!”

丈夫听话，兜了一堆枣子向萧萧身边走来，请萧萧吃枣子。

“姊姊吃，这是大的。”

“我不吃。”

“要吃一颗!”

她两手那里有空！木叶帽正在制边。工夫要紧，还正要个人帮忙！

“弟弟，把枣子喂我口里。”

丈夫照她的命令作事，作完了觉得有趣，哈哈大笑。

她要他放下枣子帮忙捏紧帽边，便于添加新木叶。

丈夫照她吩咐作事，但老是顽皮的摇动，口中唱歌。这孩子原来像一只猫，欢喜时就得捣乱。

“弟弟，你唱的是什么。”

“我唱花狗大告我的山歌。”

“好好地唱给我听。”

丈夫于是就唱下去，照所记到的歌唱：

天上起云云起花，
包谷林里种豆荚，
豆荚缠坏包谷树，
娇妹缠坏后生家。

天上起云云重云，
地下埋坟坟重坟，
娇妹洗碗碗重碗，
娇妹床上人重人。

丈夫唱歌中意义全不明白，唱完了就问好不好。萧萧说好，并且问从谁学来的。她知道是花狗教他的，却故意盘问他。

“花狗大告我，他说还有好歌，长大了再教我唱。”

听说花狗会唱歌，萧萧说：

“花狗大，花狗大，您唱一个歌我听听。”

那花狗，面如其心，生长得不很正气，知道萧萧要听歌，人也快到听歌的年龄了，就给她唱“十岁娘子一岁夫”。那故事说的是妻年大，可以随便到外面作一点不规矩事情，夫年小，只知道吃奶，让他吃奶。这歌丈夫完全不懂，懂到一点儿的是萧萧，把歌听过后，萧萧装成“我全明白”那种神气，她用生气的样子，对花狗说：

“花狗大，这个不行，这是骂人的歌!”

花狗分辩说："不是骂人的歌。"

"我明白，是骂人的歌。"

花狗难得说多话，歌已经唱过了，错了赔礼，只有不再唱。他看她已经有点懂事了，怕她回头告祖父，就把话支开，扯到"女学生"。他问萧萧，看不看过女学生习体操唱洋歌的事情。

若不是花狗提起，萧萧几乎已忘却了这事情。这时又提到女学生，她问花狗近来有没有女学生过路。

花狗一面把南瓜从棚架边抱到墙角去，告她女学生唱歌的事，这些事的来源就是萧萧的那个祖父，他在萧萧面前说了点大话，说他曾经到官路上见到四个女学生，她们都拿得有旗帜，走长路流汗喘气之中仍然唱歌，同军人所唱的一模一样。不消说，这完全是笑话。可是那故事把萧萧可乐坏了。

花狗是会说会笑的一个人。听萧萧带着歆羡口气说："花狗大，您膀子真大。"他就说："我不止膀子大。"

"你身个子也大。"

"我全身无处不大。"

到萧萧抱了她的丈夫走去以后，同花狗在一起摘瓜，取名字叫哑叭①的，开了平时不常开的口。他说：

"花狗，你少坏点。人家是黄花女，还要等十二年才圆房！"

花狗不做声，打了那伙计一掌，走到枣树下捡落地枣去了。

到摘瓜的秋天，日子计算起来，萧萧过丈夫家有一年了。

几次降霜落雪，几次清明谷雨，都说萧萧是大人了。天保佑，喝冷水，吃粗砺饭，四季无疾病，倒发育得这样快。婆婆虽生来像一把剪，把凡是给萧萧暴长的机会都剪去了，但乡下的日头同空气都帮助人长大，却不是折磨可以阻拦得住。

萧萧十四岁时高如成人，心却还是一颗糊糊涂涂的心。

人大了一点，家中做的事也多了一点。绩麻纺车洗衣照料丈夫以外，打猪草推磨一些事情也要作。还有浆纱织布：两三年来所聚集的粗细麻和纺就的纱，已够萧萧坐到土机上抛三个月的梭子了。

丈夫已断了奶。婆婆有了新儿子，这五岁儿子就像归萧萧独有了。不论做什么，走到什么地方去，丈夫总跟到身边。丈夫有些方面很怕她，当她如母亲，不敢多事。他们俩"感情不坏"。

地方稍稍进步，祖父的笑话转到"萧萧你也把辫子剪去"那一类事上去了。听着这话的萧萧，某个夏天也看过一次女学生了，虽不把祖父笑话认真，可是每一次在祖父说过这笑话以后，她到水边去，必用手捏着辫子末梢，设想没有辫子的人那种神气，那点趣味。

因为打猪草，带丈夫上螺蛳山的山阴是常有的事。

小孩子不知事，听别人唱歌也唱歌。一唱歌，就把花狗引来了。

花狗对萧萧生了另外一种心，萧萧有点明白了，常常觉得惶恐。但花狗是男子，

① 哑叭：即哑巴，编者注。

凡是男子的美德恶德皆不缺少，所以一面使萧萧的丈夫非常欢喜同他玩，一面一有机会即缠在萧萧身边，且总是想方设法把萧萧那点惶恐减去。

山大人小，平时不知道萧萧所在，花狗就站在高处唱歌逗萧萧身边的丈夫，丈夫小口一开，花狗穿山越岭就来到萧萧面前了。

见了花狗，小孩子只有欢喜，不知其他。他原要花狗为他编草虫玩，做竹箫哨子玩，花狗想方法支使他到一个远处去，便坐到萧萧身边来，要萧萧听他唱那使人红脸的歌。她有时觉得害怕，不许丈夫走开；有时又像有了花狗在身边，打发丈夫走去也好一点。终于有一天，萧萧就给花狗变成了妇人了。

那时节，丈夫走到山下采刺莓去了，花狗唱了许多歌，到后却向萧萧说，我想了你二三年。他又说，我为你睡不着觉。他又说，我赌咒不把这事情告给人。听了这些话仍然不懂什么的萧萧，眼睛只注意到他那一对膀子，耳朵只注意到他最后一句话。末了花狗大便又唱歌给她听，她心里乱了。她要他当真对天赌咒，赌了咒，一切好像有了保障，她就一切尽他了。到丈夫返身时，手被毛毛虫螫伤，肿了一片，走到萧萧身边，萧萧捏紧这一只小手，且用口去呵它，吮它，想起刚才的糊涂，才仿佛明白做了一点糊涂事。

花狗诱她做坏事情是麦黄四月，到六月，李子熟了，她欢喜吃生李了。她觉得身体有点特别，碰到花狗，就将这事情告给他，问他怎么办。

讨论了多久，花狗全无主意。虽以前自己当天赌得有咒，也仍然无主意。这家伙个子大，胆量小，个子大容易做错事，胆量小做了错事就想不出办法。

到后，萧萧捏着自己那条辫子，想起城里了。她说：

“花狗，我们到城里去过日子，不好么？”

“那怎么行？到城里去做什么？”

“我肚子大了。”

“我们找药去。”

“我想……”

“你想逃？”

“我想逃吗？我想死！”

“我赌咒不辜负你。”

“负不负我有什么用，帮我个忙，拿去肚子里这块肉吧。我害怕！”

花狗不再做声，过了一会，便走开了。不久丈夫从他处回来，见萧萧一个人坐在草地上哭，眼睛红红的，丈夫心中纳罕。看了一会，问萧萧：

“姊姊，为什么哭？”

“不为什么，灰尘落到眼睛里，痛。”

“你瞧我，得这些这些。”

他把从溪中捡来的小蚌小石头陈列萧萧面前，萧萧用泪眼看了一会，笑着说：“弟弟，我们要好，我哭你莫告家中。”到后这事情家中当真就无人知道。

第二天，花狗不辞而行，把自己所有的衣裤都拿去了。祖父问同住的哑叭知不知道他为什么走路，走那儿[1]去。哑叭只是摇头，说，花狗还欠了他两百钱，临走时话都不留一句，

---

① 那儿：即哪儿，编者注。

为人少良心。哑叭说他自己的话，并没有把花狗走的理由说明，因此这一家稀奇一整天，谈论一整天。不过这工人既不偷走物件，又不拐带别的，这事过后不久自然也就把他忘了。

萧萧仍然是往日的萧萧。她能够忘记花狗，就好了。但是肚子真有些不同了，肚中东西使她常常一个人干发急，尽做怪梦。

她脾气似乎坏了一点，这坏处只有丈夫知道，因为她对丈夫似乎严厉苛刻了好些。

仍然每天同丈夫在一处，她的心，想到的事自己也不十分明白。她常想，我现在死了，什么都好了。可是为什么要死？她还很高兴活下去，愿意活下去。

家中人不拘谁在无意中提起关于丈夫弟弟的话，提起小孩子，提起花狗，都像使这话如拳头，在萧萧胸口上重重一击。

到八月，她担心人知道更多了，引丈夫庙里去玩，就私自许愿，吃了一大把香灰。吃香灰时被她丈夫见到了，丈夫说这是做什么事，萧萧就说这是肚痛，应当吃这个。萧萧自然说谎。虽说求菩萨保佑，菩萨当然没有如她的希望，肚子中长大的东西仍在慢慢的长大。

她又常常往溪里去喝冷水，给丈夫见到了，丈夫问她她就说口渴。

一切她所想到的方法都没有能够使她与自己不欢喜的东西分开。大肚子只有丈夫一人知道，他却不敢告这件事给父母晓得。因为时间长久，年龄不同，丈夫有些时候对于萧萧的怕同爱，比对于父母还深切。

她还记得那花狗赌咒那一天里的事情，如同记着其他事情一样。到秋天，屋前屋后毛毛虫更多了，丈夫像故意折磨她一样，常常提起几个月前被毛毛虫所螫的话，使萧萧难过。她因此极恨毛毛虫，见了那小虫就想用脚去踹。

有一天，又听人说有好些女学生过路，听过这话的萧萧，睁了眼做过一阵梦，愣愣的对日头出处痴了半天。

萧萧步花狗后尘，也想逃走，收拾一点东西预备跟了女学生走的那条路上城。但没有动身，就被家里人发觉了。

家中追究这逃走的根源，才明白这个十年后预备给小丈夫生儿子继香火的萧萧肚子，已被另外一个人抢先下了种。这真是了不得的大事。一家人的平静生活为这一件事全弄乱了。生气的生气，流泪的流泪。悬梁，投水，吃毒药，诸事萧萧全想到了，年纪太小，舍不得死，却不曾做。于是祖父想出了个聪明主意，把萧萧关在房里，派两人好好看守着，请萧萧本族的人来说话，看是沉潭还是发卖？萧萧家中人要面子，就沉潭淹死，舍不得死就发卖。萧萧既只有一个伯父，在近处庄子里为人种田，去请他时先还以为是吃酒，到了才知道是这样丢脸事情，弄得这家长手足无措。

大肚子作证，什么也没有可说。伯父不忍把萧萧沉潭，萧萧当然应当嫁人作二路亲了。

这处罚好像也极其自然，照习惯受损失的是丈夫家里，然而却可以在改嫁上收回一笔钱，当作赔偿损失的数目。那伯父把这事告给了萧萧，就要走路。萧萧拉着伯父衣角不放，只是幽幽的哭，伯父摇了一会头，一句话不说，仍然走了。

没有相当的人家来要萧萧，就仍然在丈夫家中住下。这件事情既经说明白，倒又像不什么要紧，大家反而释然了。先是小丈夫不能再同萧萧在一处，到后又仍然如月前情形，姊弟一般有说有笑的过日子了。

丈夫知道了萧萧肚子中有儿子的事情，又知道因为这样萧萧才应当嫁到远处去。但是丈夫并不愿意萧萧去，萧萧自己也不愿意去，大家全莫名其妙，像逼到要这样做，不得不做。

在等候主顾来看人，等到十二月，还没有人来。

萧萧次年二月间，坐草生了一个儿子，团头大眼，声响宏壮，大家把母子二人照料得好好的，照规矩吃蒸鸡同江米酒补血，烧纸谢神。一家人都欢喜那儿子。

生下的既是儿子，萧萧不嫁别处了。

到萧萧正式同丈夫拜堂圆房时，儿子年纪十岁，已经能看牛割草，成为家中生产者一员了。平时喊萧萧丈夫做大叔，大叔也答应，从不生气。

这儿子名叫牛儿。牛儿十二岁时也接了亲，媳妇年长六岁。媳妇年纪大，方能诸事作帮手，对家中有帮助。唢呐吹到门前时，新娘在轿中呜呜的哭着，忙坏了那个祖父，曾祖父。

这一天，萧萧抱了自己新生的月毛毛，却在屋前榆蜡树篱笆看热闹，同十年前抱丈夫一个样子。

【评析】

《萧萧》作于1929年，原载《小说月报》21卷1号。来自湘西的沈从文看到都市文明中人性的变异，深感失望，因此在作品中，他创建了体现中国人天人合一社会理想的“湘西世界”，一个自己心灵的“希腊小庙”，里面只供奉“人性”，用来抵御现代物质文明对人的浸染和扭曲。

这是一篇描写湘西社会和少女命运的小说。萧萧十二岁时嫁给三岁的小丈夫，她天真、单纯，无知无识，像“草麻”一样在不被人关注的角落里长大。花狗的挑逗勾起了她青春的萌动，让她稀里糊涂地怀了孕。照当地规矩等待萧萧的命运或是被发卖，或是被沉潭淹死。地方习俗促使家人做出了一个“发卖”的决定，而因无人来买且生下的是儿子，萧萧最终被留了下来。生活恬淡地继续，同样的命运循环到了下一代。湘西农村小丈夫娶大老婆的陋俗，在沈从文笔下变得和谐而亲善。

在这样一个形象的塑造中，隐含着不合理的婚姻制度与青春欲望的冲突，潜藏着残酷的封建宗法和农人淳朴天性之间的矛盾。但它的着重点不在于冲突、矛盾以及随之到来的高潮，而在于自然、纯真、美好的人性的描写，“人性”是一个极重要的概念，是统领其小说内容的灵魂。作者态度宽和，笔致从容，文章情节舒缓，细节丰富而微妙，湘西的自然风光和风土人情描摹带给人新的启示。《萧萧》调子中也有沉痛与疑问，但总体却是明朗的、优美的，如同牧歌一样在湘西那方自然的土地上回响。

【思考与练习】

1. 《萧萧》里的“女学生”象征着什么？
2. 萧萧对于自由与爱的追求是怎样产生的，结果如何？
3. 结合《边城》，谈一谈沈从文笔下的“湘西世界”有哪些特点。

呼兰河传

萧　红①

过了没有几天，那家就打起团圆媳妇来了，打得特别厉害，那叫声无管多远都可以听得见的。这全院子都是没有小孩子的人家，从没有听到过谁家在哭叫。邻居左右因此又都议论起来，说早就该打的，哪有那样的团圆媳妇一点也不害羞，坐到那儿坐得笔直，走起路来，走得风快。

她的婆婆在井边上饮马，和周三奶奶说："给她一个下马威。你听着吧，我回去我还得打她呢，这小团圆媳妇才厉害呢！没见过，你拧她大腿，她咬你；再不然，她就说她回家。"

从此以后，我家的院子里，天天有哭声，哭声很大，一边哭，一边叫。祖父到老胡家去说了几回，让他们不要打她了；说小孩子，知道什么，有点差错教导教导也就行了。后来越打越厉害了，不分昼夜，我睡到半夜醒来和祖父念诗的时候，念着念着就听西南角上哭叫起来了。

我问祖父："是不是那小团圆媳妇哭？"

祖父怕我害怕，说："不是，是院外的人家。"

我问祖父："半夜哭什么？"

祖父说："别管那个，念诗吧。"

清早醒了，正在念"春眠不觉晓"的时候，那西南角上的哭声又来了。一直哭了很久，到了冬天，这哭声才算没有了。

虽然不哭了，那西南角上又夜夜跳起大神来，打着鼓，叮铛叮铛地响；大神唱一句，二神唱一句，因为是夜里，听得特别清晰，一句半句的我都记住了。什么"小灵花呀"，甚么"胡家让她去出马呀"。差不多每天大神都唱些个这个。早晨起来，我就模拟着唱："小灵花呀，胡家让她去出马呀……"而且叮叮铛，叮叮铛的，用声音模拟着打打鼓。"小灵花"就是小姑娘；"胡家"就是胡仙；"胡仙"就是狐狸精；"出马"就是当跳大神的。大神差不多跳了一个冬天，把那小团圆媳妇就跳出毛病来了。那小团圆媳妇，有点黄，没有夏天她刚一来的时候，那么黑了。不过还是笑呵呵的。祖父带着我到那家去串门，那小团圆媳妇还过来给祖父装了一袋烟。她看见我，也还偷着笑，大概她怕她婆婆看见，所以没和我说话。她的辫子还是很大的。她的婆婆说她有病了，跳神给她赶鬼。等祖父临出来的时候，她的婆婆跟出来了，小声跟祖父说："这团圆媳妇，怕是要不好，是个胡仙旁边的，胡仙要她去出马……"祖父想要让他们搬家。但呼兰河这地方有个规矩，春天是二月搬家，秋天是八月搬家。一过了二八月就不是搬家的时候了。我们每当半夜让

---

① 萧红（1911—1942），原名张乃莹，中国现代著名女作家，黑龙江呼兰县人，"萧红"是她写《生死场》时的笔名。本文选自她的代表作《呼兰河传》第五章。

跳神惊醒的时候，祖父就说："明年二月就让他们搬了。"我听祖父说了好几次这样的话。当我模拟着大神喝喝咧咧地唱着"小灵花"的时候，祖父也说那同样的话，明年二月让他们搬家。

可是在这期间，院子的西南角上就越闹越厉害。请一个大神，请好几个二神，鼓声连天地响。说那小团圆媳妇若再去让她出马，她的命就难保了。所以请了不少的二神来，设法从大神那里把她要回来。于是有许多人给他家出了主意，人哪能够见死不救呢？于是凡有善心的人都帮起忙来。他说他有一个偏方，她说她有一个邪令。有的主张给她扎一个谷草人，到南大坑去烧了。有的主张到扎彩铺去扎一个纸人，叫做"替身"，把它烧了或者可以替了她。有的主张给她画上花脸，把大神请到家里，让那大神看了，嫌她太丑，也许就不捉她当弟子了，就可以不必出马了。周三奶奶则主张给她吃一个全毛的鸡，连毛带腿地吃下去，选一个星星出全的夜，吃了用被子把人蒙起来，让她出一身大汗。蒙到第二天早晨鸡叫，再把她从被子放出来。她吃了鸡，她又出了汗，她的魂灵里边因此就永远有一个鸡存在着，神鬼和胡仙黄仙就都不敢上她的身了。传说鬼是怕鸡的。据周三奶奶说，她的曾祖母就是被胡仙抓住过的，闹了整整三年，差 ·点没死，最后就是用这个方法治好的。因此一生不再闹别的病了。她半夜里正做一个噩梦，她正吓得要命，她魂灵里边的那个鸡，就帮了她的忙，只叫了一声，噩梦就醒了。她一辈子没生过病。说也奇怪，就是到死，也死得不凡，她死那年已经是八十二岁了。八十二岁还能够拿着花线绣花，正给她小孙子绣花兜肚嘴。绣着绣着，就有点困了，她坐在木凳上，背靠着门扇就打一个盹。这一打盹就死了。别人就问周三奶奶："你看见了吗？"她说："可不是……你听我说呀，死了三天三夜按都按不倒。后来没有办法，给她打着一口棺材也是坐着的，把她放在棺材里，那脸色是红扑扑的，还和活着的一样……"别人问她："你看见了吗？"她说："哟哟！你这问的可怪，传话传话，一辈子谁能看见多少，不都是传话传的吗！"她有点不大高兴了。

再说西院的杨老太太，她也有个偏方，她说黄连二两，猪肉半斤，把黄连和猪肉都切碎了，用瓦片来焙，焙好了，压成面，用红纸包分成五包包起来。每次吃一包，专治惊风，掉魂。这个方法，倒也简单。虽然团圆媳妇害的病可不是惊风，掉魂，似乎有点药不对症。但也无妨试一试，好在只是二两黄连，半斤猪肉。何况呼兰河这个地方，又常有卖便宜猪肉的。虽说那猪肉怕是瘟猪，有点靠不住。但那是治病，也不是吃，又有甚么关系。

"去，买上半斤来，给她治一治。"

旁边有着赞成的说："反正治不好也治不坏。"

她的婆婆也说："反正死马当活马治吧！"于是团圆媳妇先吃了半斤猪肉加二两黄连。这药是婆婆亲手给她焙的。可是切猪肉是他家的大孙子媳妇给切的。那猪肉虽然是连紫带青的，但中间毕竟有一块是很红的，大孙子媳妇就偷着把这块给留下来了，因为她想，奶奶婆婆不是四五个月没有买到一点荤腥了吗？于是她就给奶奶婆婆偷着下了一碗面疙瘩汤吃了。

奶奶婆婆问："可哪儿来的肉？"

大孙子媳妇说："你老人家吃就吃吧，反正是孙子媳妇给你做的。"

那团圆媳妇的婆婆是在灶坑里边搭起瓦来给她焙药。一边焙着，一边说：“这可是半斤猪肉，一条不缺……” 越焙，那猪肉的味越香，有一匹小猫嗅到了香味而来了，想要在那已经焙好了的肉干上攫一爪，它刚一伸爪，团圆媳妇的婆婆一边用手打着那猫，一边说：“这也是你动得爪的吗！你这馋嘴巴，人家这是治病呵，是半斤猪肉，你也想要吃一口？你若吃了这口，人家的病可治不好了。一个人活活地要死在你身上，你这不知好歹的。这是整整半斤肉，不多不少。”

药焙好了，压碎了就冲着水给团圆媳妇吃了。一天吃两包，才吃了一天，第二天早晨，药还没有再吃，还有三包压在灶王爷板上，那些传偏方的人就又来了。有的说，黄连可怎么能够吃得？黄连是大凉药，出虚汗像她这样的人，一吃黄连就要泄了元气，一个人要泄了元气那还得了吗？又一个人说：“那可吃不得呀！吃了过不去两天就要一命归阴的。”

团圆媳妇的婆婆说：“那可怎么办呢？”

那个人就慌忙地问：“吃了没有呢？”

团圆媳妇的婆婆刚一开口，就被他家的聪明的大孙子媳妇给遮过去了，说：“没吃，没吃，还没吃。”

那个人说：“既然没吃就不要紧，真是你老胡家有天福，吉星高照，你家差点没有摊了人命。”于是他又给出了个偏方，这偏方，据他说已经不算是偏方了，就是东二道街上“李永春”药铺的先生也常常用这个方单，是一用就好的，百试，百灵。无管男、女、老、幼，一吃一个好。也无管什么病，头痛、脚痛、肚子痛、五脏六腑痛，跌、打、刀伤，生疮、生疔、生疖子……无管什么病，药到病除。这究竟是什么药呢？人们越听这药的效力大，就越想知道究竟是怎样的一种药。

他说：“年老的人吃了，眼花缭乱，又恢复到了青春。”“年轻的人吃了，力气之大，可以搬动泰山。”“妇女吃了，不用胭脂粉，就可以面如桃花。”“小孩子吃了，八岁可以拉弓，九岁可以射箭，十二岁可以考状元。”开初，老胡家的全家，都为之惊动，到后来怎么越听越远了。本来老胡家一向是赶车拴马的人家，一向没有考状元。大孙子媳妇，就让一些围观的闪开一点，她到梳头匣子里拿出一根画眉的柳条炭来。她说：“快请把药方开给我们吧，好到药铺去赶早去抓药。”

这个出药方的人，本是“李永春”药铺的厨子。三年前就离开了“李永春”那里了。三年前他和一个妇人吊膀子①，那妇人背弃了他，还带走了他半生所积下的那点钱财，因此一气而成了个半疯。虽然是个半疯了，但他在“李永春”那里所记住的药名字还没有全然忘记。他是不会写字的，他就用嘴说：

“车前子二钱，当归二钱，生地二钱，藏红花二钱。川贝母二钱，白术二钱，远志二钱，紫河车二钱……”他说着说着似乎就想不起来了，急得头顶一冒汗，张口就说红糖二斤，就算完了。说完了，他就和人家讨酒喝。“有酒没有，给两盅喝喝。”这半疯，全呼兰河的人都晓得，只有老胡家不知道。因为老胡家是外来户，所以受了他的骗了。家里没有酒，就给了他两吊钱的酒钱。那个药方是根本不能够用的，是他随意胡说了一阵的结果。

---

① 吊膀子：不正当男女关系。

团圆媳妇的病，一天比一天严重，据他家里的人说，夜里睡觉，她要忽然坐起来的。看了人她会害怕的。她的眼睛里边老是充满了眼泪。这团圆媳妇大概非出马不可了。若不让她出马，大概人要好不了的。这种传说，一传出来，东邻西邻的，又都去建了议，都说哪能够见死不救呢？有的说，让她出马就算了。有的说，还是不出马的好。年轻轻的就出马，这一辈子可得什么才能够到个头。她的婆婆则是绝对不赞成出马的，她说："大家可不要错猜了，以为我订这媳妇的时候花了几个钱，我不让她出马，好像我舍不得这几个钱似的。我也是那么想，一个小小的人出了马，这一辈子可什么时候才到个头。"

于是大家就都主张不出马的好，想偏方的，请大神的，各种人才齐聚，东说东的好，西说西的好。于是来了一个"抽帖儿的"。他说他不远千里而来，他是从乡下赶到的。他听城里的老胡家有一个团圆媳妇新接来不久就病了。经过多少名医，经过多少仙家也治不好，他特地赶来看看，万一要用得着，救一个人命也是好的。这样一说，十分使人感激。于是让到屋里，坐在奶奶婆婆的炕沿上。给他倒一杯水，给他装一袋烟。大孙子媳妇先过来说：

"我家的弟妹，年本十二岁，因为她长得太高，就说她十四岁。又说又笑，百病皆无。自接到我们家里就一天一天的黄瘦。到近来就水不想喝，饭不想吃，睡觉的时候睁着眼睛，一惊一乍的。什么偏方都吃过了，什么香火也都烧过了。就是百般地不好……"大孙子媳妇还没有说完，大娘婆婆就接着说：

"她来到我家，我没给她气受，哪家的团圆媳妇不受气，一天打八顿，骂三场。可是我也打过她，那是我要给她一个下马威。我只打了她一个多月，虽然说我打得狠了一点，可是不狠哪能够规矩出一个好人来。我也是不愿意狠打她的，打得连喊带叫的，我是为她着想，不打得狠一点，她是不能够中用的。有几回，我是把她吊在大梁上，让她叔公公用皮鞭子狠狠地抽了她几回，打得是着点狠了，打昏过去了。可是只昏了一袋烟的工夫，就用冷水把她浇过来了。是打狠了一点，全身也都打青了，也还出了点血。可是立刻就打了鸡蛋清子给她擦上了。也没有肿得怎样高，也就是十天半月地就好了。这孩子，嘴也是特别硬，我一打她，她就说她要回家。我就问她：哪儿是你的家？这儿不就是你的家吗？她可就偏不这样说。她说回她的家。我一听就更生气。人在气头上还管得了这个那个，因此我也用烧红过的烙铁烙过她的脚心。谁知道来，也许是我把她打掉了魂啦，也许是我把她吓掉了魂啦，她一说她要回家，我不用打她，我就说看你回家，我用索练子把你锁起来。她就吓得直叫。大仙家也看过了，说是要她出马。一个团圆媳妇的花费也不少呢，你看她八岁我订下她的，一订就是八两银子，年年又是头绳钱，鞋面钱的，到如今又用火车把她从辽阳接来，这一路的盘费。到了这儿，就是今天请神，明天看香火，几天吃偏方。若是越吃越好，那还罢了。可是百般地不见好，将来谁知道来……到结果……"

不远千里而来的这位抽帖儿的，端庄严肃，风尘仆仆，穿的是蓝袍大衫，罩着棉袄。头上戴的是长耳四喜帽。使人一见了就要尊之为师。所以奶奶婆婆也说："快给我二孙子媳妇抽一个帖吧，看看她的命理如何。"

那抽帖儿的一看，这家人家真是诚心诚意，于是他就把皮耳帽子从头上摘下来了。一摘下帽子来，别人都看得见，这人头顶上梳着发卷①，戴着道帽。一看就知道他可不是市井上一般的平凡的人。别人正想要问，还不等开口，他就说他是某山上的道人，他下山来是为的奔向山东的泰山去，谁知路出波折，缺少盘程，就流落在这呼兰河的左右，已经不下半年之久了。人家问他，既是道人，为什么不穿道人的衣裳。他回答说：

“你们哪里晓得，世间三百六十行，各有各的苦。这地方的警察特别厉害，他一看穿了道人的衣裳，他就说三问四。他们那些叛道的人，无理可讲，说抓就抓，说拿就拿。”

他还有一个别号，叫云游真人，他说一提云游真人，远近皆知。无管什么病痛或是吉凶，若一抽了他的帖儿，则生死存亡就算定了。他说他的帖法，是张天师所传。他的帖儿并不多，只有四个，他从衣裳的口袋里一个一个地往外摸，摸出一帖来是用红纸包着，再一帖还是红纸包着，摸到第四帖也都是红纸包着。他说帖下也没有字，也没有影。里边只包着一包药面，一包红，一包绿，一包蓝，一包黄。抽着黄的就是黄金富贵，抽着红的就是红颜不老。抽到绿的就不大好了，绿色的是鬼火。抽到蓝的也不大好，蓝的就是铁脸蓝青，张天师说过，铁脸蓝青，不死也得见阎王。那抽帖的人念完了一套，就让病人的亲人伸出手来抽。

团圆媳妇的婆婆想，这倒也简单、容易，她想赶快抽一帖出来看看，命定是死是活，多半也可以看出来个大概。不曾想，刚一伸出手去，那云游真人就说：

“每帖十吊钱，抽着蓝的，若嫌不好，还可以再抽，每帖十吊……”

团圆媳妇的婆婆一听，这才恍然大悟，原来这可不是白抽的，十吊钱一张可不是玩的，一吊钱捡豆腐可以捡二十块。三天捡一块豆腐，二十块，二三得六，六十天都有豆腐吃。若是隔十天捡一块，一个月捡三块，那就半年都不缺豆腐吃了。她又想，三天一块豆腐，哪有这么浪费的人家。依着她一个月捡一块大家尝尝也就是了，那么办，二十块豆腐，每月一块，可以吃二十个月，这二十个月，就是一年半还多两个月。若不是买豆腐，若养一口小肥猪，经心地喂着它，喂得胖胖的，喂到五六个月，那就是多少钱哪！喂到一年，那就是千八百吊了……再说就是不买猪，买鸡也好，十吊钱的鸡，就是十来个，一年的鸡，第二年就可以下蛋，一个蛋，多少钱！就说不卖鸡蛋，就说拿鸡蛋换青菜吧，一个鸡蛋换来的青菜，够老少三辈吃一天的了……何况鸡会生蛋，蛋还会生鸡，永远这样循环地生下去，岂不有无数的鸡，无数的蛋了吗？岂不发了财吗？但她可并不是这么想，她想够吃也就算了，够穿也就算了。一辈子俭俭朴朴，多多少少积储了一点也就够了。她虽然是爱钱，若说让她发财，她可绝对的不敢。那是多么多呀！数也数不过来了。记也记不住了。假若是鸡生了蛋，蛋生了鸡，来回地不断的生，这将成个什么局面，鸡岂不和蚂蚁一样多了吗？看了就要眼花，眼花就要头痛。

这团圆媳妇的婆婆，从前也养过鸡，就是养了十吊钱的。她也不多养，她也不少养。十吊钱的就是她最理想的。十吊钱买了十二个小鸡仔，她想：这就正好了，再多怕丢了，再少又不够十吊钱的。在她一买这刚出蛋壳的小鸡子的时候，她就挨着个

---

① 发卷：道家装扮，实为江湖游医。

看，这样的不要，那样的不要。黑爪的不要，花膀的不要，脑门上带点的又不要。她说她亲娘就是会看鸡，那真是养了一辈子鸡呀！年年养，可也不多养。可是一辈子针啦，线啦，没有缺过，一年到头没花过钱，都是拿鸡蛋换的。人家那眼睛真是认货，什么样的鸡短命，什么样的鸡长寿，一看就跑不了她老人家的眼睛的。就说这样的鸡下蛋大，那样的鸡下蛋小，她都一看就在心里了。

她一边买着鸡，她就一边怨恨着自己没有用，想当年为什么不跟母亲好好学学呢！唉！年轻的人哪里会虑后事。她一边买着，就一边感叹。她虽然对这小鸡仔的选择上边，也下了万分的心思，可以说是选无可选了。那卖鸡子的人一共有二百多小鸡，她通通地选过了，但究竟她所选了的，是否都是顶优秀的，这一点，她自己也始终把握不定。她养鸡，是养得很经心的，她怕猫吃了，怕耗子咬了。她一看那小鸡，白天一打盹，她就给驱着苍蝇，怕苍蝇把小鸡咬醒了，她让它多睡一会，她怕小鸡睡眠不足，小鸡的腿上，若让蚊子咬了一块疤，她一发现了，她就立刻泡了艾蒿水来给小鸡来擦。她说若不及早的擦呀，那将来是公鸡，就要长不大，是母鸡就要下小蛋。小鸡蛋一个换两块豆腐，大鸡蛋换三块豆腐。这是母鸡。再说公鸡，公鸡是一刀菜，谁家杀鸡不想杀胖的。小公鸡是不好卖的。等她的小鸡，略微长大了一点，能够出了屋了，能够在院子里自己去找食吃去的时候，她就把它们给染了六匹红的，六匹绿的。都是在脑门上。至于把颜色染在什么地方，那就先得看邻居家的都染在什么地方，而后才能够决定。邻居家的小鸡把色染在膀梢上，那她就染在脑门上。邻居家的若染在了脑门上，那她就要染在肚囊上。大家切不要都染在一个地方，染在一个地方可怎么能够识别呢？你家的跑到我家来，我家的跑到你家去，那么岂不又要混乱了吗？小鸡上染了颜色是十分好看的，红脑门的，绿脑门的，好像它们都戴了花帽子。好像不是养的小鸡，好像养的是小孩似的。这团圆媳妇的婆婆从前她养鸡的时候就说过：

"养鸡可比养小孩更娇贵，谁家的孩子还不就是扔在旁边他自己长大的，蚊子咬咬，臭虫咬咬，那怕什么的，哪家的孩子的身上没有个疤拉疖子的。没有疤拉疖子的孩子都不好养活，都要短命的。"

据她说，她一辈子的孩子并不多，就是这一个儿子，虽然说是稀少，可是也没有娇养过。到如今那身上的疤也有二十多块。她说：

"不信，脱了衣裳给大家伙看看……那孩子那身上的疤拉，真是多大的都有，碗口大的也有一块。真不是说，我对孩子真没有娇养过。除了他自个儿跌的摔的不说，就说我用劈柴棒子打的也落了好几个疤。养活孩子可不是养活鸡鸭的呀！养活小鸡，你不好好养它，它不下蛋。一个蛋，大的换三块豆腐，小的换两块豆腐，是闹玩的吗？可不是闹着玩的。"

有一次，她的儿子踏死了一个小鸡仔，她打了她儿子三天三夜，她说："我为什么不打他呢？一个鸡子就是三块豆腐，鸡仔是鸡蛋变的呀！要想变一个鸡仔，就非一个鸡蛋不行，半个鸡蛋能行吗？不但半个鸡蛋不行，就是差一点也不行，坏鸡蛋不行，陈鸡蛋不行。一个鸡要一个鸡蛋，那么一个鸡不就是三块豆腐是什么呢？眼睁睁地把三块豆腐放在脚底踩了，这该多大的罪，不打他，哪儿能够不打呢？我越想越生气，我想起来就打，无管黑夜白日，我打了他三天。后来打出一场病来，半夜三更的，睡得好好的说哭就哭。可是我也没有当他是一回子事，我就拿饭勺子敲着门框，给他叫了叫魂。没理他也就好了。”她这有多少年没养鸡了，自从订了这团圆媳妇，把积存下的那点针头线脑的钱都花上了。这还不说，还得每年头绳钱啦，腿带钱的托人捎去，一年一个空，这几年来就紧得不得了。想养几个鸡，都狠心没有养。

现在这抽帖的云游真人坐在她的眼前，一帖又是十吊钱。若是先不提钱，先让她把帖抽了，哪管抽完了再要钱呢，那也总算是没有花钱就抽了帖的。可是偏偏不先，那抽帖的人，帖还没让抽，就是提到了十吊钱。所以那团圆媳妇的婆婆觉得，一伸手，十吊钱，一张口，十吊钱。这不是眼看着钱往外飞吗？这不是飞，这是干什么，一点声响也没有，一点影子也看不见。还不比过河，往河里扔钱，往河里扔钱，还听一个响呢，还打起一个水泡呢。这是什么代价也没有的，好比自己发了昏，把钱丢了，好比遇了强盗，活活地把钱抢去了。团圆媳妇的婆婆，差一点没因为心内的激愤而流了眼泪。她一想十吊钱一帖，这哪里是抽帖，这是抽钱。于是她把伸出去的手缩回来了。她赶快跑到脸盆那里去，把手洗了，这可不是闹笑话的，这是十吊钱哪！她洗完了手又跪在灶王爷那里祷告了一番。祷告完了才能够抽帖的。她第一帖就抽了个绿的，绿的不大好，绿的就是鬼火。她再抽一抽，这一帖就更坏了，原来就是那最坏的，不死也得见阎王的里边包着蓝色药粉的那张帖。

团圆媳妇的婆婆一见两帖都坏，本该抱头大哭，但是她没有那么的。自从团圆媳妇病重了，说长的、道短的、说死的、说活的，样样都有。又加上已经左次右番的请胡仙、跳大神、闹神闹鬼，已经使她见过不少的世面了。说话虽然高兴，说去见阎王也不怎样悲哀，似乎一时也总像见不了的样子。

于是她就问那云游真人，两帖抽的都不好。是否可以想一个方法可以破一破？云游真人就说了：“拿笔拿墨来。”她家本也没有笔，大孙子媳妇就跑到大门洞子旁边那粮米铺去借去了。粮米铺的山东女老板，就用山东腔问她：“你家做啥？”大孙子媳妇说：“给弟妹画病。”女老板又说：“你家的弟妹，这一病就可不浅，到如今好了点没？”大孙子媳妇本想端着砚台，拿着笔就跑，可是人家关心，怎好不答，于是去了好几袋烟的工夫，还不见回来。等她抱了砚台回来的时候，那云游真人，已经把红纸都撕好了。于是拿起笔来，在他撕好的四块红纸上，一块上边写了一个大字，那红纸条也不过半寸宽，一寸长。他写的那字大得都要从红纸的四边飞出来了。这四个字，他家本没有识字的人，灶王爷上的对联还是求人写的。一模一样，好像一母所生，也许写的就是一个字。大孙子媳妇看看不认识，奶奶婆婆看看也不认识。虽然不认识，大概这个字一定也坏不了，不然，就用这个字怎么能破开一个人不见阎王呢？于是都一齐点头称好。那云游真人又命拿浆糊来。她们家终年不用浆糊，浆糊多么贵，白面十多吊钱一斤。都是用黄米饭粒来黏鞋面的。大孙子媳妇到锅里去铲了一块黄黏米饭来。云游真人，就用饭粒贴在红纸上了。于是掀开团圆媳妇蒙在头上的破棉袄，让她拿出手来，一个手心上给她贴一张。又让她脱了袜子，一只脚心上给她贴上一张。云游真人一见，脚心上有一大片白色的疤痕，他一想就是方才她婆婆所说的用烙铁给她烙的。可是他假装不知，问说：“这脚心可是生过什么病症吗？”团圆媳妇的婆婆连忙就接过来说：“我方才不是说过吗，是我用烙铁给她烙的。哪里会见过的呢？走道像飞似的，打她，她记不住，我就给她烙一烙。好在也没什么，小孩子肉皮活，也就是十天半月的下不来地，过后也就好了。”

那云游真人想了一想，好像要吓唬她一下，就说这脚心的疤，虽然是贴了红帖，也怕贴不住，阎王爷是什么都看得见的，这疤怕是就给了阎王爷以特殊的记号，有点不大好办。云游真人说完了，看一看她们怕不怕，好像是不怎样怕。于是他就说得严重一些：“这疤不掉，阎王爷在三天之内就能够找到她，一找到她，就要把她活捉了去的。刚才的那帖是再准也没有的了，这红帖也绝没有用处。”

他如此的吓唬着她们，似乎她们从奶奶婆婆到孙子媳妇都不大怕。那云游真人，连想也没有想，于是开口就说：“阎王爷不但要捉团圆媳妇去，还要捉了团圆媳妇的婆婆去，现世现报，拿烙铁烙脚心，这不是虐待，这是什么，婆婆虐待媳妇，做婆婆的死了下油锅，老胡家的婆婆虐待媳妇……”

他就越说越声大，似乎要喊了起来，好像他是专打抱不平的好汉，而变了他原来的态度了。一说到这里，老胡家的老少三辈都害怕了，毛骨悚然，以为她家里又是撞进来了什么恶魔。而最害怕的是团圆媳妇的婆婆，吓得乱哆嗦，这是多么骇人听闻的事情，虐待媳妇世界上能有这样的事情吗？于是团圆媳妇的婆婆赶快跪下了，面向着那云游真人，眼泪一对一双地往下落：“这都是我一辈子没有积德，有孽遭到儿女的身上，我哀告真人，请真人诚心的给我化散化散，借了真人的灵法，让我的媳妇死里逃生吧。”

那云游真人立刻就不说见阎王了，说她的媳妇一定见不了阎王，因为他还有一个办法一办就好的；说来这法子也简单得很，就是让团圆媳妇把袜子再脱下来，用笔在那疤痕上一画，阎王爷就看不见了。当场就脱下袜子来在脚心上画了。一边画着还嘴里嘟嘟地念着咒语。这一画不知费了多大力气，旁边看着的人倒觉十分地容易，可是那云游真人却冒了满头的汗，他故意的咬牙切齿，皱面瞪眼。这一画也并不是容易的事情，好像他在上刀山似的。画完了，把钱一算，抽了两帖二十吊。写了四个红纸贴在脚心手心上，每帖五吊是半价出售的，一共是四五等于二十吊。外加这一画，这一画本来是十吊钱，现在就给打个对折吧，就算五吊钱一只脚心，一共画了两只脚心，又是十吊。二十吊加二十吊，再加十吊。一共是五十吊。云游真人拿了这五十吊钱乐乐呵呵地走了。

团圆媳妇的婆婆，在她刚要抽帖的时候，一听每帖十吊钱，她就心痛得了不得，又要想用这钱养鸡，又要想用这钱养猪。等到现在五十吊钱拿出去了，她反而也不想鸡了，也不想养猪了。因为她想，来到临头，不给也是不行了。帖也抽了，字也写了，要想不给人家钱也是不可能的了。事到临头，还有什么办法呢？别说五十吊，就是一百吊钱也得算着吗？不给还行吗？于是她心安理得地把五十吊钱给了人家了。这五十吊钱，是她秋天出城去在豆田里拾黄豆粒，一共拾了二升豆子卖了几十吊钱。在田上拾黄豆粒也不容易，一片大田，经过主人家的收割，还能够剩下多少豆粒呢？而况穷人聚了那么大的一群，孩子、女人、老太太……你抢我夺的，你争我打的。为了二升豆子就得在田上爬了半月二十天的，爬得腰酸腿疼。唉，为着这点豆子，那团圆媳妇的婆婆还到“李永春”药铺，去买过二两红花的。那就是因为在土上爬豆子的时候，有一棵豆秧刺了她的手指甲一下。她也没有在乎，把刺拔出来也就去他的了。该拾豆子还是拾豆子。就因此那指甲可就不知怎么样，睡了一夜那指甲就肿起来了，肿得和茄子似的。这肿一肿又算什么呢？又不是皇上娘娘，说起来可真娇惯了，哪有一个人吃天靠天，而不生点天灾的？闹了好几天，夜里痛得火喇喇地不能睡觉了。这才去买了二两红花来。说起买红花来，是早就该买的，奶奶婆婆劝她买，她不买。大孙子媳妇劝她买，她也不买。她的儿子想用孝顺来征服他的母亲，他强硬地要去给她买，因此还挨了他妈的一烟袋锅子，这一烟袋锅子就把儿子的脑袋给打了鸡蛋大的一个包。“你这小子，你不是败家吗？你妈还没死，你就做了主了。小兔崽子，我看着你再说买红花的！大兔崽子我看着你的。”就这一边骂着，一边烟袋锅子就打下来了。后来也到底还是买了，大概是惊动了东邻西舍，这家说说，那家讲讲的，若再不买点红花来，也太不好看了，让人家说老胡家的大儿媳妇，一年到头，就能够寻寻觅觅的积钱，钱一到她的手里，就好像掉了地缝了，一个钱也再不用想从她的手里拿出来。假若这样地说开去，也是不太好听，何况这拣来的豆子能卖好几十吊呢，花个三吊两吊的就花了吧。一咬牙，去买上二两红花来擦擦。想虽然是这样想过了，但到底还没有决定，延持了好几天还没有“一咬牙”。最后也毕竟是买了，她选择了一个顶严重的日子，就是她的手，不但一个指头，而是整个的手都肿起来了。那原来肿得像茄子的指头，现在更大了，已经和一个小冬瓜似的了。而且连手掌也无限度地胖了起来，胖得和张大簸箕似的。她多少年来，就嫌自己太瘦，她总说，太瘦的人没有福分。尤其是瘦手瘦脚的，一看就不带福相。尤其是精瘦的两只手，一伸出来和鸡爪似的，真是轻薄的样子。现在她的手是胖了，但这样胖法，是不大舒服的。同时她也发了点热，她觉得眼睛和嘴都干，脸也发烧，身上也时冷时热，她就说：“这手是要闹点事吗？这手……”一清早起，她就这样地念了好几遍。那胖得和小簸箕似的手，是一动也不能动了，好像一匹大猫或者一个小孩的头似的，她把它放在枕头上和她一齐地躺着。“这手是要闹点事的吧！”当她的儿子来到她旁边的时候，她就这样说。她的儿子一听她母亲的口气，就有些了解了。大概这回她是要买红花的了。

于是她的儿子跑到奶奶的面前，去商量着要给她母亲去买红花，她们家住的是南北对面的炕，那商量的话声，虽然不甚大，但是他的母亲是听到的了。听到了，也假装没有听到，好表示这买红花可到底不是她的意思，可并不是她的主使，她可没有让他们去买红花。

在北炕上，祖孙二人商量了一会，孙子说向她妈去要钱去。祖母说：

“拿你奶奶的钱先去买吧，你妈好了再还我。”

祖母故意把这句说得声音大一点，似乎故意让她的大儿媳妇听见。大儿媳妇是不但这句话，就是全部的话也都瞭然在心了，不过装着不动就是了。

红花买回来了，儿子坐到母亲的旁边，儿子说：“妈，你把红花酒擦上吧。”母亲从枕头上转过脸儿来，似乎买红花这件事情，事先一点也不晓得，说：“哟！这小鬼羔子，到底买了红花来……”

这回可并没有用烟袋锅子打，倒是安安静静地把手伸出来，让那浸了红花的酒，把一只胖手完全染上了。这红花到底是二吊钱的，还有三吊钱的，若是二吊钱的倒给的不算少，若是三吊钱的，那可贵了一点。若是让她自己去买，她可绝对地不能买这么多，也不就是红花吗！红花就是红的就是了，治病不治病，谁晓得？也不过就是解解心疑就是了。

她想着想着，因为手上涂了酒觉得凉爽，就要睡一觉，又加上烧酒的气味香扑扑的，红花的气味药忽忽的。她觉得实在是舒服了不少。于是她一闭眼睛就做了一个梦。这梦做的是她买了两块豆腐，这豆腐又白又大。是用什么钱买的呢？就是用买红花剩来的钱买的。因为在梦里边她梦见是她自己去买的红花。她自己也不买三吊钱的，也不买两吊钱的，是买了一吊钱的。在梦里边她还算着，不但今天有两块豆腐吃，哪天一高兴还有两块吃的！三吊钱才买了一吊钱的红花呀！现在她一遭就拿了五十吊钱给了云游真人。若照她的想法来说，这五十吊钱可该买多少豆腐了呢？

但是她没有想，一方面因为团圆媳妇的病也实在病得缠绵，在她身上花钱也花得大手大脚的了。另一方面就是那云游真人的来势也过于猛了点，竟打起抱不平来，说她虐待团圆媳妇。还是赶快地给了他钱，让他滚蛋吧。真是家里有病人是什么气都受得呵。团圆媳妇的婆婆左思右想，越想越是自己遭了无妄之灾，满心的冤屈，想骂又没有对象，想哭又哭不出来，想打也无处下手了。那小团圆媳妇再打也就受不住了。

若是那小团圆媳妇刚来的时候，那就非先抓过她来打一顿再说。做婆婆的打了一只饭碗，也抓过来把小团圆媳妇打一顿。她丢了一根针也抓过来把小团圆媳妇打一顿。她跌了一个筋斗，把单裤膝盖的地方跌了一个洞，她也抓过来把小团圆媳妇打一顿。总之，她一不顺心，她就觉得她的手就想要打人。她打谁呢！谁能够让她打呢？于是就轮到小团圆媳妇了。

有娘的，她不能够打。她自己的儿子也舍不得打。打猫，她怕把猫打丢了。打狗，她怕把狗打跑了。打猪，怕猪掉了斤两。打鸡，怕鸡不下蛋。唯独打这小团圆媳妇是一点毛病没有，她又不能跑掉，她又不能丢了。她又不会下蛋，反正也不是猪，打掉了一些斤两也不要紧，反正也不过秤。可是这小团圆媳妇，一打也就吃不下饭去。吃不下饭去不要紧，多喝一点饭米汤好啦，反正饭米汤剩下也是要喂猪的。可是这都成了已往的她的光荣的日子了，那种自由的日子恐怕一时不会再来了。现在她不用说打，就连骂也不大骂她了。现在她别的都不怕，她就怕她死，她心里总有一个阴影，她的小团圆媳妇可不要死了呵。

于是她碰到了多少的困难，她都克服了下去，她咬着牙根，她忍住眼泪，她要骂不能骂，她要打不能打。她要哭，她又止住了。无限的伤心，无限的悲哀，常常一齐会来到她的心中的。她想，也许是前生没有做了好事，此生找到她了。不然为什么连一个团圆媳妇的命都没有。她想一想，她一生没有做过恶事，面软、心慈，凡事都是自己吃亏，让着别人。虽然没有吃斋念佛，但是初一十五的素口也自幼就吃着。虽然不怎样拜庙烧香，但四月十八的庙会，也没有拉下过。娘娘庙前一把香，老爷庙前三个头。哪一年也都是烧香磕头的没有拉过“过场”。虽然是自小没有读过诗文，不认识字，但是“金刚经”、“灶王经”也会念上两套。虽然说不曾做过舍善的事情，没有补过路，没有修过桥，但是逢年过节，对那些讨饭的人，也常常给过他们剩汤剩饭的。虽然过日子不怎样俭省，但也没有多吃过一块豆腐。拍拍良心，对天对得起，对地也对得住。那为什么老天爷明明白白的却把祸根种在她身上？

她越想，她越心烦意乱。“都是前生没有做了好事，今生才找到了。”

她一想到这里，她也就不再想了，反正事到临头，瞎想一阵又能怎样呢？于是她自己劝着自己就又忍着眼泪，咬着牙根，把她那兢兢业业的，养猪喂狗所积下来的那点钱，又一吊一吊的，一五一十的，往外拿着。

东家说看着个香火，西家说吃个偏方。偏方、野药、大神、赶鬼、看香、扶乩①，样样都已经试过。钱也不知花了多少，但是都不怎样见效。

那小团圆媳妇夜里说梦话，白天发烧。一说起梦话来，总是说她要回家。“回家”这两个字，她的婆婆觉得最不祥，就怕她是阴间的花姐，阎王奶奶要把她叫了回去。于是就请了一个圆梦的。那圆梦的一圆，果然不错，“回家”就是回阴间地狱的意思。

所以那小团圆媳妇，做梦的时候，一梦到她的婆婆打她，或者是用梢子绳把她吊在房梁上了，或是梦见婆婆用烙铁烙她的脚心，或是梦见婆婆用针刺她的手指尖。一梦到这些，她就大哭大叫，而且嚷她要“回家”。婆婆一听她嚷回家，就伸出手去在大腿上拧着她。日子久了，拧来，拧去，那小团圆媳妇的大腿被拧得像一个梅花鹿似的青一块、紫一块的了。

她是一份善心，怕是真的她回了阴间地狱，赶快地把她叫醒来。可是小团圆媳妇睡得朦里朦胧的，她以为她的婆婆可又真的在打她了，于是她大叫着，从炕上翻身起来，就跳下地去，拉也拉不住她，按也按不住她。她的力气大得惊人，她的声音喊得怕人。她的婆婆于是觉得更是见鬼了、着魔了。

不但她的婆婆，全家的人也都相信这孩子的身上一定有鬼。

谁听了能够不相信呢？半夜三更的喊着回家，一招呼醒了，她就跳下地去，瞪着眼睛，张着嘴，连哭带叫的，那力气比牛还大，那声音好像杀猪似的。

谁能够不相信呢？又加上她婆婆的渲染，说她眼珠子是绿的，好像两点鬼火似的，说她的喊声，是直声拉气的，不是人声。

所以一传出去，东邻西舍的，没有不相信的。于是一些善人们，就觉得这小女孩子也实在让鬼给捉弄得可怜了。哪个孩儿是没有娘的，哪个人不是肉生肉长的。谁家不都是养老育小，……于是大动恻隐之心。东家二姨，西家三姑，她说她有奇方，她说她有妙法。于是就又跳神赶鬼、看香、扶乩，老胡家闹得非常热闹。传为一时之盛。若有不去看跳神赶鬼的，竟被指为落伍。因为老胡家跳神跳得花样翻新，是自古也没有这样跳的，打破了跳神的纪录了，给跳神开了一个新纪元。若不去看看，耳目因此是会闭塞了的。当地没有报纸，不能记录这桩盛事。若是患了半身不遂的人，患了瘫病的人，或是大病卧床不起的人，那真是一生的不幸，大家也都为他惋惜，怕是他此生也要孤陋寡闻，因为这样的隆重的盛举，他究竟不能够参加。

呼兰河这地方，到底是太闭塞，文化是不大有的。虽然当地的官、绅，认为已经满意了，而且请了一位满清的翰林，做了一首歌，歌曰：溯呼兰天然森林，自古多奇才。

这首歌还配上了从东洋流来的乐谱，使当地的小学都唱着。这歌不止这两句这么短，不过只唱这两句就已经够好的了。所好的是使人听了能够引起一种自负的感情来，尤其当清明植树节的时候，几个小学堂的学生都排起队来在大街上游行，并唱着这首歌。使老百姓听了，也觉得呼兰河是个了不起的地方，一开口说话就“我们呼兰河”；那在街道上捡粪蛋的孩子，手里提着粪耙子，他还说“我们呼兰河！”可不知道呼兰河给了他什么好处。也许那粪耙子就是呼兰河给了他的。

---

① 扶乩（fú jī）：同“扶箕”。一种迷信活动，一般是在架子上吊一个小棍儿，两个人扶着架子，棍儿就在沙盘上画出字句来作为神的指示。

呼兰河这地方，尽管奇才很多，但到底太闭塞，竟不会办一张报纸。以至于把当地的奇闻妙事都没有记载，任它风散了。

老胡家跳大神，就实在跳得奇。用大缸给团圆媳妇洗澡，而且是当众就洗的。这种奇闻盛举一经传了出来，大家都想去开开眼界，就是那些患了半身不遂的，患了瘫病的人，人们觉得他们瘫了倒没有什么，只是不能够前来看老胡家团圆媳妇大规模地洗澡，真是一生的不幸。

天一黄昏，老胡家就打起鼓来了。大缸，开水，公鸡，都预备好了。公鸡抓来了，开水烧滚了，大缸摆好了。看热闹的人，络绎不绝地来看。我和祖父也来了。小团圆媳妇躺在炕上，黑乎乎的，笑呵呵的。我给她一个玻璃球，又给她一片碗碟，她说这碗碟很好看，她拿在眼睛前照一照。她说这玻璃球也很好玩，她用手指甲弹着。她看一看她的婆婆不在旁边，她就起来了，她想要坐起来在炕上弹这玻璃球。还没有弹，她的婆婆就来了，就说：

“小不知好歹的，你又起来风什么?”

说着走近来，就用破棉袄把她蒙起来了，蒙得没头没脑的，连脸也露不出来。我问祖父她为什么不让她玩？祖父说：

“她有病。”

我说：“她没有病，她好好的。”

于是我上去把棉袄给她掀开了。掀开一看，她的眼睛早就睁着。她问我，她的婆婆走了没有，我说走了，于是她又起来了。

她一起来，她的婆婆又来了。又把她给蒙了起来说：“也不怕人家笑话，病得跳神赶鬼的，哪有的事情，说起来，就起来。”

这是她婆婆向她小声说的，等婆婆回过头去向着众人，就又那么说：“她是一点也着不得凉的，一着凉就犯病。”

屋里屋外，越张罗越热闹了，小团圆媳妇跟我说：“等一会你看吧，就要洗澡了。”她说着的时候，好像说着别人地一样。果然，不一会工夫就洗起澡来了，洗得吱哇乱叫。

大神打着鼓，命令她当众脱了衣裳。衣裳她是不肯脱的，她的婆婆抱住了她，还请了几个帮忙的人，就一齐上来，把她的衣裳撕掉了。

她本来是十二岁，却长得十五六岁那么高，所以一时看热闹的姑娘媳妇们，看了她，都难为情起来。

很快地小团圆媳妇就被抬进大缸里去。大缸里满是热水，是滚熟的热水。她在大缸里边，叫着、跳着，好像她要逃命似的狂喊。她的旁边站着三四个人从缸里搅起热水来往她的头上浇。不一会，浇得满脸通红，她再也不能够挣扎了，她安稳地在大缸里边站着，她再不往外边跳了，大概她觉得跳也跳不出来了。那大缸是很大的，她站在里边仅仅露着一个头。我看了半天，到后来她连动也不动，哭也不哭，笑也不笑。满脸的汗珠，满脸通红，红得像一张红纸。

我跟祖父说：“小团圆媳妇不叫了。”

我再往大缸里一看，小团圆媳妇没有了。她倒在大缸里了。

这时候，看热闹的人们，一声狂喊，都以为小团圆媳妇是死了，大家都跑过去拯救她，竟有心慈的人，流下眼泪来。

小团圆媳妇还活着的时候，她像要逃命似的。前一刻她还求救于人的时候，并没有一个人上前去帮忙她，把她从热水里解救出来。现在她是什么也不知道了，什么也不要求了。可是一些人，偏要去救她。把她从大缸里抬出来，给她浇一点冷水。这小团圆媳妇一昏过去，可把那些看热闹的人可怜得不得了，就是前一刻她还主张着“用热水浇哇！用热水浇哇！”的人，现在也心痛起来。怎能够不心痛呢，活蹦乱跳的孩子，一会工夫就死了。

小团圆媳妇摆在炕上，浑身像火炭那般热，东家的婶子，伸出一只手来，到她身上去摸一摸，西家大娘也伸出手来到她身上去摸一摸。都说：

“哟哟，热得和火炭似的。”

有的说，水太热了一点，有的说，不应该往头上浇，大热的水，一浇哪有不昏的。大家正在谈说之间，她的婆婆过来，赶快拉了一张破棉袄给她盖上了，说：

“赤身裸体羞不羞!”

小团圆媳妇怕羞不肯脱下衣裳来，她婆婆喊着号令给她撕下来了。现在她什么也不知道了，她没有感觉了，婆婆反而替她着想了。

大神打了几阵鼓，二神向大神对了几阵话。看热闹的人，你望望他，他望望你。虽然不知道下文如何，这小团圆媳妇到底是死是活。但却没有白看一场热闹，到底是开了眼界，见了世面，总算是不无所得的。有的竟觉得困了，问着别人，三道鼓是否加了横锣，说他要回家睡觉去了。大神一看这场面不大好，怕是看热闹的人都要走了，就卖一点力气叫一叫座，于是痛打了一阵鼓，喷了几口酒在团圆媳妇的脸上，从腰里拿出银针来，刺着小团圆媳妇的手指尖。不一会，小团圆媳妇就活转来了。

大神说，洗澡必得连洗三次，还有两次要洗的。于是人心大为振奋，困的也不困了，要回家睡觉的也精神了。这来看热闹的，不下三十人，个个眼睛发亮，人人精神百倍。看吧，洗一次就昏过去了，洗两次又该怎样呢？洗上三次，那可就不堪想象了。所以看热闹的人的心里，都满怀奥秘。

果然的，小团圆媳妇一被抬到大缸里去，被热水一烫，就又大声地怪叫了起来，一边叫着一边还伸出手来把着缸沿想要跳出来。这时候，浇水的浇水，按头的按头，总算让大家压服又把她昏倒在缸底里了。这次她被抬出来的时候，她的嘴里还往外吐着水。（于是一些善心的人，是没有不可怜这小女孩子的。）东家的二姨，西家的三婶，就都一齐围拢过去，都去设法施救去了。她们围拢过去，看看有没有死？（若还有气，那就不用救。若是死了，那就赶快浇凉水。）（若是有气，她自己就会活转来的。若是断了气，那就赶快施救，不然，怕她真的死了。）

小团圆媳妇当晚被热水烫了三次，烫一次，昏一次。

闹到三更天才散了场。大神回家去睡觉去了。看热闹的人也都回家去睡觉去了。

星星月亮，出满了一天，冰天雪地正是个冬天。雪扫着墙根，风刮着窗棂。鸡在架里边睡觉，狗在窝里边睡觉，猪在栏里边睡觉，全呼兰河都睡着了。只有远远的狗叫，那或许是从白旗屯传来的，或者是从呼兰河的南岸那柳条林子里的野狗的叫唤。总之，那声音是来得很远，那已经是呼兰河城以外的事情了。而呼兰河全城，就都一齐睡着了。

前半夜那跳神打鼓的事情一点也没有留下痕迹。那连哭带叫的小团圆媳妇，好像在这世界上她也并未曾哭过叫过，因为一点痕迹也并未留下。家家户户都是黑洞洞的，家家户户都睡得沉实实的。团圆媳妇的婆婆也睡得打呼了。因为三更已经过了，就要来到四更天了。

【评析】

《呼兰河传》是一部回忆性、自传性的小说。作者以她惯用的散文手法，写出儿时难忘的记忆。打破以人物为中心的传统小说模式，而以呼兰城的人们的生活和环境为中心，辐射出生活的各个方面，正如书名所示，是为整个小城的人情风俗作传。

本文主人公小团圆媳妇是旧中国普通底层妇女，她的一生具有普遍意义。小团圆媳妇悲剧命运的起源是：不符合社会期待——过于高大、不害羞。于是小团圆媳妇从“笑呵呵”的小姑娘到“黄瘦”的病人，到被折磨而死；期间，从吃药到跳大神，非正统的医治方式，始终处于被观看的过程中，是另类风景。

正是这些看客们的愚昧和麻木，正是这些千百年来不变的陈规陋习，让生命最初美丽和茁壮，拥有孩童般天真与烂漫，对生命怀有本能欲求和热望的小团圆媳妇，被婆婆打出毛病，被庸医、云游真人、跳大神等折磨、摧残。这个生命力强盛、健康、快乐的女孩的死，突出体现了当时社会生命被蔑视、被践踏的现状。

作者悲怆和苦痛的心情可见一斑。仿佛我们和作者一样感觉到社会的荒寒、冷寂。心灵落到一个没一点人性、一点温暖的非人间。作者借此抨击了国民劣根性。

【拓展阅读】

茅盾：《论萧红的〈呼兰河传〉》

“要点不在《呼兰河传》不像是一部严格意义的小说，而在它于这‘不像’之外，还有些别的东西——一些比像一部小说更为‘诱人’些的东西：它是一篇叙事诗，一幅多彩的风土画，一串凄婉的歌谣。”

“有讽刺，也有幽默。开始读时有轻松之感，然而愈越下去心头就会一点一点沉重起来。可是，仍然有美，即使这美有点病态，也仍然不能不使你炫惑。”

【思考与练习】

1. 小团圆媳妇是怎样的一个人？是如何从“笑呵呵”的小姑娘到“黄瘦”的病人，到被折磨而死的？

2. 作者想借小团圆媳妇之死说明什么？

长　恨　歌[①]

白居易

汉皇[②]重色思倾国[③]，御宇[④]多年求不得。
杨家有女[⑤]初长成，养在深闺人未识，
天生丽质难自弃，一朝选在君王侧；
回眸一笑百媚生，六宫粉黛[⑥]无颜色。
春寒赐浴华清池[⑦]，温泉水滑洗凝脂[⑧]；
侍儿扶起娇无力，始是新承恩泽[⑨]时。
云鬓花颜金步摇[⑩]，芙蓉帐暖度春宵；
春宵苦短日高起，从此君王不早朝。
承欢侍宴无闲暇，春从春游夜专夜；
后宫佳丽三千人，三千宠爱在一身。
金屋[⑪]妆成娇侍夜，玉楼宴罢醉和春[⑫]。
姊妹弟兄皆列土[⑬]，可怜[⑭]光彩生门户；
遂令天下父母心，不重生男重生女。
骊宫高处入青云，仙乐风飘处处闻。
缓歌慢舞凝丝竹，尽日君王看不足。

---

① 选自朱金城《白居易集笺校》，上海古籍出版社1988年版卷十二。白居易（772—846），字乐天，晚年号香山居士，又号醉吟先生，下邽（今陕西渭南）人。官至翰林学士、左拾遗，后贬为江州司马，迁忠州刺史，后以刑部尚书致仕。中唐著名文学家、诗人，新乐府运动的代表人物，尤以诗名，与元稹并称“元白”。有《白氏长庆集》。

② 汉皇：指汉武帝，这里借指唐玄宗。

③ 倾国：指绝色女子。汉代李延年曾在汉武帝面前歌唱以下辞句以暗指他的妹妹：“北方有佳人，绝世而独立。一顾倾人城，再顾倾人国。宁不知倾城与倾国，佳人难再得。”后代用“倾国倾城”来形容女子的美貌。

④ 御宇：统治天下，指在位为君。

⑤ 杨家有女：指杨贵妃，名玉环，蒲州永乐（今山西芮城）人，天宝四年（745年）被册封为贵妃。

⑥ 六宫粉黛：指宫廷里的皇后和妃子。六宫，古代宫廷里皇后和妃子居住的地方。粉，脂粉。黛，画眉用的青黑色颜料。

⑦ 华清池：唐玄宗每年冬季和初春到华清宫居住，华清宫在现陕西省西安市临潼区骊山，又称骊宫，山上有温泉为华清池。

⑧ 凝脂：比喻洁白细腻的皮肤。

⑨ 新承恩泽：开始得到皇帝的恩宠。

⑩ 金步摇：由黄金制成的一种首饰，上有垂珠，走起路来摇曳生姿。

⑪ 金屋：指杨贵妃的寝宫。

⑫ 醉和春：春为良辰美景，醉乃赏心乐事，两者相和得双美。

⑬ 列土：天子把土地分封给王侯，这里指封爵封官。

⑭ 可怜：可羡。

渔阳鞞鼓[①]动地来，惊破《霓裳羽衣曲[②]》。
九重城阙烟尘生，千乘万骑西南行[③]。
翠华[④]摇摇行复止，西出都门百余里。
六军不发[⑤]无奈何，宛转娥眉[⑥]马前死。
花钿委地无人收，翠翘金雀玉搔头[⑦]；
君王掩面救不得，回看血泪相和流。
黄埃散漫风萧索，云栈[⑧]萦纡[⑨]登剑阁[⑩]；
峨嵋山[⑪]下少人行，旌旗无光日色薄。
蜀江水碧蜀山青，圣主朝朝暮暮情；
行宫[⑫]见月伤心色，夜雨闻铃肠断声。

天旋日转回龙驭[⑬]，到此[⑭]踌躇不能去；
马嵬坡下泥土中，不见玉颜空死处。
君臣相顾尽沾衣，东望都门信马[⑮]归。
归来池苑皆依旧，太液[⑯]芙蓉未央[⑰]柳；
芙蓉如面柳如眉，对此如何不泪垂？
春风桃李花开夜，秋雨梧桐叶落时。
西宫南苑[⑱]多秋草，宫叶满阶红不扫。

---

① 渔阳鞞鼓：指天宝十四年（755 年）安禄山在范阳以讨伐杨国忠为名，起兵反唐。渔阳，指东汉彭宠踞渔阳反汉的典故。鞞鼓，骑兵用的小鼓。

② 霓裳羽衣曲：唐开元年间由印度传入的舞曲，又名婆罗门曲，后经唐玄宗润色。

③ 九重城阙烟尘生，千乘（shèng）万骑西南行：安禄山攻破潼关，叛军进逼京城长安，唐玄宗携带杨贵妃等在骑兵护卫下仓促出走幸蜀。九重，皇宫有九道城门。千乘万骑，这里是夸张的说法。乘，兵车，包括一车四马。骑，骑兵。

④ 翠华：天子用的旌旗，用翠羽装饰而成。

⑤ 六军不发：唐玄宗到马嵬驿时，发生兵变，将士们杀了杨国忠，并迫请唐玄宗杀杨贵妃，否则不再起程。

⑥ 娥眉：借指杨贵妃。

⑦ 花钿委地无人收，翠翘金雀玉搔头：杨贵妃使用过的花钿、翠翘、金雀、玉搔头等首饰均弃置在地上，无人收拾。花钿，用金片制成的首饰，形状似花。翠翘，形似翡翠鸟尾上长羽的首饰。金雀，金爵钗，又叫凤头钗。玉搔头，即玉簪。

⑧ 云栈：高入云霄的栈道。

⑨ 萦纡：迂回曲折。

⑩ 剑阁：又名剑门关，故址在今四川剑阁县北。

⑪ 峨嵋山：在今四川成都西南，诗人因其为蜀中名山而设想，其实唐玄宗没有到过此山。

⑫ 行宫：京城以外供帝王出行时居住的宫室。

⑬ 天旋日转回龙驭：唐肃宗至德二年（757 年）九月，郭子仪收复长安，唐玄宗由四川返回长安。天旋日转，比喻局势发生转变。龙驭，皇帝的车驾。

⑭ 此：指杨贵妃身亡的地方——马嵬驿。

⑮ 信马：坐在马上不加控制，听任马自己走。

⑯ 太液：汉宫池名，这里借指唐宫中的池苑。

⑰ 未央：汉宫名，这里借指唐宫。

⑱ 西宫南苑：分别指太极宫和兴庆宫。唐玄宗回长安后先住在兴庆宫，后迁居太极宫。

梨园弟子白发新，椒房[①]阿监[②]青娥[③]老。
夕殿萤飞思悄然，孤灯挑尽未成眠；
迟迟钟鼓[④]初长夜[⑤]，耿耿[⑥]星河欲曙天。
鸳鸯瓦冷霜华重，翡翠衾寒谁与共？
悠悠生死别经年，魂魄不曾来入梦。

临邛道士鸿都客[⑦]，能以精诚致魂魄；
为感君王展转思，遂教[⑧]方士[⑨]殷勤觅。
排空驭气奔如电，升天入地求之遍；
上穷碧落[⑩]下黄泉，两处茫茫皆不见。
忽闻海上有仙山，山在虚无缥缈间。
楼阁玲珑五云[⑪]起，其中绰约[⑫]多仙子。
中有一人字太真[⑬]，雪肤花貌参差[⑭]是。
金阙[⑮]西厢叩玉扃[⑯]，转教小玉报双成[⑰]。
闻道汉家天子使，九华帐[⑱]里梦魂惊。
揽衣推枕起徘徊，珠箔[⑲]银屏逦迤[⑳]开；
云鬓半偏新睡觉[㉑]，花冠不整下堂来。
风吹仙袂飘飘举，犹似霓裳羽衣舞；
玉容寂寞泪阑干[㉒]，梨花一枝春带雨[㉓]。

---

① 椒房：皇后所居之处，用椒和泥涂墙，取其温暖芳香。
② 阿监：宫中女官。
③ 青娥：指宫女。
④ 钟鼓：指用以报时辰的钟鼓声。
⑤ 初长夜：指秋夜。秋夜开始长起来，故称初长夜。
⑥ 耿耿：明亮的样子。
⑦ 临邛道士鸿都客：四川来的道士至长安为客。临邛，地名，在今四川临崃。鸿都，东汉都城洛阳的宫门名，这里借指长安。
⑧ 教：使，致使。
⑨ 方士：专门从事炼丹、求仙等事的人，这里指临邛道士。
⑩ 碧落：指天空。
⑪ 五云：五色云彩。
⑫ 绰约：体态柔美的样子。
⑬ 太真：指杨贵妃在为贵妃前曾出家做道士，法号太真。
⑭ 参差：差不多，几乎。
⑮ 金阙：金制门楼，为天帝所居住。
⑯ 玉扃（jiōng）：白玉做的门扇。
⑰ 小玉报双成：令侍女们通报。小玉、双成，借指杨贵妃在仙境的侍女。
⑱ 九华帐：绣饰繁丽图案的帷帐。
⑲ 珠箔：用珠子穿成的门帘。
⑳ 逦迤：连续的样子。
㉑ 觉：醒来。
㉒ 泪阑干：眼泪纵横。
㉓ 梨花一枝春带雨：春天里挂着水滴的梨花，用来形容带有泪水的面容。

含情凝睇[1]谢君王，一别音容两渺茫；
昭阳殿[2]里恩爱绝，蓬莱宫[3]中日月长。
回头下望人寰处，不见长安见尘雾；
唯将旧物表深情，钿合[4]金钗寄将去。
钗留一股合一扇，钗擘黄金合分钿[5]；
但令心似金钿坚，天上人间会相见。
临别殷勤重寄词，词中有誓两心知。
七月七日长生殿[6]，夜半无人私语时：
在天愿作比翼鸟[7]，在地愿为连理枝[8]。
天长地久有时尽，此恨绵绵无绝期！

【评析】

这是一首著名的长篇叙事诗，以“长恨”为中心，生动描绘了唐玄宗与杨贵妃缠绵悱恻的爱情故事及悲剧结局。其中相当复杂的情节，只用精练的几句话一笔带过，着力在情感的渲染。诗人从反思的角度道出了造成悲剧的原因，但对悲剧中的主人公又寄予同情和惋惜。全诗写得婉转细腻，又不失雍容华贵。明明是悲剧，却又那样超脱，实为浪漫与古典兼备的绝妙典范，不愧为千古绝唱。

《长恨歌》就是歌“长恨”，“长恨”是诗歌的主题，故事的焦点，也是埋藏在诗歌中一颗牵动人心的种子。“恨”什么，为什么要“长恨”，诗人没有直接铺叙和抒写，而是通过笔下诗化的故事，一层层地展示，让读者自己去揣摩、回味和感受。

关于《长恨歌》的主题，历来有争论。或曰批判“汉皇重色”误国；或云歌咏李杨爱情；或云二者兼有之。然而文学作品的价值并不止于“主题”。从作者的创作意图来看，《长恨歌》即“歌长恨”，歌咏爱的长恨。白居易自言“一篇长恨有风情”（《编集拙诗成一十五卷因题末戏赠元九李十二》），说明作者是为歌“风情”而作此诗。诗分四段，先写热恋情景，突出杨氏之美和唐玄宗对她的迷恋，对唐玄宗因贪恋女色而误国事有所讥讽。次写兵变妃死，悲剧铸成，唐玄宗肠断。这是悲欢荣辱极端对比的写法。再写物是人非及刻骨铭心的无望思念。最后写天人永隔之长恨。如此由乐而悲而思而恨，构成全诗的感情脉络，其间因果关系密切而分明。

诗歌将叙事、写景、抒情有机交融。时而把人物的思想感情注入景物，以景物的

---

① 凝睇：凝视。睇，斜着眼睛看。
② 昭阳殿：汉成帝爱妃赵飞燕居住的地方，这里借指杨贵妃生前居住过的宫殿。
③ 蓬莱宫：代指杨贵妃成仙后居住的地方。
④ 合：同“盒”。
⑤ 钗留一股合一扇，钗擘黄金合分钿：把钿盒和金钗都剖成两份，一份自己留着，一份给唐玄宗。擘，剖裂。
⑥ 长生殿：在骊山华清宫中，用以祭祀神灵。
⑦ 比翼鸟：古代传说中的鸟，叫鹣鹣，只有一目一翅，雌雄必须并在一起才能飞。
⑧ 连理枝：两棵树连生在一起的枝干。

折光来烘托人物的心境；时而抓住周围富有特征的景物表现人物内心情感，酣畅淋漓地表达人物蕴蓄在内心深处的难达之情。从黄埃散漫到蜀山青青，从行宫夜雨到重返长安，从白日到黑夜，从春天到秋天，处处触物伤情，时时睹物思人，从各个方面反复渲染主人公的苦苦追求和寻觅。现实生活中找不到，到梦中去找，梦中找不到，又到仙境中去找。如此跌宕回环，绵延不绝，使人物情感回旋上升，达到高潮。诗人正是通过这样的层层渲染，反复抒情，回环往复，让人物的思想感情蕴蓄得更深邃丰富，使诗歌"肌理细腻"，更富有艺术的感染力。

【思考与练习】

1. 如何理解诗篇的结句"此恨绵绵无绝期"？
2. 你是如何理解本诗主题的？请说明原因。
3. 试分析本诗何以具有强烈的艺术感染力。

凤凰台上忆吹箫[①]

李清照[②]

香冷金猊[③]，被翻红浪，起来慵自梳头。任宝奁[④]尘满，日上帘钩。生怕离怀别苦，多少事、欲说还休。新来瘦，非干病酒，不是悲秋。

休休，这回去也，千万遍阳关[⑤]，也则难留。念武陵人[⑥]远，烟锁秦楼[⑦]。惟有楼前流水，应念我、终日凝眸。凝眸处，从今又添，一段新愁。

【译文】

狮子造型的青铜香炉里熏香已经燃尽冷透，红色的锦被像波浪一样胡乱地堆在床上。早晨起来，懒洋洋地不想梳妆打扮。任凭华贵的梳妆匣落满灰尘，任凭清晨的阳光已照上帘钩。我生怕想起离别的忧愁和痛苦，有多少话要向他倾诉，可刚要说又不忍开口。新近渐渐消瘦起来，不是因为喝多了酒，也不是因为秋天要到来的伤感。

算了吧，算了吧，这次他必须要走，即使唱上一万遍《阳关》离别曲，也无法将他挽留。想到心上人就要远去，迷蒙的雾霭笼罩着我独守空楼。只有那楼前的流水，应顾念着我，映照着我整天倚楼凝望。就在凝眸远眺的时候，从今而后又平添一段日日盼归的新愁。

【评析】

李清照工诗，能文，更擅长词。她一方面继承了婉约派的创作风格和手法，一方面又有所创新和发展。她善于运用朴实的白描手法，善于描写细腻的感情变化，平淡而通俗的语言蕴含着丰富的雅趣和清新的意境，成就卓然、风格独具，自成一家，有“易安体”之称。她的词委婉、清新，感情真挚。其创作以北宋、南宋生活的变化，

---

① 选自《李清照集校注》卷一，王仲闻著，人民文学出版社 1979 年版。

② 李清照（1084—约 1151），宋代女词人，号易安居士，齐州章丘（今属山东）人。李清照对诗、词、散文、书法、绘画、音乐，无不通晓，而以词的成就为最高。李清照的创作具有鲜明独特的艺术风格，居婉约派之首，对后世影响较大，在词坛中独树一帜，有“易安体”之称。后人辑有《漱玉词》。

③ 金猊：香炉，状如狻猊。

④ 奁（lián）：梳妆匣。

⑤ 阳关：王维《送元二使安西》：“劝君更尽一杯酒，西出阳关无故人。”唐代盛唱此曲，称《阳关》曲，作为送别之曲。

⑥ 武陵人：陶渊明《桃花源记》记载武陵人入桃花源事。此代指男子远游。

⑦ 秦楼：汉乐府《陌上桑》：“日出东南隅，照我秦氏楼。”此指女子居所。

呈现出前后期不同的特点。前期的词反映了她的闺中生活和思想感情，表现了自然风光和别思离愁。后期的词变清丽明快为凄凉悲痛，抒发了伤时念旧、怀乡悼亡的情感，也寄托了强烈的亡国之思。

这首词作于词人婚后不久，丈夫赵明诚离家远游之际。前半段俱写离别前情景，以金炉香冷、锦被乱陈开端，又写人物的情绪、神态，十分形象、具体地展现了词人与丈夫临别时惆怅凄然、百无聊赖的心情。而满腹心事欲说又不忍说，甘愿把痛苦埋藏在心底，由自己默默忍受，其对丈夫的挚爱深情，于此隐然可见。后半段先是难以挽留即将启程的丈夫之苦，然后用一“念”字领起，设想别后情形。后半段用顶真格，使各句之间衔接紧凑，而语言也因此有了较强的节奏感，感情也变得愈发激烈，使词中所写的“离怀别苦”达到了高潮。这首词虽用到典故，但遣词造句，自出机杼，语言自然率真，重重思绪，微妙心态，全用家常语道出而含蕴绵绵不尽，正所谓“以浅俗之语，发清新之思”。

在词的艺术方面，李清照写过一篇《词论》，提出词“别是一家”之说，认为词分五音、五声、六律，又分清浊轻重，是宋代重要的词论。

【思考与练习】

1. 试分析这首词的创作特点。
2. 阅读李清照的其他作品，试论述李清照词作的题材内容及艺术特色。

【扩展阅读】

醉花阴

薄雾浓云愁永昼，瑞脑销金兽。佳节又重阳，玉枕纱厨，半夜凉初透。

东篱把酒黄昏后，有暗香盈袖。莫道不销魂，帘卷西风，人似黄花瘦。

一剪梅

红藕香残玉簟秋，轻解罗裳，独上兰舟。云中谁寄锦书来？雁字回时，月满西楼。

花自飘零水自流。一种相思，两处闲愁。此情无计可消除。才下眉头，却上心头。

——选自《李清照集校注》，王仲闻著，人民文学出版社 1979 年版

沈园二首[①]

陆　游[②]

其　一

城上斜阳画角[③]哀，沈园[④]非复旧池台。
伤心桥下春波绿，曾是惊鸿[⑤]照影来。

其　二

梦断香销四十年，沈园柳老不吹绵[⑥]。
此身行[⑦]作稽山[⑧]土，犹吊遗踪一泫然[⑨]。

【译文】

其　一

城墙上夕阳西下，画角哀鸣，沈园已经不再是原来的亭台池阁。那座令人伤心的桥下，春水依然碧波荡漾，当年就是在这里，美丽的侧影惊鸿一现。

---

① 选自赵敏俐、吴思敬主编《中国诗歌通史·渭南文集》，人民文学出版社2012年版。《沈园二首》是陆游七十五岁时重游沈园时写下的悼亡诗。

② 陆游（1125—1210），字务观，号放翁，越州山阴（浙江绍兴）人，南宋爱国诗人。少时受家庭爱国思想熏陶，高宗时应礼部试，为秦桧所黜。孝宗时赐进士出身。中年入蜀，投身军旅生活，官至宝章阁待制。晚年退居家乡，但收复中原信念始终不渝。陆游具有多方面文学才能，尤以诗的成就为最。自言"六十年间万首诗"，今尚存9300余首。其中许多诗篇抒写了抗金杀敌的豪情和对敌人、卖国贼的仇恨，风格雄奇奔放，沉郁悲壮，洋溢着强烈的爱国主义情怀，在思想上、艺术上取得了卓越成就，在生前即有"小李白"之称，不仅成为南宋一代诗坛领袖，而且在中国文学史上享有崇高地位。有《剑南诗稿》、《渭南文集》、《南唐书》、《老学庵笔记》等存世。

③ 画角：古代乐器名，相传创自黄帝，也有说传自羌族。外形像竹筒，用竹木或皮革制成，外加彩绘，所以叫"画角"。一般在黎明和黄昏的时候吹奏，相当于出操和休息的信号，发音哀厉高亢，古代军中常用来警报昏晓。

④ 沈园：在今浙江绍兴东南。原为南宋著名园林，园主系宋代越中大户沈氏，园林因此被称为"沈园"。据有关史料记载，当时园内池台极盛，占地在80亩以上。

⑤ 惊鸿：惊飞的鸿雁，形容美人体态轻盈。出自曹植《洛神赋》"（洛神）其形也，翩若惊鸿，婉若游龙"，后来"惊鸿"就用来形容女子体态轻盈、娇柔美丽。

⑥ 不吹绵：这里指柳树老了，不能飘出柳絮。

⑦ 行：将要。

⑧ 稽山：会稽山，在今浙江绍兴东南。

⑨ 泫然：这里指眼泪滴下的样子。泫，水滴下落。

其　二

她去世已经四十年有余，我在梦里也不曾见到她。沈园的柳树和我一样都老了，连柳絮都没有了。我已是古稀之年，行将就木，仍然来此凭吊，泪落潸然。

【评析】

《沈园二首》是南宋诗人陆游的悼亡诗。这是一个七十五岁的老人对自己四十多年前与前妻偶遇经历的辛酸回味。诗人故地重游，触物伤怀，成诗二首。

陆游20岁时与唐琬结婚，婚后二人琴瑟和鸣，感情笃厚。可是，唐琬的才华横溢以及与陆游的亲密感情引起了陆母的不满，她强迫陆游休妻。陆游迫于母命与唐琬忍痛分离。后来，陆游依母亲的心意，另娶王氏为妻，唐琬也迫于父命嫁给同郡的赵士程，这一对年轻人的美满婚姻就这样被拆散了。

十年后的一个春天，陆游心情抑郁，独自一人漫游山阴城沈家花园，巧遇唐琬。作《钗头凤·红酥手》题壁以记其苦思深恨，岂料这一面竟成永诀。不久，唐琬因为心情长期抑郁以及体弱多病等原因去世了。陆游晚年多次到沈园悼亡，这两首便是他的悼亡诗中最为深婉动人的。

第一首回忆与唐琬离异后在沈园重逢之事，写物是人非之悲。

该诗采用情景交融的传统创作手法。残阳西下、画角哀鸣，眼观耳闻一片凄凉寥落，开篇即定下悲哀的基调。诗人独自徘徊在这伤心之地，池台楼阁依旧，只是物是人无踪。如果说前次的“红酥手、黄縢酒”还可以承载两人“山盟虽在，锦书难托”的无奈与伤感的话，那么此番寻遍整个沈园也不见伊人芳踪，唐琬的仙逝使作者彻底落入情无所依的凄惨境地。

桥下依然绿波荡漾，惊鸿侧影已成虚无缥缈的伤心追忆……

第二首诗作者回到现实，表达对唐琬终生不渝的感情，隐含抱恨终生的伤痛。

伊人香消为土已经四十余年了，自己也像那不再飘絮的柳树一样行将就木。在这天老地老、树老人老的沈园，唯有爱是永恒的。一个“犹”字，沉重深切，饱含了作者一生的悔恨、辛酸、郁结，勾画出作者喟然长叹、泫然泣下的背影。

两首诗情真意切，笔触细腻，虚实折转自如，遣词用字老到纯熟，堪称悼亡诗的绝世之作。

【思考与练习】

1. 诗人通过哪些意象表达自己的情感？
2. 《沈园》（其二）蕴含作者怎样的人生思考？
3. 请揣摩诗的意境，创作一幅作品。
4. 课外阅读陆游的诗词，了解其创作风格变化情况。

【拓展阅读】

钗头凤

陆游

红酥手，黄縢酒，满城春色宫墙柳。东风恶，欢情薄。一怀愁绪，几年离索。错，错，错！春如旧，人空瘦，泪痕红浥鲛绡透。桃花落，闲池阁。山盟虽在，锦书难托。莫，莫，莫！

钗头凤

唐琬

世情薄，人情恶，雨送黄昏花易落。晓风干，泪痕残，欲笺心事，独语斜阑。难，难，难！人成各，今非昨，病魂常似秋千索。角声寒，夜阑珊，怕人询问，咽泪装欢。瞒，瞒，瞒！

世界上最遥远的距离[1]

张小娴，等[2]

世界上最遥远的距离，
不是生与死的距离，
而是我就站在你面前，你却不知道我爱你；
世界上最遥远的距离，
不是我就站在你面前，你却不知道我爱你，
而是想你痛彻心脾，却只能埋藏心底；
世界上最遥远的距离，
不是想你痛彻心脾，却只能埋藏心底，
而是明明知道彼此相爱，却不能在一起；
世界上最遥远的距离，
不是明明知道彼此相爱，却不能在一起，
而是明明无法抵挡这种思念，却还得装着毫不在意；
世界上最遥远的距离，
不是明明无法抵挡这种思念，却还得装着毫不在意，
而是用自己冷漠的心，给爱你的人掘了一条无法跨越的沟渠。

世界上最远的距离，
不是树与树的距离，
而是同根生长的树枝，
却无法在风中相依；
世界上最远的距离，
不是树枝无法相依，
而是相互瞭望的星星，

---

① 目前为止，这首诗在网络上流传的版本不下七种，各版本的前半部分大同小异，后半部分则差异相对较大。本书采用了其中较为普及、精练的一种。

② 网络盛传此诗出自泰戈尔《飞鸟集》，但泰戈尔作品集中并无此作。本诗第一小节大部分词句出自张小娴的小说，后由中国台湾的医学院学生在网上以接龙形式创作而成。张小娴，1967 年 11 月 3 日生，香港著名言情小说家，毕业于香港浸会学院传理系，1985 年起在香港无线电视台任编剧，后转至亚洲电视，其后为《明报》撰写专栏。1994 年她的第一部小说《面包树上的女人》在《明报》上连载走红，自 1995 年起正式结束编剧生涯，专职写作，为香港皇冠出版社签约作家。1998 年她创办了香港第一本本土女性杂志《Amy》，任总编辑。她还曾为香港《苹果日报》、《经济日报》撰写专栏。作品有面包树系列、都市爱情系列、Channel A 系列（2006 年曾重新编辑结集）、魔幻爱情系列、浪漫迷情系列等近 30 部小说；另有散文集 10 余部、散文精选集等。

却没有交汇的轨迹；
世界上最远的距离，
不是星星之间的轨迹，
而是纵然轨迹交汇，
却在转瞬间无处寻觅；
世界上最远的距离，
不是瞬间便无处寻觅，
而是尚未相遇，
便注定无法相聚；
世界上最远的距离，
是鱼与飞鸟的距离，
一个在天，一个却深潜海底。①

【评析】

作为一首完整的作品，此诗的写作过程体现了网络时代文学创作的特殊性。诗的第一小节源自张小娴的小说《荷包里的单人床》，书中讲述了一个暗恋的故事，女主人公说：“世上最遥远的距离，不是生与死的距离，不是天各一方，而是我就站在你面前，你却不知道我爱你。”这段话在中国台湾颇为流行，中国台湾的医学院的医科生便在网上把句子延续了下去，写成此诗。因此作家创作与群体创作相融合是此诗的重要特征。

从内容看，诗歌延续了小说的爱情主题，将单恋者因近在咫尺却无法表白而产生的忧、伤与痛准确地表现出来。结构上，诗歌大致可分为两部分，前半部分共五小节，表现了不同暗恋情境中抒情主体的内心感受，由于第一小节源自小说，因此其余四小节的接龙仿写也带有一定的情节性。诗的后半部分则化实为虚，用同根生长的树枝、相互瞭望或轨迹偶有交汇的星星、飞鸟与鱼等意象来转换抒情角度，完成了诗境的构建与提升，避免了抒情方式单一对审美效果的影响。诗歌前后两部分先本体后喻体的写作方式也较为独特。

张小娴关于“距离”的独白是富有诗意的，但毕竟是小说的语言，因此这首以接龙形式写成的诗，在语言上显露出由叙述性向抒情性转化的痕迹。诗歌自始至终以“世界上最遥远的距离”作为每小节的开端，这种排比句式在使诗歌结构紧凑的同时，将抒情由低向高逐层推进。但也正是这样的结构特征，在一定程度上削弱

---

① 飞鸟与鱼的故事：迷途的飞鸟遇到孤独的鱼，飞鸟给鱼讲述辽阔的天空，鱼向飞鸟述说深邃的大海，它们被对方深深吸引，相互爱慕。但因为鱼不能和飞鸟一起在天空翱翔，飞鸟也不能和鱼一同潜游海底，所以最终飞鸟离开了那片海域，再也没有回来，它不知道，鱼也再没有游回这片海。此诗误传出自泰戈尔《飞鸟集》，大概是由结尾这一句引起的联想。

了诗歌的从容、蕴藉之美。后一小节对前一小节内容的重复，也使诗歌语言略显冗繁。

但值得肯定的是，这确实是一首优美动人的爱情诗，此诗在网络上的流行，多版本的仿写，英文版本的出现，以及误传为泰戈尔所作等现象，都充分说明了这一点。

【思考与练习】

1. 查阅此诗的其他几个版本，通过比较谈谈这首诗在艺术上的得失。
2. 网络误传此诗为泰戈尔所作，对此发表一下你的看法。

伤　逝[①]

——涓生的手记

鲁　迅

如果我能够，我要写下我的悔恨和悲哀，为子君，为自己。

会馆[②]里的被遗忘在偏僻里的破屋是这样地寂静和空虚。时光过得真快，我爱子君，仗着她逃出这寂静和空虚，已经满一年了。事情又这么不凑巧，我重来时，偏偏空着的又只有这一间屋。依然是这样的破窗，这样的窗外的半枯的槐树和老紫藤，这样的窗前的方桌，这样的败壁，这样的靠壁的板床。深夜中独自躺在床上，就如我未曾和子君同居以前一般，过去一年中的时光全被消灭，全未有过，我并没有曾经从这破屋子搬出，在吉兆胡同创立了满怀希望的小小的家庭。

不但如此。在一年之前，这寂静和空虚是并不这样的，常常含着期待；期待子君的到来。在久待的焦躁中，一听到皮鞋的高底尖触着砖路的清响，是怎样地使我骤然生动起来呵！于是就看见带着笑涡的苍白的圆脸，苍白的瘦的臂膊，布的有条纹的衫子，玄色的裙。她又带了窗外的半枯的槐树的新叶来，使我看见，还有挂在铁似的老干上的一房一房的紫白的藤花。

然而现在呢，只有寂静和空虚依旧，子君却决不再来了，而且永远，永远地！……

子君不在我这破屋里时，我什么也看不见。在百无聊赖中，顺手抓过一本书来，科学也好，文学也好，横竖什么都一样；看下去，看下去，忽而自己觉得，已经翻了十多页了，但是毫不记得书上所说的事。只是耳朵却分外地灵，仿佛听到大门外一切往来的履声，从中便有子君的，而且橐橐地逐渐临近，——但是，往往又逐渐渺茫，终于消失在别的步声的杂沓中了。我憎恶那不像子君鞋声的穿布底鞋的长班[③]的儿子，我憎恶那太像子君鞋声的常常穿着新皮鞋的邻院的搽雪花膏的小东西！

莫非她翻了车么？莫非她被电车撞伤了么？……

我便要取了帽子去看她，然而她的胞叔就曾经当面骂过我。

蓦然，她的鞋声进来了，一步响于一步，迎出去时，却已经走过紫藤棚下，脸上带着微笑的酒窝。她在她叔子的家里大约并未受气；我的心宁帖了，默默地相视片时之后，破屋里便渐渐充满了我的语声，谈家庭专制，谈打破旧习惯，谈男女平等，谈

① 选自《鲁迅全集》中的《彷徨》，人民文学出版社 1999 年版。鲁迅是我国现代伟大的文学家、思想家、革命家。原名周树人，字豫才，浙江绍兴人。“鲁迅”是他 1918 年为《新青年》写稿时使用的笔名。

② 会馆：旧时都市中同乡会或同业公会设立的馆舍，供同乡或同业旅居、聚会之用。

③ 长班：旧时官员的随身仆人，也用来称呼一般的“听差”。

伊孛生[①]，谈泰戈尔[②]，谈雪莱[③]……。她总是微笑点头，两眼里弥漫着稚气的好奇的光泽。壁上就钉着一张铜板的雪莱半身像，是从杂志上裁下来的，是他的最美的一张像。当我指给她看时，她却只草草一看，便低了头，似乎不好意思了。这些地方，子君就大概还未脱尽旧思想的束缚，——我后来也想，倒不如换一张雪莱淹死在海里的纪念像或是伊孛生的罢；但也终于没有换，现在是连这一张也不知那里去了。

“我是我自己的，他们谁也没有干涉我的权利！”

这是我们交际了半年，又谈起她在这里的胞叔和在家的父亲时，她默想了一会之后，分明地，坚决地，沉静地说了出来的话。其时是我已经说尽了我的意见，我的身世，我的缺点，很少隐瞒；她也完全了解的了。这几句话很震动了我的灵魂，此后许多天还在耳中发响，而且说不出的狂喜，知道中国女性，并不如厌世家所说那样的无法可施，在不远的将来，便要看见辉煌的曙色的。

送她出门，照例是相离十多步远；照例是那鲇鱼须的老东西的脸又紧贴在脏的窗玻璃上了，连鼻尖都挤成一个小平面；到外院，照例又是明晃晃的玻璃窗里的那小东西的脸，加厚的雪花膏。她目不斜视地骄傲地走了，没有看见；我骄傲地回来。

“我是我自己的，他们谁也没有干涉我的权利！”这彻底的思想就在她的脑里，比我还透澈，坚强得多。半瓶雪花膏和鼻尖的小平面，于她能算什么东西呢？

我已经记不清那时怎样地将我的纯真热烈的爱表示给她。岂但现在，那时的事后便已模糊，夜间回想，早只剩了一些断片了；同居以后一两月，便连这些断片也化作无可追踪的梦影。我只记得那是以前的十几天，曾经很仔细地研究过表示的态度，排列过措辞的先后，以及倘或遭了拒绝以后的情形。可是临时似乎都无用，在慌张中，身不由己地竟用了在电影上见过的方法了。后来一想到，就使我很愧恧，但在记忆上却偏只有这一点永远留遗，至今还如暗室的孤灯一般，照见我含泪握着她的手，一条腿跪了下去……。

不但我自己的，便是子君的言语举动，我那时就没有看得分明；仅知道她已经允许我了。但也还仿佛记得她脸色变成青白，后来又渐渐转作绯红，——没有见过，也没有再见的绯红；孩子似的眼里射出悲喜，但是夹着惊疑的光，虽然力避我的视线，张皇地似乎要破窗飞去。然而我知道她已经允许我了，没有知道她怎样说或是没有说。

她却是什么都记得：我的言辞，竟至于读熟了的一般，能够滔滔背诵；我的举动，就如有一张我所看不见的影片挂在眼下，叙述得如生，很细微，自然连那使我不愿再想的浅薄的电影的一闪。夜阑人静，是相对温习的时候了，我常是被质问，被考验，并且被命复述当时的言语，然而常须由她补足，由她纠正，像一个丁等的学生。

这温习后来也渐渐稀疏起来。但我只要看见她两眼注视空中，出神似的凝想着，于是神色越加柔和，笑窝也深下去，便知道她又在自修旧课了，只是我很怕她看到我

---

① 伊孛生：（H. Ibsen，1828—1906）通译易卜生，挪威剧作家。

② 泰戈尔：（R. Tagore，1861—1941），印度诗人。1924 年曾来过我国。当时他的诗作译成中文的有《新月集》、《飞鸟集》等。

③ 雪莱（P. B. Shelley，1792—1822），英国诗人。曾参加爱尔兰民族独立运动，因传播革命思想和争取婚姻自由屡遭迫害。后在海里覆舟淹死。他的《西风颂》、《云雀颂》等著名短诗，“五四”后被介绍到我国。

那可笑的电影的一闪。但我又知道，她一定要看见，而且也非看不可的。

然而她并不觉得可笑。即使我自己以为可笑，甚而至于可鄙的，她也毫不以为可笑。这事我知道得很清楚，因为她爱我，是这样地热烈，这样地纯真。

去年的暮春是最为幸福，也是最为忙碌的时光。我的心平静下去了，但又有别一部分和身体一同忙碌起来。我们这时才在路上同行，也到过几回公园，最多的是寻住所。我觉得在路上时时遇到探索，讥笑，猥亵和轻蔑的眼光，一不小心，便使我的全身有些瑟缩，只得即刻提起我的骄傲和反抗来支持。她却是大无畏的，对于这些全不关心，只是镇静地缓缓前行，坦然如入无人之境。

寻住所实在不是容易事，大半是被托辞拒绝，小半是我们以为不相宜。起先我们选择得很苛酷，——也非苛酷，因为看去大抵不像是我们的安身之所；后来，便只要他们能相容了。看了二十多处，这才得到可以暂且敷衍的处所，是吉兆胡同一所小屋里的两间南屋；主人是一个小官，然而倒是明白人，自住着正屋和厢房。他只有夫人和一个不到周岁的女孩子，雇一个乡下的女工，只要孩子不啼哭，是极其安闲幽静的。

我们的家具很简单，但已经用去了我的筹来的款子的大半；子君还卖掉了她唯一的金戒指和耳环。我拦阻她，还是定要卖，我也就不再坚持下去了；我知道不给她加入一点股分去，她是住不舒服的。

和她的叔子，她早经闹开，至于使他气愤到不再认她做侄女；我也陆续和几个自以为忠告，其实是替我胆怯，或者竟是嫉妒的朋友绝了交。然而这倒很清静。每日办公散后，虽然已近黄昏，车夫又一定走得这样慢，但究竟还有二人相对的时候。我们先是沉默的相视，接着是放怀而亲密的交谈，后来又是沉默。大家低头沉思着，却并未想着什么事。我也渐渐清醒地读遍了她的身体，她的灵魂，不过三星期，我似乎于她已经更加了解，揭去许多先前以为了解而现在看来却是隔膜，即所谓真的隔膜了。

子君也逐日活泼起来。但她并不爱花，我在庙会[①]时买来的两盆小草花，四天不浇，枯死在壁角了，我又没有照顾一切的闲暇。然而她爱动物，也许是从官太太那里传染的罢，不一月，我们的眷属便骤然加得很多，四只小油鸡，在小院子里和房主人的十多只在一同走。但她们却认识鸡的相貌，各知道那一只是自家的。还有一只花白的叭儿狗，从庙会买来，记得似乎原有名字，子君却给它另起了一个，叫作阿随。我就叫它阿随，但我不喜欢这名字。

这是真的，爱情必须时时更新，生长，创造。我和子君说起这，她也领会地点点头。

唉唉，那是怎样的宁静而幸福的夜呵！

安宁和幸福是要凝固的，永久是这样的安宁和幸福。我们在会馆里时，还偶有议论的冲突和意思的误会，自从到吉兆胡同以来，连这一点也没有了；我们只在灯下对坐的怀旧谭中，回味那时冲突以后的和解的重生一般的乐趣。

子君竟胖了起来，脸色也红活了；可惜的是忙。管了家务便连谈天的工夫也没

---

① 庙会：又称“庙市”，旧时在节日或规定的日子，设在寺庙或其附近的集市。

有，何况读书和散步。我们常说，我们总还得雇一个女工。

这就使我也一样地不快活，傍晚回来，常见她包藏着不快活的颜色，尤其使我不乐的是她要装作勉强的笑容。幸而探听出来了，也还是和那小官太太的暗斗，导火线便是两家的小油鸡。但又何必硬不告诉我呢？人总该有一个独立的家庭。这样的处所，是不能居住的。

我的路也铸定了，每星期中的六天，是由家到局，又由局到家。在局里便坐在办公桌前钞，钞，钞些公文和信件；在家里是和她相对或帮她生白炉子，煮饭，蒸馒头。我的学会了煮饭，就在这时候。

但我的食品却比在会馆里时好得多了。做菜虽不是子君的特长，然而她于此却倾注着全力；对于她的日夜的操心，使我也不能不一同操心，来算作分甘共苦。况且她又这样地终日汗流满面，短发都粘在脑额上；两只手又只是这样地粗糙起来。

况且还要饲阿随，饲油鸡，……都是非她不可的工作。我曾经忠告她：我不吃，倒也罢了；却万不可这样地操劳。她只看了我一眼，不开口，神色却似乎有点凄然；我也只好不开口。然而她还是这样地操劳。

我所预期的打击果然到来。双十节的前一晚，我呆坐着，她在洗碗。听到打门声，我去开门时，是局里的信差，交给我一张油印的纸条。我就有些料到了，到灯下去一看，果然，印着的就是：

奉

局长谕史涓生着毋庸到局办事

秘书处启　十月九号

这在会馆里时，我就早已料到了；那雪花膏便是局长的儿子的赌友，一定要去添些谣言，设法报告的。到现在才发生效验，已经要算是很晚的了。其实这在我不能算是一个打击，因为我早就决定，可以给别人去钞写，或者教读，或者虽然费力，也还可以译点书，况且《自由之友》的总编辑便是见过几次的熟人，两月前还通过信。但我的心却跳跃着。那么一个无畏的子君也变了色，尤其使我痛心；她近来似乎也较为怯弱了。

"那算什么。哼，我们干新的。我们……。"她说。

她的话没有说完；不知怎地，那声音在我听去却只是浮浮的；灯光也觉得格外黯淡。人们真是可笑的动物，一点极微末的小事情，便会受着很深的影响。我们先是默默地相视，逐渐商量起来，终于决定将现有的钱竭力节省，一面登"小广告"去寻求钞写和教读，一面写信给《自由之友》的总编辑，说明我目下的遭遇，请他收用我的译本，给我帮一点艰辛时候的忙。

"说做，就做罢！来开一条新的路！"

我立刻转身向了书案，推开盛香油的瓶子和醋碟，子君便送过那黯淡的灯来。我先拟广告；其次是选定可译的书，迁移以来未曾翻阅过，每本的头上都满漫着灰尘了；最后才写信。

我很费踌躇，不知道怎样措辞好，当停笔凝思的时候，转眼去一瞥她的脸，在昏暗的灯光下，又很见得凄然。我真不料这样微细的小事情，竟会给坚决的，无畏的子君以这么显著的变化。她近来实在变得很怯弱了，但也并不是今夜才开始的。我的心因此更缭乱，忽然有安宁的生活的影像——会馆里的破屋的寂静，在眼前一闪，刚刚想定睛凝视，却又看见了昏暗的灯光。

许久之后，信也写成了，是一封颇长的信；很觉得疲劳，仿佛近来自己也较为怯弱了。于是我们决定，广告和发信，就在明日一同实行。大家不约而同地伸直了腰肢，在无言中，似乎又都感到彼此的坚忍倔强的精神，还看见从新萌芽起来的将来的希望。

外来的打击其实倒是振作了我们的新精神。局里的生活，原如鸟贩子手里的禽鸟一般，仅有一点小米维系残生，决不会肥胖；日子一久，只落得麻痹了翅子，即使放出笼外，早已不能奋飞。现在总算脱出这牢笼了，我从此要在新的开阔的天空中翱翔，趁我还未忘却了我的翅子的扇动。

小广告是一时自然不会发生效力的；但译书也不是容易事，先前看过，以为已经懂得的，一动手，却疑难百出了，进行得很慢。然而我决计努力地做，一本半新的字典，不到半月，边上便有了一大片乌黑的指痕，这就证明着我的工作的切实。《自由之友》的总编辑曾经说过，他的刊物是决不会埋没好稿子的。

可惜的是我没有一间静室，子君又没有先前那么幽静，善于体贴了，屋子里总是散乱着碗碟，弥漫着煤烟，使人不能安心做事，但是这自然还只能怨我自己无力置一间书斋。然而又加以阿随，加以油鸡们。加以油鸡们又大起来了，更容易成为两家争吵的引线。

加以每日的“川流不息”的吃饭；子君的功业，仿佛就完全建立在这吃饭中。吃了筹钱，筹来吃饭，还要喂阿随，饲油鸡；她似乎将先前所知道的全都忘掉了，也不想到我的构思就常常为了这催促吃饭而打断。即使在座中给看一点怒色，她总是不改变，仍然毫无感触似的大嚼起来。

使她明白了我的作工不能受规定的吃饭的束缚，就费去五星期。她明白之后，大约很不高兴罢，可是没有说。我的工作果然从此较为迅速地进行，不久就共译了五万言，只要润色一回，便可以和做好的两篇小品，一同寄给《自由之友》去。只是吃饭却依然给我苦恼。菜冷，是无妨的，然而竟不够；有时连饭也不够，虽然我因为终日坐在家里用脑，饭量已经比先前要减少得多。这是先去喂了阿随了，有时还并那近来连自己也轻易不吃的羊肉。她说，阿随实在瘦得太可怜，房东太太还因此嗤笑我们了，她受不住这样的奚落。

于是吃我残饭的便只有油鸡们。这是我积久才看出来的，但同时也如赫胥黎[①]的论定“人类在宇宙间的位置”一般，自觉了我在这里的位置：不过是叭儿狗和油鸡之间。

后来，经多次的抗争和催逼，油鸡们也逐渐成为肴馔，我们和阿随都享用了十多日的鲜肥；可是其实都很瘦，因为它们早已每日只能得到几粒高粱了。从此便清静得多。只有子君很颓唐，似乎常觉得凄苦和无聊，至于不大愿意开口。我想，人是多么容易改变呵！

但是阿随也将留不住了。我们已经不能再希望从什么地方会有来信，子君也早没有一点食物可以引它打拱或直立起来。冬季又逼近得这么快，火炉就要成为很大的问题；它的食量，在我们其实早是一个极易觉得的很重的负担。于是连它也留不

---

① 赫胥黎：（T. Huxley，1825—1895）英国生物学家。他的《人类在宇宙间的位置》（今译《人类在自然界的位置》），是宣传达尔文的进化论的重要著作。

住了。

倘使插了草标[①]到庙市去出卖，也许能得几文钱罢，然而我们都不能，也不愿这样做。终于是用包袱蒙着头，由我带到西郊去放掉了，还要追上来，便推在一个并不很深的土坑里。

我一回寓，觉得又清静得多多了；但子君的凄惨的神色，却使我很吃惊。那是没有见过的神色，自然是为阿随。但又何至于此呢？我还没有说起推在土坑里的事。

到夜间，在她的凄惨的神色中，加上冰冷的分子了。

“奇怪。——子君，你怎么今天这样儿了？”我忍不住问。

“什么？”她连看也不看我。

“你的脸色……。”

“没有什么，——什么也没有。”

我终于从她言动上看出，她大概已经认定我是一个忍心的人。其实，我一个人，是容易生活的，虽然因为骄傲，向来不与世交来往，迁居以后，也疏远了所有旧识的人，然而只要能远走高飞，生路还宽广得很。现在忍受着这生活压迫的苦痛，大半倒是为她，便是放掉阿随，也何尝不如此。但子君的识见却似乎只是浅薄起来，竟至于连这一点也想不到了。

我拣了一个机会，将这些道理暗示她；她领会似的点头。然而看她后来的情形，她是没有懂，或者是并不相信的。

天气的冷和神情的冷，逼迫我不能在家庭中安身。但是，往哪里去呢？大道上，公园里，虽然没有冰冷的神情，冷风究竟也刺得人皮肤欲裂。我终于在通俗图书馆里觅得了我的天堂。

那里无须买票；阅书室里又装着两个铁火炉。纵使不过是烧着不死不活的煤的火炉，但单是看见装着它，精神上也就总觉得有些温暖。书却无可看：旧的陈腐，新的是几乎没有的。

好在我到那里去也并非为看书。另外时常还有几个人，多则十余人，都是单薄衣裳，正如我，各人看各人的书，作为取暖的口实。这于我尤为合式。道路上容易遇见熟人，得到轻蔑的一瞥，但此地却决无那样的横祸，因为他们是永远围在别的铁炉旁，或者靠在自家的白炉边的。

那里虽然没有书给我看，却还有安闲容得我想。待到孤身枯坐，回忆从前，这才觉得大半年来，只为了爱，——盲目的爱，——而将别的人生的要义全盘疏忽了。第一，便是生活。人必生活着，爱才有所附丽。世界上并非没有为了奋斗者而开的活路；我也还未忘却翅子的扇动，虽然比先前已经颓唐得多……。

屋子和读者渐渐消失了，我看见怒涛中的渔夫，战壕中的兵士，摩托车[②]中的贵人，洋场上的投机家，深山密林中的豪杰，讲台上的教授，昏夜的运动者和深夜的偷儿……。子君，——不在近旁。她的勇气都失掉了，只为着阿随悲愤，为着做饭出神；然而奇怪的是倒也并不怎样瘦损……。

---

① 草标：旧时在被卖的人身或物品上插置的草杆，作为出卖的标志。

② 摩托车：当时对小汽车的称呼。

冷了起来，火炉里的不死不活的几片硬煤，也终于烧尽了，已是闭馆的时候。又须回到吉兆胡同，领略冰冷的颜色去了。近来也间或遇到温暖的神情，但这却反而增加我的苦痛。记得有一夜，子君的眼里忽而又发出久已不见的稚气的光来，笑着和我谈到还在会馆时候的情形，时时又很带些恐怖的神色。我知道我近来的超过她的冷漠，已经引起她的犹疑来，只得也勉力谈笑，想给她一点慰藉。然而我的笑貌一上脸，我的话一出口，却即刻变为空虚，这空虚又即刻发生反响，回向我的耳目里，给我一个难堪的恶毒的冷嘲。子君似乎也觉得的，从此便失掉了她往常的麻木似的镇静，虽然竭力掩饰，总还是时时露出犹疑的神色来，但对我却温和得多了。

我要明告她，但我还没有敢，当决心要说的时候，看见她孩子一般的眼色，就使我只得暂且改作勉强的欢容。但是这又即刻来冷嘲我，并使我失却那冷漠的镇静。

她从此又开始了往事的温习和新的考验，逼我做出许多虚伪的温存的答案来，将温存示给她，虚伪的草稿便写在自己的心上。我的心渐被这些草稿填满了，常觉得难于呼吸。我在苦恼中常常想，说真实自然须有极大的勇气的；假如没有这勇气，而苟安于虚伪，那也便是不能开辟新的生路的人。不独不是这个，连这人也未尝有！

子君有怨色，在早晨，极冷的早晨，这是从未见过的，但也许是从我看来的怨色。我那时冷冷地气愤和暗笑了；她所磨练的思想和豁达无畏的言论，到底也还是一个空虚，而对于这空虚却并未自觉。她早已什么书也不看，已不知道人的生活的第一着是求生，向着这求生的道路，是必须携手同行，或奋身孤往的了，倘使只知道捶着一个人的衣角，那便是虽战士也难于战斗，只得一同灭亡。

我觉得新的希望就只在我们的分离；她应该决然舍去，——我也突然想到她的死，然而立刻自责，忏悔了。幸而是早晨，时间正多，我可以说我的真实。我们的新的道路的开辟，便在这一遭。

我和她闲谈，故意地引起我们的往事，提到文艺，于是涉及外国的文人，文人的作品：《诺拉》，《海的女人》①。称扬诺拉的果决……。也还是去年在会馆的破屋里讲过的那些话，但现在已经变成空虚，从我的嘴传入自己的耳中，时时疑心有一个隐形的坏孩子，在背后恶意地刻毒地学舌。

她还是点头答应着倾听，后来沉默了。我也就断续地说完了我的话，连余音都消失在虚空中了。

“是的。”她又沉默了一会，说，“但是，……涓生，我觉得你近来很两样了。可是的？你，——你老实告诉我。”

我觉得这似乎给了我当头一击，但也立即定了神，说出我的意见和主张来：新的路的开辟，新的生活的再造，为的是免得一同灭亡。

临末，我用了十分的决心，加上这几句话：

“……况且你已经可以无须顾虑，勇往直前了。你要我老实说；是的，人是不该虚伪的。我老实说罢：因为，因为我已经不爱你了！但这于你倒好得多，因为你更可以毫无挂念地做事……。”

我同时预期着大的变故的到来，然而只有沉默。她脸色陡然变成灰黄，死了似

---

① 《诺拉》：通译《娜拉》（又译作《玩偶之家》）。《海的女人》：通译《海的夫人》。都是易卜生的著名剧作。

的；瞬间便又苏生，眼里也发了稚气的闪闪的光泽。这眼光射向四处，正如孩子在饥渴中寻求着慈爱的母亲，但只在空中寻求，恐怖地回避着我的眼。

我不能看下去了，幸而是早晨，我冒着寒风径奔通俗图书馆。

在那里看见《自由之友》，我的小品文都登出了。这使我一惊，仿佛得了一点生气。我想，生活的路还很多，——但是，现在这样也还是不行的。

我开始去访问久已不相闻问的熟人，但这也不过一两次；他们的屋子自然是暖和的，我在骨髓中却觉得寒冽。夜间，便蜷伏在比冰还冷的冷屋中。

冰的针刺着我的灵魂，使我永远苦于麻木的疼痛。生活的路还很多，我也还没有忘却翅子的扇动，我想。——我突然想到她的死，然而立刻自责，忏悔了。

在通俗图书馆里往往瞥见一闪的光明，新的生路横在前面。她勇猛地觉悟了，毅然走出这冰冷的家，而且，——毫无怨恨的神色。我便轻如行云，漂浮空际，上有蔚蓝的天，下是深山大海，广厦高楼，战场，摩托车，洋场，公馆，晴明的闹市，黑暗的夜……。

而且，真的，我预感得这新生面便要来到了。

我们总算度过了极难忍受的冬天，这北京的冬天；就如蜻蜓落在恶作剧的坏孩子的手里一般，被系着细线，尽情玩弄，虐待，虽然幸而没有送掉性命，结果也还是躺在地上，只争着一个迟早之间。

写给《自由之友》的总编辑已经有三封信，这才得到回信，信封里只有两张书券[①]：两角的和三角的。我却单是催，就用了九分的邮票，一天的饥饿，又都白挨给于已一无所得的空虚了。

然而觉得要来的事，却终于来到了。

这是冬春之交的事，风已没有这么冷，我也更久地在外面徘徊；待到回家，大概已经昏黑。就在这样一个昏黑的晚上，我照常没精打采地回来，一看见寓所的门，也照常更加丧气，使脚步放得更缓。但终于走进自己的屋子里了，没有灯火；摸火柴点起来时，是异样的寂寞和空虚！

正在错愕中，官太太便到窗外来叫我出去。

“今天子君的父亲来到这里，将她接回去了。”她很简单地说。

这似乎又不是意料中的事，我便如脑后受了一击，无言地站着。

“她去了么?”过了些时，我只问出这样一句话。

“她去了。”

“她，——她可说什么?”

“没说什么。单是托我见你回来时告诉你，说她去了。”

我不信；但是屋子里是异样的寂寞和空虚。我遍看各处，寻觅子君；只见几件破旧而黯淡的家具，都显得极其清疏，在证明着它们毫无隐匿一人一物的能力。我转念寻信或她留下的字迹，也没有；只是盐和干辣椒，面粉，半株白菜，却聚集在一处了，旁边还有几十枚铜元。这是我们两人生活材料的全副，现在她就郑重地将这留给我一个人，在不言中，教我借此去维持较久的生活。

---

① 书券：购书用的代价券，可按券面金额到指定书店选购。旧时有的报刊用它代替现金支付稿酬。

我似乎被周围所排挤，奔到院子中间，有昏黑在我的周围；正屋的纸窗上映出明亮的灯光，他们正在逗着孩子推笑。我的心也沉静下来，觉得在沉重的迫压中，渐渐隐约地现出脱走的路径：深山大泽，洋场，电灯下的盛筵；壕沟，最黑最黑的深夜，利刃的一击，毫无声响的脚步……。

心地有些轻松，舒展了，想到旅费，并且嘘一口气。

躺着，在合着的眼前经过的预期的前途，不到半夜已经现尽；暗中忽然仿佛看见一堆食物，这之后，便浮出一个子君的灰黄的脸来，睁了孩子气的眼睛，恳托似的看着我。我一定神，什么也没有了。

但我的心却又觉得沉重。我为什么偏不忍耐几天，要这样急急地告诉她真话的呢？现在她知道，她以后所有的只是她父亲——儿女的债主——的烈日一般的严威和旁人的赛过冰霜的冷眼。此外便是虚空。负着虚空的重担，在严威和冷眼中走着所谓人生的路，这是怎么可怕的事呵！而况这路的尽头，又不过是——连墓碑也没有的坟墓。

我不应该将真实说给子君，我们相爱过，我应该永久奉献她我的说谎。如果真实可以宝贵，这在子君就不该是一个沉重的空虚。谎语当然也是一个空虚，然而临末，至多也不过这样地沉重。

我以为将真实说给子君，她便可以毫无顾虑，坚决地毅然前行，一如我们将要同居时那样。但这恐怕是我错误了。她当时的勇敢和无畏是因为爱。

我没有负着虚伪的重担的勇气，却将真实的重担卸给她了。她爱我之后，就要负了这重担，在严威和冷眼中走着所谓人生的路。

我想到她的死……。我看见我是一个卑怯者，应该被摈于强有力的人们，无论是真实者，虚伪者。然而她却自始至终，还希望我维持较久的生活……。

我要离开吉兆胡同，在这里是异样的空虚和寂寞。我想，只要离开这里，子君便如还在我的身边；至少，也如还在城中，有一天，将要出乎意表地访我，像住在会馆时候似的。

然而一切请托和书信，都是一无反响；我不得已，只好访问一个久不问候的世交去了。他是我伯父的幼年的同窗，以正经出名的拔贡[①]，寓京很久，交游也广阔的。

大概因为衣服的破旧罢，一登门便很遭门房的白眼。好容易才相见，也还相识，但是很冷落。我们的往事，他全都知道了。

“自然，你也不能在这里了，”他听了我托他在别处觅事之后，冷冷地说，“但那里去呢？很难。——你那，什么呢，你的朋友罢，子君，你可知道，她死了。”

我惊得没有话。

“真的？”我终于不自觉地问。

“哈哈。自然真的。我家的王升的家，就和她家同村。”

“但是，——不知道是怎么死的？”

“谁知道呢。总之是死了就是了。”

---

① 拔贡：清代科举考试制度中，在规定的年限（原定六年，后改为十二年）选拔“文行计优”的秀才，保送到京师，贡入国子监，称为“拔贡”。是贡生的一种。

我已经忘却了怎样辞别他，回到自己的寓所。我知道他是不说谎话的；子君总不会再来的了，像去年那样。她虽是想在严威和冷眼中负着虚空的重担来走所谓人生的路，也已经不能。她的命运，已经决定她在我所给予的真实——无爱的人间死灭了！

自然，我不能在这里了；但是，“那里去呢？”

四围是广大的空虚，还有死的寂静。死于无爱的人们的眼前的黑暗，我仿佛一一看见，还听得一切苦闷和绝望的挣扎的声音。

我还期待着新的东西到来，无名的，意外的。但一天一天，无非是死的寂静。

我比先前已经不大出门，只坐卧在广大的空虚里，一任这死的寂静侵蚀着我的灵魂。死的寂静有时也自己战栗，自己退藏，于是在这绝续之交，便闪出无名的，意外的，新的期待。

一天是阴沉的上午，太阳还不能从云里面挣扎出来；连空气都疲乏着。耳中听到细碎的步声和咻咻的鼻息，使我睁开眼。大致一看，屋子里还是空虚；但偶然看到地面，却盘旋着一匹小小的动物，瘦弱的，半死的，满身灰土的……。

我一细看，我的心就一停，接着便直跳起来。

那是阿随。它回来了。

我的离开吉兆胡同，也不单是为了房主人们和他家女工的冷眼，大半就为着这阿随。但是，“那里去呢？”新的生路自然还很多，我约略知道，也间或依稀看见，觉得就在我面前，然而我还没有知道跨进那里去的第一步的方法。

经过许多回的思量和比较，也还只有会馆是还能相容的地方。依然是这样的破屋，这样的板床，这样的半枯的槐树和紫藤，但那时使我希望，欢欣，爱，生活的，却全都逝去了，只有一个虚空，我用真实去换来的虚空存在。

新的生路还很多，我必须跨进去，因为我还活着。但我还不知道怎样跨出那第一步。有时，仿佛看见那生路就像一条灰白的长蛇，自己蜿蜒地向我奔来，我等着，等着，看看临近，但忽然便消失在黑暗里了。

初春的夜，还是那么长。长久的枯坐中记起上午在街头所见的葬式，前面是纸人纸马，后面是唱歌一般的哭声。我现在已经知道他们的聪明了，这是多么轻松简洁的事。

然而子君的葬式却又在我的眼前，是独自负着虚空的重担，在灰白的长路上前行，而又即刻消失在周围的严威和冷眼里了。

我愿意真有所谓鬼魂，真有所谓地狱，那么，即使在孽风怒吼之中，我也将寻觅子君，当面说出我的悔恨和悲哀，祈求她的饶恕；否则，地狱的毒焰将围绕我，猛烈地烧尽我的悔恨和悲哀。

我将在孽风和毒焰中拥抱子君，乞她宽容，或者使她快意……。

但是，这却更虚空于新的生路；现在所有的只是初春的夜，竟还是那么长。我活着，我总得向着新的生路跨出去，那第一步，——却不过是写下我的悔恨和悲哀，为子君，为自己。

我仍然只有唱歌一般的哭声，给子君送葬，葬在遗忘中。

我要遗忘；我为自己，并且要不再想到这用了遗忘给子君送葬。

我要向着新的生路跨进第一步去，我要将真实深深地藏在心的创伤中，默默地前行，用遗忘和说谎做我的前导……。

二五年十月二十一日毕。

【评析】

《伤逝》的创作与易卜生作品的传入以及当时的社会思潮有密切的关系。针对这种时代思潮，鲁迅深入地进行了探讨。1923 年 12 月 26 日，鲁迅往北京女子师范学校演讲，题目是《娜拉走后怎样》，其中阐述到经济平等是妇女解放的前提，他指出没有经济后盾的娜拉在出走后只有两条路可走——要么堕落，要么回来。

这是鲁迅唯一一篇以爱情为题材的小说。故事描写一对青年男女涓生与子君冲破封建礼教，追求恋爱自由和个性解放，最后却以悲剧告终，触目惊心地提出了一个尖锐的问题："人必生活着，爱才有所附丽。"这是鲁迅对五四时期知识分子个人奋斗出路的回答。

涓生与子君的爱情悲剧表明，个性解放、个人奋斗，对广大知识分子来说，绝不是出路。脱离群众、脱离社会的孤军奋战，结果只能是失败，只能走回头路。要争取彻底的解放，必须去寻求一条"新生的路"。

小说采取"手记"的方式，用诗一样的语言抒写了涓生的心境，寓批判于事实的缕述。有追忆中的内心独白与倾诉，也有回想里的细节点缀与刻画，具有浓郁的抒情色彩与精湛的白描技法。

【思考与练习】

1.《伤逝》中，如何通过涓生和子君的爱情悲剧揭示出深刻而丰富的时代社会内涵？

2. 简析《伤逝》的思想内涵？

3. 结合作品，具体论析《伤逝》采用"涓生手记"的形式，对于表现作品的思想蕴涵、揭示人物的内心世界有什么作用。

你是人间的四月天[①]

——一句爱的赞颂

林徽因[②]

我说你是人间的四月天；
笑音点亮了四面风；轻灵
在春的光艳中交舞着变。

你是四月早天里的云烟，
黄昏吹着风的软，星子在
无意中闪，细雨点洒在花前。

那轻，那娉婷，你是，鲜妍
百花的冠冕你戴着，你是
天真，庄严，你是夜夜的月圆。

雪化后那片鹅黄，你像；新鲜
初放芽的绿，你是；柔嫩喜悦
水光浮动着你梦期待中白莲。

你是一树一树的花开，是燕
在梁间呢喃，——你是爱，是暖，
是希望，你是人间的四月天！

【评析】

林徽因是“五四”后成长起来的中国自由主义知识分子，她学贯中西，博古通今，拥有建筑家的视野，诗人的胸怀。诗歌创作方面，作为新月诗派后期的代表诗人，她积极进行新诗格律化的艺术探索，其诗歌在音韵、排列等方面均表现出自由灵活、灵动流畅的特点。

---

① 选自林徽因著《你是爱，是暖，是希望》，时代文艺出版社 2013 年 3 月版。

② 林徽因（1904—1955），女，生于浙江杭州，建筑家、作家。胡适称其为“一代才女”，萧乾称其为“京派的灵魂”。文学著作包括散文、诗歌、小说、剧本、译文和书信等。其代表作包括诗歌《你是人间的四月天》、小说《九十九度中》、散文《窗子以外》等。

《你是人间的四月天》最早见于1934年5月《学文》一卷1期，诗歌洋溢着对爱与美的诗意信仰，体现了诗歌的建筑美、音乐美、绘画美。诗歌分五节，每节三句，句式匀称和谐，作者善于借鉴建筑艺术技巧，运用语言文字的组合，形成富有视觉美感的外在几何形态，进而开拓读者的审美境界。韵式和句式的变换令诗歌呈现出内在流动的音乐美，语言节奏与诗歌内容及诗人思想情感协调一致，使诗歌恍若生命的律动，音乐的流淌。“四月天”，“云烟”，“星子”，“细雨”，“花”，“月”等意象伴随诗人的情感构成画卷在读者面前次第展开，形成诗歌中有画的审美风貌。

林徽因的作品融合了传统与现代、东方与西方、文艺与科学，具有独特的文化品格和审美价值。

【思考与练习】

1. 分析这首诗的意象与意境。
2. 讨论这首诗的语言特色。

受　戒[1]

汪曾祺[2]

明海出家已经四年了。

他是十三岁来的。

这个地方的地名有点怪，叫庵赵庄。赵，是因为庄上大都姓赵。叫做庄，可是人家住得很分散，这里两三家，那里两三家。一出门，远远可以看到，走起来得走一会，因为没有大路，都是弯弯曲曲的田埂。庵，是因为有一个庵。庵叫苦提庵，可是大家叫讹了，叫成荸荠庵。连庵里的和尚也这样叫。“宝刹何处?”——“荸荠庵。”庵本来是住尼姑的。“和尚庙”、“尼姑庵”嘛。可是荸荠庵住的是和尚。也许因为荸荠庵不大，大者为庙，小者为庵。

明海在家叫小明子。他是从小就确定要出家的。他的家乡不叫“出家”，叫“当和尚”。他的家乡出和尚。就像有的地方出劁猪的，有的地方出织席子的，有的地方出箍桶的，有的地方出弹棉花的，有的地方出画匠，有的地方出婊子，他的家乡出和尚。人家弟兄多，就派一个出去当和尚。当和尚也要通过关系，也有帮。这地方的和尚有的走得很远。有到杭州灵隐寺的、上海静安寺的、镇江金山寺的、扬州天宁寺的。一般的就在本县的寺庙。明海家田少，老大、老二、老三，就足够种的了。他是老四。他七岁那年，他当和尚的舅舅回家，他爹、他娘就和舅舅商议，决定叫他当和尚。他当时在旁边，觉得这实在是在情在理，没有理由反对。当和尚有很多好处。一是可以吃现成饭。哪个庙里都是管饭的。二是可以攒钱。只要学会了放瑜伽焰口，拜梁皇忏，可以按例分到辛苦钱。积攒起来，将来还俗娶亲也可以；不想还俗，买几亩田也可以。当和尚也不容易，一要面如朗月，二要声如钟磬，三要聪明记性好。他舅舅给他相了相面，叫他前走几步，后走几步，又叫他喊了一声赶牛打场的号子：“格当嘚——”，说是“明子准能当个好和尚，我包了!”要当和尚，得下点本，——念几年书。哪有不认字的和尚呢！于是明子就开蒙入学，读了《三字经》《百家姓》《四言杂字》《幼学琼林》《上论、下论》《上孟、下孟》，每天还写一张仿。村里都夸他字写得好，很黑。

舅舅按照约定的日期又回了家，带了一件他自己穿的和尚领的短衫，叫明子娘改小一点，给明子穿上。明子穿了这件和尚短衫，下身还是在家穿的紫花裤子，赤脚穿了一双新布鞋，跟他爹、他娘磕了一个头，就随舅舅走了。

他上学时起了个学名，叫明海。舅舅说，不用改了。于是“明海”就从学名变

---

① 选自《汪曾祺精选集》，北京燕山出版社 2011 年版。

② 汪曾祺（1920—1997），江苏高邮人，当代作家、散文家、戏剧家，京派作家的代表人物。早年毕业于西南联大，历任中学教师、北京市文联干部、《北京文艺》编辑、北京京剧院编辑。在短篇小说创作上颇有成就。著有小说集《邂逅集》，小说《受戒》、《大淖记事》，散文集《蒲桥集》，大部分作品收录在《汪曾祺全集》中。

成了法名。

过了一个湖。好大一个湖！穿过一个县城。县城真热闹：官盐店，税务局，肉铺里挂着成边的猪，一个驴子在磨芝麻，满街都是小磨香油的香味，布店，卖茉莉粉、梳头油的什么斋，卖绒花的，卖丝线的，打把式卖膏药的，吹糖人的，耍蛇的，……他什么都想看看。舅舅一劲地推他："快走！快走！"

到了一个河边，有一只船在等着他们。船上有一个五十来岁的瘦长瘦长的大伯，船头蹲着一个跟明子差不多大的女孩子，在剥一个莲蓬吃。明子和舅舅坐到舱里，船就开了。明子听见有人跟他说话，是那个女孩子。

"是你要到荸荠庵当和尚吗？"

明子点点头。

"当和尚要烧戒疤呕！你不怕？"

明子不知道怎么回答，就含含糊糊地摇了摇头。

"你叫什么？"

"明海。"

"在家的时候？"

"叫明子。"

"明子！我叫小英子！我们是邻居。我家挨着荸荠庵。——给你！"

小英子把吃剩的半个莲蓬扔给明海，小明子就剥开莲蓬壳，一颗一颗吃起来。

大伯一桨一桨地划着，只听见船桨拨水的声音："哗——许！哗——许！"

……

荸荠庵的地势很好，在一片高地上。这一带就数这片地势高，当初建庵的人很会选地方。门前是一条河。门外是一片很大的打谷场。三面都是高大的柳树。山门里是一个穿堂。迎门供着弥勒佛。不知是哪一位名士撰写了一副对联：

大肚能容容天下难容之事
开颜一笑笑世间可笑之人

弥勒佛背后，是韦驮。过穿堂，是一个不小的天井，种着两棵白果树。天井两边各有三间厢房。走过天井，便是大殿，供着三世佛。佛像连龛才四尺来高。大殿东边是方丈，西边是库房。大殿东侧，有一个小小的六角门，白门绿字，刻着一副对联：

一花一世界
三藐三菩提

进门有一个狭长的天井，几块假山石，几盆花，有三间小房。

小和尚的日子清闲得很。一早起来，开山门，扫地。庵里的地铺的都是箩底方砖，好扫得很，给弥勒佛、韦驮烧一炷香，正殿的三世佛面前也烧一炷香、磕三个头、念三声"南无阿弥陀佛"，敲三声磬。这庵里的和尚不兴做什么早课、晚课，明子这三声磬就全都代替了。然后，挑水，喂猪。然后，等当家和尚，即明子的舅舅起来，教他念经。

教念经也跟教书一样，师父面前一本经，徒弟面前一本经，师父唱一句，徒弟跟着唱一句。是唱哎。舅舅一边唱，一边还用手在桌上拍板。一板一眼，拍得很响，就跟教唱戏一样。是跟教唱戏一样，完全一样哎。连用的名词都一样。舅舅说，念经：一要板眼准，二要合工尺。说：当一个好和尚，得有条好嗓子。说：民国二十年闹大水，运河倒了堤，最后在清水潭合龙，因为大水淹死的人很多，放了一台大焰口，十三大师——十三个正座和尚，各大庙的方丈都来了，下面的和尚上百。谁当这个首座？推来推去，还是石桥——善因寺的方丈！他往上一坐，就跟地藏王菩萨一样，这就不用说了；那一声“开香赞”，围看的上千人立时鸦雀无声。说：嗓子要练，夏练三伏，冬练三九，要练丹田气！说：要吃得苦中苦，方为人上人！说：和尚里也有状元、榜眼、探花！要用心，不要贪玩！舅舅这一番大法要说得明海和尚实在是五体投地，于是就一板一眼地跟着舅舅唱起来：

“炉香乍爇——”
“炉香乍爇——”
“法界蒙薰——”
“法界蒙薰——”
“诸佛现金身……”
“诸佛现金身……”
……

等明海学完了早经，——他晚上临睡前还要学一段，叫做晚经，——荸荠庵的师父们就都陆续起床了。

这庵里人口简单，一共六个人。连明海在内，五个和尚。有一个老和尚，六十几了，是舅舅的师叔，法名普照，但是知道的人很少，因为很少人叫他法名，都称之为老和尚或老师父，明海叫他师爷爷。这是个很枯寂的人，一天关在房里，就是那“一花一世界”里。也看不见他念佛，只是那么一声不响地坐着。他是吃斋的，过年时除外。

下面就是师兄弟三个，仁字排行：仁山、仁海、仁渡。庵里庵外，有的称他们为大师父、二师父；有的称之为山师父、海师父。只有仁渡，没有叫他“渡师父”的，因为听起来不像话，大都直呼之为仁渡。他也只配如此，因为他还年轻，才二十多岁。仁山，即明子的舅舅，是当家的。不叫“方丈”，也不叫“住持”，却叫“当家的”，是很有道理的，因为他确确实实干的是当家的职务。他屋里摆的是一张账桌，桌子上放的是账簿和算盘。账簿共有三本。一本是经账，一本是租账，一本是债账。和尚要做法事，做法事要收钱，——要不，当和尚干什么？常做的法事是放焰口。正规的焰口是十个人。一个正座，一个敲鼓的，两边一边四个。人少了，八个，一边三个，也凑合了。荸荠庵只有四个和尚，要放整焰口就得和别的庙里合伙。这样的时候也有过，通常只是放半台焰口。一个正座，一个敲鼓，另外一边一个。一来找别的庙里合伙费事；二来这一带放得起整焰口的人家也不多。有的时候，谁家死了人，就只请两个，甚至一个和尚咕噜咕噜念一通经，敲打几声法器就算完事。很多人家的经钱不是当时就给，往往要等秋后才还。这就得记账。另外，和尚放焰口的辛苦钱不是一样的。就像唱戏一样，有份子。正座第一份。因为他要领唱，而且还要独唱。当中有一大段“叹骷髅”，别的和尚都放下法器休息，只有首座一个人有板有眼地曼声吟唱。第二份是敲鼓的。你以为这容易呀？哼，单是一开头的“发擂”，手上没功夫就敲不出迟疾顿挫！其余的，就一样了。这也得记上：某月某日、谁家焰口半台，谁正座，谁敲鼓……省得到年底结账时赌咒骂娘。……这庵里有几十亩庙产，租给人种，到时候要收租。庵里还放债。租、债一向倒很少亏欠，因为租佃借钱的人怕菩萨不高兴。这三本账就够仁山忙的了。另外香烛、灯火、油盐“福食”，这也得随时记记账呀。除了账簿之外，山师父的方丈的墙上还挂着一块水牌，上漆四个红字：“勤笔免思。”

仁山所说当一个好和尚的三个条件，他自己其实一条也不具备。他的相貌只要用两个字就说清楚了：黄，胖。声音也不像钟磬，倒像母猪。聪明么？难说，打牌老输。他在庵里从不穿袈裟，连海青直裰也免了。经常是披着件短僧衣，袒露着一个黄色的肚子。下面是光脚趿拉着一对僧鞋，——新鞋他也是趿拉着。他一天就是这样不衫不履地这里走走，那里走走，发出母猪一样的声音：“哞——哞——。”

二师父仁海。他是有老婆的。他老婆每年夏秋之间来住几个月，因为庵里凉快。庵里有六个人，其中之一，就是这位和尚的家眷。仁山、仁渡叫她嫂子，明海叫她师娘。这两口子都很爱干净，整天地洗涮。傍晚的时候，坐在天井里乘凉。白天，闷在屋里不出来。

三师父是个很聪明精干的人。有时一笔账大师兄扒了半天算盘也算不清，他眼珠子转两转，早算得一清二楚。他打牌赢的时候多，二三十张牌落地，上下家手里有些什么牌，他就差不多都知道了。他打牌时，总有人爱在他后面看歪头胡。谁家约他打牌，就说“想送两个钱给你。”他不但经忏俱通（小庙的和尚能够拜忏的不多），而且身怀绝技，会“飞铙”。七月间有些地方做盂兰会，在旷地上放大焰口，几十个和尚，穿绣花袈裟，飞铙。飞铙就是把十多斤重的大铙钹飞起来。到了一定的时候，全部法器皆停，只几十副大铙紧张急促地敲起来。忽然起手，大铙向半空中飞去，一面飞，一面旋转。然后，又落下来，接住。接住不是平平常常地接住，有各种架势，“犀牛望月”、“苏秦背剑”……这哪是念经，这是耍杂技。也许是地藏王菩萨爱看这个，但真正因此快乐起来的是人，尤其是妇女和孩子。这是年轻漂亮的和尚出风头的机会。一场大焰口过后，也像一个好戏班子过后一样，会有一个两个大姑娘、小媳妇失踪，——跟和尚跑了。他还会放“花焰口”。有的人家，亲戚中多风流子弟，在不是很哀伤的佛事——如做冥寿时，就会提出放花焰口。所谓“花焰口”就是在正焰口之后，叫和尚唱小调，拉丝弦，吹管笛，敲鼓板，而且可以点唱。仁渡一个人可以唱一夜不重头。仁渡前几年一直在外面，近二年才常住在庵里。据说他有相好的，而且不止一个。他平常可是很规矩，看到姑娘媳妇总是老老实实的，连一句玩笑话都不说，一句小调山歌都不唱。有一回，在打谷场上乘凉的时候，一伙人把他围起来，非叫他唱两个不可。他却情不过，说：“好，唱一个。不唱家乡的。家乡的你们都熟，唱个安徽的。”

姐和小郎打大麦，
一转子讲得听不得。
听不得就听不得，
打完了大麦打小麦。

唱完了，大家还嫌不够，他就又唱了一个：

姐儿生得漂漂的，
两个奶子翘翘的。
有心上去摸一把，
心里有点跳跳的。
……

这个庵里无所谓清规，连这两个字也没人提起。

仁山吃水烟，连出门做法事也带着他的水烟袋。

他们经常打牌。这是个打牌的好地方。把大殿上吃饭的方桌往门口一搭，斜放着，就是牌桌。桌子一放好，仁山就从他的方丈里把筹码拿出来，哗啦一声倒在桌上。斗纸牌的时候多，搓麻将的时候少。牌客除了师兄弟三人，常来的是一个收鸭毛的，一个打兔子兼偷鸡的，都是正经人。收鸭毛的担一副竹筐，串乡串镇，拉长了沙哑的声音喊叫：

"鸭毛卖钱——！"

偷鸡的有一件家什——铜蜻蜓。看准了一只老母鸡，把铜蜻蜓一丢，鸡婆子上去就是一口。这一啄，铜蜻蜓的硬簧绷开，鸡嘴撑住了，叫不出来了。正在这鸡十分纳闷的时候，上去一把薅住。

明子曾经跟这位正经人要过铜蜻蜓看看。他拿到小英子家门前试了一试，果然！小英的娘知道了，骂明子："要死了！儿子！你怎么到我家来玩铜蜻蜓了！"小英子跑过来："给我！给我！"

她也试了试，真灵，一个黑母鸡一下子就把嘴撑住，傻了眼了！

下雨阴天，这二位就光临荸荠庵，消磨一天。

有时没有外客，就把老师叔也拉出来，打牌的结局，大都是当家和尚气得鼓鼓的："×妈妈的！又输了！下回不来了！"

他们吃肉不瞒人。年下也杀猪。杀猪就在大殿上。一切都和在家人一样，开水、木桶、尖刀。捆猪的时候，猪也是没命地叫。跟在家人不同的，是多一道仪式，要给即将升天的猪念一道"往生咒"，并且总是老师叔念，神情很庄重：

"……一切胎生、卵生、息生，来从虚空来，还归虚空去。往生再世，皆大欢喜。南无阿弥陀佛！"

三师父仁渡一刀子下去，鲜红的猪血就带着很多沫子喷出来。

……

明子老往小英子家里跑。

小英子的家像一个小岛，三面都是河，西面有一条小路通到荸荠庵。独门独户，岛上只有这一家。岛上有六棵大桑树，夏天都结大桑椹，三棵结白的，三棵结紫的；一个菜园子，瓜豆蔬菜，四时不缺。院墙下半截是砖砌的，上半截是泥夯的。大门是桐油油过的，贴着一副万年红的春联：

向阳门第春常在
积善人家庆有余

门里是一个很宽的院子。院子里一边是牛屋、碓棚；一边是猪圈、鸡窠，还有个关鸭子的栅栏。露天地放着一具石磨。正北面是住房，也是砖基土筑，上面盖的一半是瓦，一半是草。房子翻修了才三年，木料还露着白茬。正中是堂屋，家神菩萨的画像上贴的金还没有发黑。两边是卧房。隔扇窗上各嵌了一块一尺见方的玻璃，明亮亮的，——这在乡下是不多见的。房檐下一边种着一棵石榴树，一边种着一棵栀子花，都齐房檐高了。夏天开了花，一红一白，好看得很。栀子花香得冲鼻子。顺风的时候，在荸荠庵都闻得见。

这家人口不多，他家当然是姓赵。一共四口人：赵大伯、赵大妈，两个女儿，大英子、小英子。老两口没得儿子。因为这些年人不得病，牛不生灾，也没有大旱大水闹蝗虫，日子过得很兴旺。他们家自己有田，本来够吃的了，又租种了庵上的十亩田。自己的田里，一亩种了荸荠，——这一半是小英子的主意，她爱吃荸荠，一亩种了茨菇。家里喂了一大群鸡鸭，单是鸡蛋鸭毛就够一年的油盐了。赵大伯是个能干人。他是一个“全把式”，不但田里场上样样精通，还会罩鱼、洗磨、凿砻、修水车、修船、砌墙、烧砖、箍桶、劈篾、绞麻绳。他不咳嗽，不腰疼，结结实实，像一棵榆树。人很和气，一天不声不响。赵大伯是一棵摇钱树，赵大娘就是个聚宝盆。大娘精神得出奇。五十岁了，两个眼睛还是清亮亮的。不论什么时候，头都是梳得滑溜溜的，身上衣服都是格挣挣的。像老头子一样，她一天不闲着。煮猪食，喂猪，腌咸菜，——她腌的咸萝卜干非常好吃，舂粉子，磨小豆腐，编蓑衣，织芦篚。她还会剪花样子。这里嫁闺女，陪嫁妆，磁坛子、锡罐子，都要用梅红纸剪出吉祥花样，贴在上面，讨个吉利，也才好看：“丹凤朝阳”呀、“白头到老”呀、“子孙万代”呀、“福寿绵长”呀。二三十里的人家都来请她：“大娘，好日子是十六，你哪天去呀？”——“十五，我一大清早就来！”“一定呀！”——“一定！一定！”

两个女儿，长得跟她娘像一个模子里托出来的。眼睛长得尤其像，白眼珠鸭蛋青，黑眼珠棋子黑，定神时如清水，闪动时像星星。浑身上下，头是头，脚是脚。头发滑溜溜的，衣服格挣挣的。——这里的风俗，十五六岁的姑娘就都梳上头了。这两个丫头，这一头的好头发！通红的发根，雪白的簪子！娘女三个去赶集，一集的人都朝她们望。

姐妹俩长得很像，性格不同。大姑娘很文静，话很少，像父亲。小英子比她娘还会说，一天咭咭呱呱地不停。大姐说："你一天到晚咭咭呱呱——"

"像个喜鹊！"

"你自己说的！——吵得人心乱！"

"心乱？"

"心乱！"

"你心乱怪我呀！"

二姑娘话里有话。大英子已经有了人家。小人她偷偷地看过，人很敦厚，也不难看，家道也殷实，她满意。已经下过小定，日子还没有定下来。她这二年，很少出房门，整天赶她的嫁妆。大裁大剪，她都会。挑花绣花，不如娘。她可又嫌娘出的样子太老了。她到城里看过新娘子，说人家现在绣的都是活花活草。这可把娘难住了。最后是喜鹊忽然一拍屁股："我给你保举一个人！"

这人是谁？是明子。明子念"上孟下孟"的时候，不知怎么得了半套《芥子园》，他喜欢得很。到了荸荠庵，他还常翻出来看，有时还把旧账簿子翻过来，照着描。小英子说："他会画！画得跟活的一样！"

小英子把明海请到家里来，给他磨墨铺纸，小和尚画了几张，大英子喜欢得了不得："就是这样！就是这样！这就可以乱孱！"——所谓"乱孱"是绣花的一种针法：绣了第一层，第二层的针脚插进第一层的针缝，这样颜色就可由深到淡，不露痕迹，不像娘那一代绣的花是平针，深浅之间，界限分明，一道一道的。小英子就像个书童，又像个参谋："画一朵石榴花！"

"画一朵栀子花！"

她把花掐来，明海就照着画。

到后来，凤仙花、石竹子、水蓼、淡竹叶，天竺果子、腊梅花，他都能画。

大娘看着也喜欢，搂住明海的和尚头："你真聪明！你给我当一个干儿子吧！"

小英子捺住他的肩膀，说："快叫！快叫！"

小明子跪在地下磕了一个头，从此就叫小英子的娘做干娘。

大英子绣的三双鞋，三十里方圆都传遍了。很多姑娘都走路坐船来看。看完了，就说："啧啧啧，真好看！这哪是绣的，这是一朵鲜花！"她们就拿了纸来央大娘求了小和尚来画。有求画帐檐的，有求画门帘飘带的，有求画鞋头花的。每回明子来画花，小英子就给他做点好吃的，煮两个鸡蛋，蒸一碗芋头，煎几个藕团子。

因为照顾姐姐赶嫁妆，田里的零碎生活小英子就全包了。她的帮手，是明子。

这地方的忙活是栽秧、车高田水、薅头遍草，再就是割稻子、打场了。这几茬重活，自己一家是忙不过来的。这地方兴换工。排好了日期，几家顾一家，轮流转。不收工钱，但是吃好的。一天吃六顿，两头见肉，顿顿有酒。干活时，敲着锣鼓，唱着歌，热闹得很。其余的时候，各顾各，不显得紧张。

薅三遍草的时候，秧已经很高了，低下头看不见人。一听见非常脆亮的嗓子在一片浓绿里唱：

栀子哎开花哎六瓣头哎……

姐家哎门前哎一道桥哎……

明海就知道小英子在哪里，三步两步就赶到，赶到就低头薅起草来，傍晚牵牛“打汪”，是明子的事。——水牛怕蚊子。这里的习惯，牛卸了轭，饮了水，就牵到一口和好泥水的“汪”里，由它自己打滚扑腾，弄得全身都是泥浆，这样蚊子就咬不通了。低田上水，只要一挂十四轧的水车，两个人车半天就够了。明子和小英子就伏在车杠上，不紧不慢地踩着车轴上的拐子，轻轻地唱着明海向三师父学来的各处山歌。打场的时候，明子能替赵大伯一会儿，让他回家吃饭。——赵家自己没有场，每年都在荸荠庵外面的场上打谷子。他一扬鞭子，喊起了打场号子：

“格当嘚——”

这打场号子有音无字，可是九转十三弯，比什么山歌号子都好听。赵大娘在家，听见明子的号子，就侧起耳朵：“这孩子这条嗓子！”

连大英子也停下针线：“真好听！”

小英子非常骄傲地说：“一十三省数第一！”

晚上，他们一起看场。——荸荠庵收来的租稻也晒在场上。他们并肩坐在一个石磙子上，听青蛙打鼓，听寒蛇唱歌，——这个地方以为蝼蛄叫是蚯蚓叫，而且叫蚯蚓叫“寒蛇”，听纺纱婆子不停地纺纱，“咝——”，看萤火虫飞来飞去，看天上的流星。

“呀！我忘了在裤带上打一个结！”小英子说。

这里的人相信，在流星掉下来的时候在裤带上打一个结，心里想什么好事，就能如愿。

……

“捱”荸荠，这是小英子最爱干的生活。秋天过去了，地净场光，荸荠的叶子枯了，——荸荠的笔直的小葱一样的圆叶子里是一格一格的，用手一捋，哔哔地响，小英子最爱捋着玩，——荸荠藏在烂泥里。赤了脚，在凉浸浸滑滑溜的泥里踩着，——哎，一个硬疙瘩！伸手下去，一个红紫红紫的荸荠。她自己爱干这生活，还拉了明子一起去。她老是故意用自己的光脚去踩明子的脚。

她挎着一篮子荸荠回去了，在柔软的田埂上留了一串脚印。明海看着她的脚印，傻了。五个小小的趾头，脚掌平平的，脚跟细细的，脚弓部分缺了一块。明海身上有一种从来没有过的感觉，他觉得心里痒痒的。这一串美丽的脚印把小和尚的心搞乱了。

……

明子常搭赵家的船进城，给庵里买香烛，买油盐。闲时是赵大伯划船；忙时是小英子去，划船的是明子。

从庵赵庄到县城，当中要经过一片很大的芦花荡子。芦苇长得密密的，当中一条水路，四边不见人。划到这里，明子总是无端端地觉得心里很紧张，他就使劲地划桨。

小英子喊起来：

“明子！明子！你怎么啦？你发疯啦？为什么划得这么快？”

……

明海到善因寺去受戒。

"你真的要去烧戒疤呀?"

"真的。"

"好好的头皮上烧十二个洞，那不疼死啦?"

"咬咬牙。舅舅说这是当和尚的一大关，总要过的。"

"不受戒不行吗?"

"不受戒的是野和尚。"

"受了戒有啥好处?"

"受了戒就可以到处云游，逢寺挂褡。"

"什么叫'挂褡'?"

"就是在庙里住。有斋就吃。"

"不把钱?"

"不把钱。有法事，还得先尽外来的师父。"

"怪不得都说'远来的和尚会念经'。就凭头上这几个戒疤?"

"还要有一份戒牒。"

"闹半天，受戒就是领一张和尚的合格文凭呀!"

"就是!"

"我划船送你去。"

"好。"

小英子早早就把船划到荸荠庵门前。不知是什么道理，她兴奋得很。她充满了好奇心，想去看看善因寺这座大庙，看看受戒是个啥样子。

善因寺是全县第一大庙，在东门外，面临一条水很深的护城河，三面都是大树，寺在树林子里，远处只能隐隐约约看到一点金碧辉煌的屋顶，不知道有多大。树上到处挂着"谨防恶犬"的牌子。这寺里的狗出名的厉害。平常不大有人进去。放戒期间，任人游看，恶狗都锁起来了。

好大一座庙！庙门的门坎比小英子的肐膝都高。迎门矗着两块大牌，一边一块，一块写着斗大两个大字："放戒"，一块是："禁止喧哗"。这庙里果然是气象庄严，到了这里谁也不敢大声咳嗽。明海自去报名办事，小英子就到处看看。好家伙，这哼哈二将、四大天王，有三丈多高，都是簇新的，才装修了不久。天井有二亩地大，铺着青石，种着苍松翠柏。"大雄宝殿"，这才真是个"大殿"！一进去，凉飕飕的。到处都是金光耀眼。释迦牟尼佛坐在一个莲花座上，单是莲座，就比小英子还高。抬起头来也看不全他的脸，只看到一个微微闭着的嘴唇和胖墩墩的下巴。两边的两根大红蜡烛，一搂多粗。佛像前的大供桌上供着鲜花、绒花、绢花，还有珊瑚树，玉如意、整根的大象牙。香炉里烧着檀香。小英子出了庙，闻着自己的衣服都是香的。挂了好些幡。这些幡不知是什么缎子的，那么厚重，绣的花真细。这么大一口磬，里头能装五担水！这么大一个木鱼，有一头牛大，漆得通红的。她又去转了转罗汉堂，爬到千佛楼上看了看。真有一千个小佛！她还跟着一些人去看了看藏经楼。藏经楼没有什么看头，都是经书！妈吔！逛了这么一圈，腿都酸了。小英子想起还要给家里打油，替姐姐配丝线，给娘买鞋面布，给自己买两个坠围裙飘带的银蝴蝶，给爹买旱烟，就出庙了。

等把事情办齐，晌午了。她又到庙里看了看，和尚正在吃粥。好大一个“膳堂”，坐得下八百个和尚。吃粥也有这样多讲究：正面法座上摆着两个锡胆瓶，里面插着红绒花，后面盘膝坐着一个穿了大红满金绣袈裟的和尚，手里拿了戒尺。这戒尺是要打人的。哪个和尚吃粥吃出了声音，他下来就是一戒尺。不过他并不真的打人，只是做个样子。真稀奇，那么多的和尚吃粥，竟然不出一点声音！他看见明子也坐在里面，想跟他打个招呼又不好打。想了想，管他禁止不禁止喧哗，就大声喊了一句：“我走啦！”她看见明子目不斜视地微微点了点头，就不管很多人都朝自己看，大摇大摆地走了。

第四天一大清早小英子就去看明子。她知道明子受戒是第三天半夜，——烧戒疤是不许人看的。她知道要请老剃头师傅剃头，要剃得横摸顺摸都摸不出头发茬子，要不然一烧，就会“走”了戒，烧成了一片。她知道是用枣泥子先点在头皮上，然后用香头子点着。她知道烧了戒疤就喝一碗蘑菇汤，让它“发”，还不能躺下，要不停地走动，叫做“散戒”。这些都是明子告诉她的。明子是听舅舅说的。

她一看，和尚真在那里“散戒”，在城墙根底下的荒地里。

一个一个，穿了新海青，光光的头皮上都有十二个黑点子。——这黑疤掉了，才会露出白白的、圆圆的“戒疤”。和尚都笑嘻嘻的，好像很高兴。她一眼就看见了明子。隔着一条护城河，就喊他：

“明子！”

“小英子！”

“你受了戒啦？”

“受了。”

“疼吗？”

“疼。”

“现在还疼吗？”

“现在疼过去了。”

“你哪天回去？”

“后天。”

“上午？下午？”

“下午。”

“我来接你！”

“好！”

……

小英子把明海接上船。

小英子这天穿了一件细白夏布上衣，下边是黑洋纱的裤子，赤脚穿了一双龙须草的细草鞋，头上一边插着一朵栀子花，一边插着一朵石榴花。她看见明子穿了新海青，里面露出短褂子的白领子，就说：“把你那外面的一件脱了，你不热呀！”

他们一人一把桨。小英子在中舱，明子扳艄，在船尾。

她一路问了明子很多话，好像一年没有看见了。

她问，烧戒疤的时候，有人哭吗？喊吗？

明子说，没有人哭，只是不住地念佛。有个山东和尚骂人：“俺日你奶奶！俺不烧了！”

她问善因寺的方丈石桥是相貌和声音都很出众吗？“是的。”

“说他的方丈比小姐的绣房还讲究？”

“讲究。什么东西都是绣花的。”

“他屋里很香？”

“很香。他烧的是伽楠香，贵得很。”

“听说他会做诗，会画画，会写字？”

“会。庙里走廊两头的砖额上，都刻着他写的大字。”

“他是有个小老婆吗？”

“有一个。”

“才十九岁？”

“听说。”

“好看吗？”

“都说好看。”

“你没看见？”

“我怎么会看见？我关在庙里。”

明子告诉她，善因寺一个老和尚告诉他，寺里有意选他当沙弥尾，不过还没有定，要等主事的和尚商议。

“什么叫‘沙弥尾’？”

“放一堂戒，要选出一个沙弥头，一个沙弥尾。沙弥头要老成，要会念很多经。沙弥尾要年轻，聪明，相貌好。”

“当了沙弥尾跟别的和尚有什么不同？”

“沙弥头，沙弥尾，将来都能当方丈。现在的方丈退居了，就当。石桥原来就是沙弥尾。”

“你当沙弥尾吗？”

“还不一定呐。”

“你当方丈，管善因寺？管这么大一个庙?!”

“还早呐！”

划了一气，小英子说：“你不要当方丈！”

“好，不当。”

“你也不要当沙弥尾！”

“好，不当。”

又划了一气，看见那一片芦花荡子了。

小英子忽然把桨放下，走到船尾，趴在明子的耳朵旁边，小声地说：

“我给你当老婆，你要不要？”

明子眼睛鼓得大大的。

“你说话呀！”

明子说：“嗯。”

“什么叫‘嗯’呀！要不要，要不要?”

明子大声地说：“要!”

“你喊什么!”

明子小小声说：“要——!”

“快点划!”

英子跳到中舱，两只桨飞快地划起来，划进了芦花荡。芦花才吐新穗。紫灰色的芦穗，发着银光，软软的，滑溜溜的，像一串丝线。有的地方结了蒲棒，通红的，像一枝一枝小蜡烛。青浮萍，紫浮萍。长脚蚊子，水蜘蛛。野菱角开着四瓣的小白花。惊起一只青桩（一种水鸟)，擦着芦穗，扑鲁鲁鲁飞远了。

……

一九八〇年八月十二日，写四十三年前的一个梦。

【评析】

汪曾祺是一位独具风格的短篇小说家。其作品产量不多，但却有着非同一般的人物形象、虚实相间的情节、超凡脱俗的艺术氛围。这些共同形成了一种与众不同的“汪氏”叙事风格。《受戒》就是其中最有影响力的一篇。

小说以“一九八〇年八月十二日，写四十三年前的一个梦”结尾，给小说如诗如画的艺术氛围作以交代。四十三年前，即1937年，作者正值青春年华，对爱情、对人生的美妙充满梦境一样的憧憬和幻想。小说的情节便在这世外桃源般的梦境中展开。

在小说的前半部分，作者以漫画的手笔勾勒了荸荠庵的种种“错位”现象：和尚们杀生、吃肉、喝酒、赌博、唱小曲、养女人……这里的佛门不再是庄重和严肃的符号，而是一片自由恣肆的乐土。住在这里的佛门子弟大胆跨越条条清规戒律，肆无忌惮地追求着人生简单而又原始的乐趣。宽容的环境再加上明子的天性，为明子受戒破戒的相悖做了铺垫。

苏北农村富庶美丽、民风朴实，乡民们安宁向善，开明灵动。他们尽情地享受着生命的美好。作者多次在他的作品中描述他的家乡的多水、丰足、安宁、和谐，《受戒》同样发生在“我们这里”。女主人公小英子的父母赵大伯和赵大娘过着自给自足的闲适农家生活，他们忙碌而快乐着。快乐源于他们对人生超脱世俗的理解——简单不苛求，自由自在，尽力而为，小富即安。在小英子一家身上，作者寄予自己“桃花源”似的生活理想——恬淡、清雅、闲逸，不被别人束缚更不能被自己束缚。

这样一种古朴、醇厚的民风酿就了小英子开朗乐观、率真无拘的性格，也形成了她通透、超功利、随性的爱情观。

爱情是个大俗大雅的事，作者在处理这个题材的时候，从容、坦荡地表现了两个主人公既有两情相悦，又有性的吸引。尤其对明子，细腻地表现他由懵懂到成熟的过程。在明子受戒返回的路上，小英子大胆示爱，明子恍然顿悟，两个人飞快地把船划到芦苇荡，明子顶着还没有结痂的戒疤破戒，这是人性的胜利和辉煌。

在“文革”阴霾还未散去的20世纪80年代初，作者大胆表现人性美，为人性解放摇旗呐喊，真切地表现出一个儒家知识分子的悲天悯人情怀。

小说采取散文化的写法。在结构上，作家不求严谨而求自然，把人物、事件从容地还原成生活本来的样子，松松散散，娓娓道来；在语言上，则既追求生活口语的鲜活，又讲究文学语言的精妙简雅，有大自然的野性灵气，却无雕琢的心机，达到了情趣美的极致。

【思考与练习】

1. 结尾一段景物描写有何象征意义？
2. 谈谈你对汪氏小说“散文化结构”的理解？
3. 课外阅读汪曾祺的作品，理解其为何被称为“中国最后一个士大夫”。

【拓展阅读】

汪曾祺谈创作

■“我大概是一个中国式的抒情的人道主义者。我的人道主义不带任何理论色彩，很朴素，就是对人的关心，对人的尊重和欣赏。”

■“四十多年前的事，我是用一个八十年代的人的感情来写的，《受戒》的产生，是我这样一个八十年代的中国人的各种感情的一个总和。我要写，我一定要把他写得很美，很健康，很有诗意；美、人性，是任何时候都需要的。”

■“我写《受戒》主要是说明人是不能受压抑的，反而应当发掘人身上美的、诗意的东西，肯定人的价值，我写了人性的解放。”

■“我以为风俗是一个民族集体创作的生活抒情诗。我的小说里有些风俗画成分，是很自然的。但是不能为写风俗而写风俗。作为小说，写风俗是为了写人。”

萧峰之死[①]

金　庸[②]

萧峰道："陛下已是我两个兄弟的俘虏，照咱们契丹人的规矩，陛下须得以彩物自赎才是。"耶律洪基眉头微皱，问道："要什么？"萧峰道："微臣斗胆代两个兄弟开口，要陛下金口一诺。"耶律洪基哈哈一笑，说道："普天之下，我当真拿不出的物事却也不多，你尽管狮子大开口便了。"

萧峰朗声道："是要陛下答允立即退兵，终陛下一生，不许辽军一兵一卒越过宋辽疆界。"

段誉登时大喜，心想："辽军不逾宋辽边界，便不能插翅来犯我大理了。"忙道："正是，你答应了这句话，我们立即放你回去。"转念一想："擒到辽帝，二哥出力比我更多，却不知他有何求？"向虚竹道："二哥，你要契丹皇帝什么东西赎身？"虚竹摇了摇头，道："我也只要这一句话。"

耶律洪基脸色甚是阴森，沉声道："你们胆敢胁迫于我？我若不允呢？"

萧峰朗声道："那么臣便和陛下同归于尽。咱二人当年结义，也曾有过但愿同年同月同日死的誓言。"

耶律洪基一凛，寻思："这萧峰是个天不怕、地不怕的亡命之徒，向来说话一是一，二是二，我若不答允，只怕要真的向我出手冒犯。死于这莽夫之手，可大大的不值得。"哈哈一笑，朗声道："以我耶律洪基一命，换得宋辽两国数十年平安。好兄弟，你可把我的性命瞧得挺重哪！"

萧峰道："陛下乃大辽之主。普天之下，岂有比陛下更贵重的？"

耶律洪基又是一笑，道："如此说来，当年女真人向我要黄金五百两、白银五千两、骏马三百匹，眼界忒也浅了？"萧峰略一躬身，不再答话。

耶律洪基回过头来，见手下将士最近的也在百步之外，无论如何不能救自己脱险，权衡轻重，世上更无比性命更贵重的事物，当即从箭壶中抽出一枝雕翎狼牙箭，双手一弯，啪的一声，折为两段，投在地下，说道："答允你了。"

萧峰躬身道："多谢陛下。"

耶律洪基转过头来，举步欲行，却见虚竹和段誉四目炯炯地望着自己，并无让路之意，回头再向萧峰瞧去，见他也默不作声，登时会意，知他三人是怕自己食言，当

---

① 选自金庸的武侠小说《天龙八部》，广州出版社 2008 年版。

② 金庸（1924—），本名查良镛，浙江海宁人，当代著名作家、社会评论家、企业家、新闻学家，1959 年在香港创办《明报》机构，出版报纸、杂志及书籍，1993 年退休。先后创作了"飞雪连天射白鹿，笑书神侠倚碧鸳"及《越女剑》15 部脍炙人口的武侠小说，成为新武侠小说的集大成者。其作品脍炙人口，被改编成影视剧、游戏、漫画等产品，并兴起海内外金学研究风气。"天龙八部"本为佛教用语，包括八种神道怪物，作者以此为名，含义深刻，旨在象征大千世界之中形形色色的人物。小说中出现的各种人物性格独特、明显且各有奇遇。但这些高人一等的另类人，却也承受着与平凡人一样的欢喜与悲苦，无法逃脱。

即拔出宝刀，高举过顶，大声说道：“大辽三军听令。”

辽军中鼓声擂起，一通鼓罢，立时止歇。

耶律洪基朗声道：“大军北归，南征之举作罢。”他顿了一顿，又大声叫道：“于我一生之中，不许我大辽国一兵一卒，侵犯大宋边界。”说罢，宝刀一落，辽军中又擂起鼓来。

萧峰右手拾起地下断箭，高高举起，运足内力，大声说道：“我是辽国南院大王萧峰，奉陛下圣旨宣示：陛下恩德天高地厚，折箭为誓，下旨终生不准大辽国一兵一卒侵犯大宋边界。”他内力充沛，这一下提声宣示，关上关下十余万兵将尽皆听闻。他见耶律洪基并无不同言语，便躬身道：“恭送陛下回阵。”

虚竹和段誉往两旁一让，绕到萧峰身后。

耶律洪基又惊又喜，又是羞惭，虽急欲身离险境，却不愿在萧峰和辽军之前示弱，当下强自镇静，缓步走回阵去。

辽军中数十名亲兵飞骑驰出，抢来迎接。耶律洪基初时脚步尚缓，但禁不住越走越快，只觉双腿无力，几欲跌倒，双手发颤，额头汗水更是涔涔而下。待得侍卫驰到身前，滚鞍下马而将坐骑牵到他身前，耶律洪基已全身发软，左脚踏上脚蹬，却翻不上鞍去。两名侍卫扶住他后腰和臀部，用力一托，耶律洪基这才上马。

众辽兵见皇帝无恙归来，大声欢呼：“万岁，万岁，万万岁！”

这时雁门关上的宋军、关下的群豪听到辽帝下令退兵，并说终他一生不许辽军一兵一卒犯界，也是欢声雷动。众人均知契丹人虽然凶残好杀，但向来极为守信，与大宋之间有何交往，极少背约食言，当年宋辽两国缔结“澶渊之盟”，双方迄今信守，何况辽帝在两军阵前亲口颁令，辽国南院大王接旨复述，两军人人听见。倘若日后反悔，大辽举国上下都要瞧他不起，他这皇帝之位都怕坐不安稳。

耶律洪基脸色阴郁，心想我这次为萧峰这厮所胁，许下如此重大诺言，方得脱身以归，实是丢尽颜面，大损国威。可是从辽军将士欢呼万岁声中听来，众军拥戴之情却又似出自至诚。他眼光从众士卒脸上缓缓掠过，只见一个个容光焕发，尽皆欣悦。

众士卒想到即刻便可班师，回家与父母妻儿团聚，既无万里征战之苦，又无葬身异域之险，自皆大喜过望。契丹人虽然骁勇善战，但兵凶战危，谁都难保不死，得能免去这场战祸，除了少数想在征战中升官发财的悍将之外，尽皆欢喜。

耶律洪基心中一凛：“原来我这些士卒也不想去攻打南朝，我若挥军南征，也却未必便能一战而克。”转念又想：“那些女真蛮子大是可恶，留在契丹背后，实是心腹大患。我派兵去将这些蛮子扫荡了再说。”当即举起宝刀，高声下旨：“北院大王传令下去，后队变前队，班师南京！”

军中皮鼓号角响起，传下御旨，但听得欢呼之声，从近处越传越远。

耶律洪基回过头来，只见萧峰仍一动不动地站在当地。耶律洪基冷笑一声，朗声道：“萧大王，你为大宋立下如此大功，高官厚禄，指日可待！”

萧峰大声道：“陛下，萧峰是契丹人，曾与陛下义结金兰，今日威迫陛下，成为契丹的大罪人，既不忠，又不义，此后有何面目立于天地之间？”举起右手中的两截断箭，内功运处，右臂回戳，噗的一声，插入了自己心口。

耶律洪基“啊”的一声惊叫，纵马上前几步，但随即又勒马停步。

虚竹和段誉只吓得魂飞魄散，双双抢近，齐叫：“大哥，大哥！”却见两截断箭插正了心脏，萧峰双目紧闭，已然气绝。

虚竹忙撕开他胸口的衣衫，欲待施救，但箭中心脏，再难挽救，只见他胸口肌肤上刺着一个青郁郁的狼头，张口露齿，神情狰狞。虚竹和段誉放声大哭，拜倒在地。

丐帮中群丐一齐拥上，团团拜伏。吴长风捶胸叫道：“乔帮主，你虽是契丹人，却比我们这些不成器的汉人英雄万倍！”

中原群豪一个个围拢，许多人低声议论：“乔帮主果真是契丹人吗？那么他为什么反来帮助大宋？看来契丹人中也有英雄豪杰。”

“他自幼在咱们汉人中间长大，学到了汉人大仁大义。”

“两国罢兵，他成了排解难纷的大功臣，却用不着自寻短见啊。”

“他虽于大宋有功，在辽国却成了叛国助敌的卖国反贼。他这是畏罪自杀。”

“什么畏不畏的？乔帮主这样的大英雄，天下还有什么事要畏惧？”

耶律洪基见萧峰自尽，心下一片茫然，寻思：“他到底对我大辽有功还是有过？他苦劝我不可伐宋，到底是为了宋人还是为了契丹？他和我结义为兄弟，始终对我忠心耿耿，今日自尽于雁门关前，当然决不是贪图南朝的功名富贵，那……那却又为了什么？”他摇了摇头，微微苦笑，拉转马头，从辽军阵中穿了过去。

蹄声响动，辽军千乘万骑又向北行。众将士不住回头，望向地下萧峰的尸体。

只听得鸣声哇哇，一群鸿雁越过众军的头顶，从夹峙的双峰之间，从雁门关上空飞行向南。

辽军渐去渐远，蹄声隐隐，又化做了山后的闷雷。

【评析】

萧峰是金庸笔下最宏大江湖《天龙八部》的主人公。

《天龙八部》是金庸武侠中的经典作品。小说以宋哲宗时代为背景，通过叙述宋、辽、大理、西夏、吐蕃国之间的武林恩怨和民族矛盾，从哲学的高度对人生和社会进行审视和描写，展示了一幅波澜壮阔的生活画卷。小说共五卷五十回，涉及人物有230余人，萧峰是其中塑造最为成功、最为复杂的悲剧人物。

萧峰，原名乔峰，其身世坎坷悲壮。他本为契丹人，但被汉人抚养长大。曾任丐帮帮主，在得知身世后被迫退位，相继与段誉、虚竹结为兄弟，又得遇红颜知己阿朱。阿朱后为救父，死在萧峰掌下，萧峰悲恸不已。在辽国因助耶律洪基平息叛乱，受封为南院大王，后为阻辽帝攻宋，以断箭自尽于雁门关外，是一个心系苍生并忠于国家和民族的悲剧英雄。

萧峰行侠仗义，豪迈飒爽，是金庸武侠小说中最完美、最有魅力的侠义英雄之一，有着无可匹敌的人格魅力和高超武功。小说从逆境中塑造萧峰形象，写出他内心的巨大痛苦和性格中的种种过人之处：他果断而又稳重，宽厚却有原则，豪迈而不失细心，刚毅又内蕴深沉感情，于神勇威武中兼具仁义慈悲情怀，尽显英雄本色。

萧峰既具英雄气，也有儿女情。鲁迅曾云：“无情未必真豪杰，怜子如何不丈夫。”与阿朱在一起的日子是他一生中仅有的快乐时光，而错杀阿朱则成为其一生悲剧的强化。小说中以儿女情反衬英雄气，却没有带来英雄气短，反而将豪迈悲壮的气氛渲染得更为动人。

而萧峰的自杀，为宋辽和平而献身，更是达到了人道主义精神境界的最高峰。萧峰的行为，已经超出了民族主义、爱国主义的精神范畴，而达到和平主义的层次。

在小说中，萧峰的故事展示的绝非历尽坎坷、英雄成名的常规主题。通过萧峰，作者对早期《书剑恩仇录》中陈家洛时代极力张扬的汉民族意识进行了自我否定，显示了对狭隘民族观念进行扬弃的萌芽。一直回荡在金庸武侠小说中的儒家文化精神、民族意识至此进入了一个进退维谷的境地。这使得萧峰在宋辽宣称百年和好之后，悲壮地自尽身亡成为一种别无选择的必然。

萧峰的悲剧是命运的悲剧，也是历史的悲剧。他生长在宋辽冲突、民族矛盾尖锐的年代，又兼之辽人宋养的敏感身世，注定了他的悲剧性命运，使他成为了民族矛盾的牺牲品。命运弄人，但在巨大的苦难中与“命运”抗争所展示出的悲壮与崇高，使萧峰的形象具有了震撼心灵的艺术力量。

【拓展阅读】

“我们说过，金庸的《天龙八部》是一部奇书，一部杰作，而且是杰作中的一部‘绝作’。在金庸的小说中，唯有《鹿鼎记》一书可与之相比，堪称双璧或‘双绝’。”

……

“至于萧峰的豪迈粗放、武勇过人、胆肝照人，其大英雄、大豪杰的男儿本色，不仅在这《天龙八部》中是最为光彩照人的形象，而且在金庸的所有武侠小说中，在金庸的武侠小说世界的所有的主人公中，萧峰可以说是最为令人折服、光彩照人的大英雄。”

——陈墨《陈墨评金庸——天龙八部》

【思考与练习】

1. 较之《射雕英雄传》中的郭靖，《天龙八部》中的萧峰形象有什么超越？

2. 有人说，金庸的武侠小说取得的成就足以被写入文学史，也有人说，金庸的武侠小说只是一种通俗文学，难登大雅之堂，对此，你怎么看？

我很重要

毕淑敏[1]

当我说出“我很重要”这句话的时候，颈项后面掠过一阵战栗。我知道这是把自己的额头裸露在弓箭之下了，心灵极容易被别人的批判洞伤。

许多年来，没有人敢在光天化日下表示自己“很重要”。我们从小受到的教育都是——“我不重要”。

作为一名普通士兵，与辉煌的胜利相比，我不重要。

作为一个单薄的个体，与浑厚的集体相比，我不重要。

作为一位奉献型的女性，与整个家庭相比，我不重要。

作为随处可见的人的一分子，与宝贵的物质相比，我们不重要。

我们——简明扼要地说，就是每一个单独的“我”——到底重要还是不重要？

我是由无数星辰日月草木山川的精华汇聚而成的。只要计算一下我们一生吃进去多少谷物，饮下了多少清水，才凝聚成这具美好的躯体，我们一定会为那数字的庞大而惊讶。平日里，我们尚要珍惜一粒米、一叶菜，难道可以对亿万粒菽粟亿万滴甘露濡养的万物之灵，掉以丝毫的轻心吗？

当我在博物馆里看到北京猿人窄小的额和前凸的吻时，我为人类原始时期的粗糙而黯然。他们精心打制出的石器，用今天的目光看来不过是极简单的玩具。如今很幼小的孩童，就能熟练地操纵语言，我们才意识到人类已经在进化之路上前进了多远。我们的头颅就是一部历史，无数祖先进步的痕迹储存于脑海深处。我们是一株亿万年苍老树干上最新萌发的绿叶，不单属于自身，更属于土地。人类的精神之火，是连绵不断的链条，作为精致的一环，我们否认了自身的重要，就是推卸了一种神圣的承诺。

回溯我们诞生的过程，两组生命基因的嵌合，更是充满了人所不能把握的偶然性。我们每一个个体，都是机遇的产物。

常常遥想，如果是另一个男人和另一个女人，就绝不会有今天的我……

即使是这一个男人和这一个女人，如果换了一个时辰相爱，也不会有此刻的我……

即使是这一个男人和这一个女人在这一个时辰，由于一片小小落叶或是清脆鸟啼的打搅，依然可能不会有如此的我……

一种令人怅然以至走入恐惧的想象，像雾霭一般不可避免地缓缓升起，模糊了我

---

① 毕淑敏，当代女作家，祖籍山东文登，1952 年出生于新疆伊宁。国家一级作家、内科主治医师、北京师范大学文学硕士。曾在西藏高原阿里地区当兵，服役 11 年，历任卫生员、助理军医、军医。著有《毕淑敏文集》八卷，长篇小说《红处方》、《血玲珑》、《拯救乳房》、《女心理师》、《鲜花手术》，中短篇小说集《女人之约》、《昆仑殇》、《预约死亡》，散文集《婚姻鞋》、《素面朝天》、《保持惊奇》、《提醒幸福》，短篇集《白杨木鼻子》，散文集《心灵处方》、《毕淑敏文集》、《我很重要》等。

们的来路和去处，令人不得不断然打住思绪。

我们的生命，端坐于概率垒就的金字塔的顶端。面对大自然的鬼斧神工，我们还有权利和资格说我不重要吗？

对于我们的父母，我们永远是不可重复的孤本。无论他们有多少儿女，我们都是独特的一个。

假如我不存在了，他们就空留一份慈爱，在风中蛛丝般无法附丽地飘荡。

假如我生了病，他们的心就会皱缩成石块，无数次向上苍祈祷我的康复，甚至愿灾痛以十倍的烈度降临于他们自身，以换取我的平安。

我的每一滴成功，都如同经过放大镜，进入他们的瞳孔，摄入他们的心底。

假如我们先他们而去，他们的白发会从日出垂到日暮，他们的泪水会使太平洋为之涨潮。

面对这无法承载的亲情，我们还敢说我不重要吗？

我们的记忆，同自己的伴侣紧密地缠绕在一处，像两种混淆于一碟的颜色，已无法分开。你原先是黄，我原先是蓝，我们共同的颜色是绿，绿得生机勃勃，绿得苍翠欲滴。失去了妻子的男人，胸口就缺少了生死攸关的肋骨，心房裸露着，随着每一阵轻风滴血。失去了丈夫的女人，就是齐斩斩折断的琴弦，每一根都在雨夜长久地自鸣……

面对相濡以沫的同道，我们忍心说我不重要吗？

俯对我们的孩童，我们是至高至尊的唯一。我们是他们最初的宇宙，我们是深不可测的海洋。假如我们隐去，孩子就永失淳厚无双的血缘之爱，天倾西北，地陷东南，万劫不复。盘子破裂可以粘起，童年碎了，永不复原。伤口流血了，没有母亲的手为他包扎。面临抉择，没有父亲的智慧为他谋略……面对后代，我们有胆量说我不重要吗？

与朋友相处，多年的相知，使我们仅凭一个微蹙的眉尖、一次睫毛的抖动，就可以明了对方的心情，假如我不在了，就像计算机丢失了一份不曾复制的文件，他的记忆库里留下不可填补的黑洞。夜深人静时，手指在揿了几个电话键码后，骤然停住，那一串数字再也用不着默诵了。逢年过节时，她写下一沓沓的贺卡。轮到我的地址时，她闭上眼睛……许久之后，她将一张没有地址只有姓名的贺卡填好，在无人的风口将它焚化。

相交多年的密友，就如同沙漠中的古陶，摔碎一件就少一件，再也找不到一模一样的成品。面对这般友情，我们还好意思说我不重要吗？

我很重要。

我对于我的工作我的事业，是不可或缺的主宰。我的独出心裁的创意，像鸽群一般在天空翱翔，只有我才捉得住它们的羽毛。我的设想像珍珠一般散落在海滩上，等待着我把它用金线串起。我的意志向前延伸，直到地平线消失的远方……

没有人能替代我，就像我不能替代别人。我很重要。

我对自己小声说。我还不习惯嘹亮地宣布这一主张，我们在不重要中生活得太久了。

我很重要。

我重复了一遍。声音放大了一点。我听到自己的心脏在这种呼唤中猛烈地跳动。

我很重要。

我终于大声地对世界这样宣布。片刻之后，我听到山岳和江海传来回声。

是的，我很重要。我们每一个人都应该有勇气这样说。我们的地位可能很卑微，我们的身份可能很渺小，但这丝毫不意味着我们不重要。

重要并不是伟大的同义词，它是心灵对生命的允诺。

对于一株新生的树苗，每一片叶子都很重要，对于一个孕育中的胚胎，每一段染色体碎片都很重要。甚至驰骋寰宇的航天飞机，也可以因为一个油封橡皮圈的疏漏而凌空爆炸，你能说它不重要吗？

人们常常从成就事业的角度，断定我们是否重要。但我要说，只要我们在时刻努力着，为光明在奋斗着，我们就是无比重要地生活着。

让我们昂起头，对着我们这颗美丽的星球上无数的生灵，响亮地宣布——我很重要。

【评析】

人们总是过于羡慕别人的伟大，而忽略自我的存在。女作家毕淑敏的《我很重要》，恰如一声响雷，惊醒了平凡人生中走过的平凡的人们，使他们在流淌的岁月的一瞬，突然意识到个体生命闪亮的意义：我很重要。

我很重要，这是作者惊世骇俗的心理表白，亦是留给读者的警策之语。作者以其敏锐的眼光，细腻的笔触，从亲情、友情、事业三个层面，剖析了个性意识复苏的流程和个体生命存在的价值。

我很重要，是作者对个体生命与生存价值的认识与批判，更是一个单薄的生命对芸芸众生发出的响亮宣言：或许地位卑微、或许身份渺小，但人格尊严的天平，从来都是平等的。作者于经历的反思中，彻悟到我很重要；于情节的梳理中，彻悟到我很重要；于生存的责任中，彻悟到我很重要；于事业的创造中，彻悟到我很重要。

【思考与练习】

1. 作者是如何认识到并进而完成了“我很重要”这一声呐喊的？
2. 试析本文“情”与“理”结合的论证方式。

杯中窥人[①]

韩 寒[②]

我想到的是人性，尤其是中国的民族劣根性。鲁迅先生阐之未尽。我有我的看法。

南宋《三字经》有“人之初，性本善”，说明人刚出生好比这团干布，可以严谨地律己；接触社会这水，哪怕是清水，也会不由自主如害羞草掞叶，本来的严谨也会慢慢被舒展开，渐渐被浸润透。思想便向列子靠近。

中国人向来品性如钢，所以也偶有洁身自好者，硬是撑到出生后好几十年还清纯得不得了，这些清纯得不得了的人未浸水，不为社会所容纳，“君子固穷”了。写杂文的就是如此。《杂文报》、《文汇报》上诸多揭恶的杂文，读之甚爽，以为作者真是嫉恶如仇。其实不然，要细读，细读以后可以品出作者自身的郁愤——老子怎么就不是个官。倘若这些骂官的人忽得官位，弄不好就和李白一样了，要引官为荣。可惜现在的官位抢手，轮不到这些骂官又想当官的人，所以，他们只好越来越骂官。

写到这里，那布已经仿佛是个累极的人躺在床上伸懒腰了，撑足了杯子。接触久了，不免展露无遗。我又想到中国人向来奉守的儒家中庸和谦虚之道。作为一个中国人，很不幸得先学会谦虚。一个人起先再狂傲，也要慢慢变谦虚。钱钟书起初够傲，可怜了他的导师吴宓、叶公超，被贬成“太笨”和“太懒”（孔庆茂：《钱钟书传》及《走出魔镜的钱钟书》），惜后来不见有唯我独尊的傲语，也算是被水浸透了。李敖尚好，国民党暂时磨不平他，他对他看不顺眼的一一戮杀，对国民党也照戮不误。说要想找个崇敬的人，他就照照镜子（《李敖快意恩仇录》，中国友谊出版社），但中国又能出几个这类为文为人都在二十四品之外的叛才？

然而在中国做个直言自己水平的人实在不易。一些不谦虚的人的轶事都被收在《舌华录》里，《舌华录》是什么书？——笑话书啊！以后就有人这么教育儿子了：“吾儿乖，待汝老时，纵有一身才华，切记断不可傲也，汝视《舌华录》之傲人，莫不作笑话也！”中国人便乖了，广与社会交融，谦虚为人。

中国看不起说大话的人。而在我看来大话并无甚，好比古代妇女缠惯了小脚，碰上正常的脚就称“大脚”；中国人说惯了“小话”，碰上正常的话，理所当然就叫“大

---

① 《杯中窥人》是1999年《萌芽》杂志主办的首届“新概念”作文大赛决赛的题目，韩寒在此次比赛中获得一等奖。后该文收入《零下一度》、《韩寒五年文集》等书。本文选自《零下一度》，上海人民出版社2000年1版。

② 韩寒，1982年9月23日生，上海金山区人，毕业于金山区朱泾镇罗星中学，作家，赛车手，《独唱团》杂志（现已停刊）主编，并涉足音乐创作、为多家知名品牌代言。先后获得“新概念”作文大赛一、二等奖。主要作品有小说《三重门》、《像少年啦飞驰》、《长安乱》、《一座城池》、《光荣日》、《他的国》、《1988我想和这个世界谈谈》，文集《零下一度》、《通稿2003》、《青春》（有中国台湾、大陆两版）、《脱节的国度》、《我所理解的生活》，精选集《毒》、《毒2》、《韩寒五年文集》、《可爱的洪水猛兽》，赛车随笔《就这么漂来漂去》，博客精选集《杂的文》，手稿集《光明与磊落》等，另有唱片《寒·十八禁》，并担任其中所有歌词的创作，出演电影《上海传奇》。2010年4月韩寒入选美国《时代周刊》“全球最具影响力100人”。另外，在韩寒出生前，其父韩仁均曾用笔名“韩寒”发表作品。

话”了。

敢说大话的人得不到好下场，吓得后人从不说大话变成不说话。幸亏胡适病死了，否则看到这情景也会气死。结果不说大话的人被社会接受了。

写到这里，布已经吸水吸得欲坠了。于是涉及了过分浸在社会里的结果——犯罪。美国的犯罪率雄踞世界首位，我也读过大量批评、赞扬美国的书，对美国印象不佳；但有一点值得肯定，一个美国孩子再有钱，他也不能被允许进播放黄带的影院。

中国教育者是否知道，这和青少年犯罪是连在一起的，一个不到年龄的人太多沾染社会，便会——中国教育者把性和犯罪分得太清了，由文字可以看出，中国人造字就没古罗马人的先知，拉丁文里有个词叫“Corpusdelieti”，解释为“身体、肉体”与“犯罪条件”，可见罗马人早认识到肉体即为犯罪条件。

写到这里，猛然发现布已经沉到杯底了。

【评析】

这篇《杯中窥人》是韩寒早期的成名作。文章旁征博引，用略带调侃的笔法表达了自己对社会、对人生的看法。作为比赛中的命题作文，“杯中窥人”这个题目略显抽象，如何能够在不偏离主题的前提下，写出文思顺畅、精彩独到的文章是一大难题。作者在文中将布和水的关系与人和社会的关系巧妙勾连，紧扣文题，想象合理。构思上，文章以布在水中的变化为线索，将自己对人性以及社会的诸多看法、批评有序组合，使文意层层推进，议论杂而不乱。文章结尾“猛然发现布已经沉到杯底了”一句及时收束全文，以喻体暗示本体，含蓄有力，在引人深思的同时使文章留有余韵。另外从开篇的“鲁迅先生阐之未尽”以及“民族劣根性”、“大话”与“小话”等语似可看出作者受鲁迅杂文影响的痕迹。总体来讲，这是一篇较为上乘的作品，但与初赛两篇轻松幽默的作品《书店》、《求医》相比，其语言在自然通达上略为逊色，这很可能是命题作文的限制性影响了作者的创作水平。

有人说是“新概念”使人们发现了韩寒，他的获奖、成名引发了当时社会关于“学校应当培养全才还是专才”等系列教育问题的激烈讨论。从当年的《杯中窥人》到2011年引发争议的“韩三篇”（《谈革命》、《说民主》、《要自由》），甚至是炮轰文坛，联系现实、张扬个性始终是韩寒文章的一大特色。韩寒也由当初的天才少年作家，努力向“公共知识分子”转型。

盛名之下的韩寒近年来开始遭到质疑，这篇获奖作品《杯中窥人》，也同样遭到了质疑，有人从韩寒、韩父及《萌芽》杂志对参赛过程叙述的不一致，文章知识含量与当年韩寒阅读量的悬殊差距等方面论证了代笔的可能性。对于韩寒作品是否代笔目前尚无定论，但无论如何，韩寒的作品和精神气质在80后、90后甚至更年轻的读者中产生了极大反响，我们不妨将他和他的作品看做是时代的产物，客观分析，吸收养分。

【思考与练习】

1. 作者是如何组织观点，使议论层层推进的？
2. 谈一谈你对“韩寒热”的看法。

蒹　葭[1]

《诗　经》

蒹葭苍苍[2]，白露为霜。
所谓伊人[3]，在水一方[4]。
溯洄从[5]之，道阻[6]且长。
溯游[7]从之，宛[8]在水中央。

蒹葭萋萋，白露未晞[9]。
所谓伊人，在水之湄[10]。
溯洄从之，道阻且跻[11]。
溯游从之，宛在水中坻[12]。

蒹葭采采，白露未已[13]。
所谓伊人，在水之涘[14]。
溯洄从之，道阻且右[15]。
溯游从之，宛在水中沚[16]。

【参考译文】

河畔芦苇青苍苍，深秋白露结成霜。
日思夜想的人儿，就在水的另一方。
逆流而上去追寻，道路险阻又漫长。

---

① 选自《诗经·秦风》。蒹葭（jiān jiā）：芦苇。
② 苍苍：茂盛的样子。下文的“萋萋”、“采采”都与“苍苍”的意思相同。
③ 伊人：这个人或那个人，指诗人所思念追寻的人。
④ 方：边。在水一方，在水的另一边，即水的对岸。
⑤ 溯：逆流而上。洄：曲折盘旋的水道。从：跟随、追赶，这里指追求、寻找。
⑥ 阻：险阻，难走。指道路上障碍多，很难走。
⑦ 溯游：顺流而下。
⑧ 宛：仿佛、好像。
⑨ 晞（xī）：干。
⑩ 湄（méi）：水和草交接的地方，指岸边。
⑪ 跻（jī）：升高。
⑫ 坻（chí）：水中小洲或小岛。
⑬ 已：止，这里的意思是“干，变干”。
⑭ 涘（sì）：水边。
⑮ 右：迂回弯曲。
⑯ 沚（zhǐ）：水中的沙滩。

顺流而下来寻觅，恍若就在水中央。
河畔芦苇郁葱葱，清晨露水未始干。
魂牵梦绕的人儿，就在水的那一边。
逆流而上去追寻，道路崎岖难登攀。
顺流而下来寻觅，仿佛就在水中洲。
河畔芦苇繁茂茂，清晨白露仍未干。
苦苦追求的人儿，就在水的另一端。
逆流而上去追寻，道路坎坷多维艰。
顺流而下来寻觅，仿佛就在水中滩。

【评析】

《诗经》是我国第一部诗歌总集，记录了自西周初年到春秋中叶（约公元前11世纪至公元前5世纪）大约500年间的诗歌，共305篇。本称《诗》，西汉时，儒家列为经典之一，故称《诗经》。《诗经》大部分作品产生于黄河中下游地区，并按所属内容及其乐调的不同，分为“风”、“雅”、“颂”三类编撰。其内容丰富，涵盖深广，多层次、多角度展示了当时的社会生活及人们的精神风貌。艺术形式上，以四言句式为主，以赋、比、兴多种手法表现。

《蒹葭》是《诗经》中历来备受赞赏的抒情诗。诗分三章，每章首两句借景起兴，三、四句点明主题：隔河企望、追寻“伊人”；后四句描述追寻境况：一是道阻且长，二是幻象迷离，两者皆以“伊人”不可得而为旨归。全诗流溢着诗人对“伊人”的真诚向往、执著追求以及追寻不得的失望、惆怅之情。

本诗境界幽邃，意蕴无穷。“伊人”飘忽不定，给人以扑朔迷离、幽渺难测之感，引人遐想。有人认为这是一首招贤诗，“伊人”指隐居的贤人；有人认为这是一曲怀念情人的恋歌，“伊人”指意中人，两说皆可通。其实，“在水一方”这一象征涵容了世间各种可望而不可即的境遇，贤才难觅的迷惘、情人难得的惆怅，乃至前途渺茫的感伤、理想不能实现的落寞，诸种心灵的回响，都可能从《蒹葭》的意境中得到呼应。

本诗采用重章叠句形式，不仅具有回环往复、一唱三叹的美感，而且产生了将诗意不断推进、步步深化诗歌意境的作用。白露之“为霜”、“未晞”、“未已”，体现了时间的推移，暗示了追求时间的漫长与追求者的执著；“在水一方”、“在水之湄”、“在水之涘”，体现了空间的转移，暗示了追寻对象的缥缈、难寻。“道阻且长”、“道阻且跻”、“道阻且右”，反复渲染追寻过程的艰难，以凸显主人公坚执不已的精神。

【思考与练习】

1. 你认为《蒹葭》的中心意象是什么？这一意象有何象征意义？
2. 以《蒹葭》为例，请谈谈你对诗歌的“朦胧美”有何看法。

唐诗鉴赏（一）

宣州谢朓楼饯别校书叔云①

李　白②

弃我去者，昨日之日不可留。
乱我心者，今日之日多烦忧。
长风万里送秋雁，对此可以酣高楼。
蓬莱文章③建安骨④，中间小谢⑤又清发。
俱怀逸兴壮思飞，欲上青天览⑥明月。
抽刀断水水更流，举杯消愁愁更愁。
人生在世不称意，明朝散发弄扁舟。

【译文】

抛弃我而离去的，是那无可挽留的昨日时光；

扰乱我不得安宁的，是眼前诸多的烦恼和惆怅。

万里长风送走一群群的秋雁，面对此景，正好畅饮于高高的楼上。

由衷地赞美李云的文章如蓬莱宫藏，文风刚健有建安风骨，这其中也有如谢朓般才华四溢的自己。

都怀有无限的雅兴心高欲飞，要到那九天之上将明月把弄。

---

① 选自《李白集校注》，上海古籍出版社 1980 年版。宣州：今安徽宣城。谢朓楼：南朝齐诗人谢朓担任宣州太守时所建，又叫谢公楼、北楼。

② 李白（701—762），祖籍陇西成纪（今甘肃天水附近），生于中亚碎叶（今巴尔喀什湖南面的楚河流域，唐时属安西都户府管辖，现属吉尔吉斯斯坦）。幼时随父迁居绵州昌隆（今四川江油）青莲乡。25 岁时辞亲远游，仗剑出蜀。曾任唐玄宗翰林供奉，安史之乱时，曾为永王李璘的幕府，受累入浔阳狱，流放夜郎。晚年客死当涂。他善于从民歌、神话中汲取营养素材，诗歌豪放飘逸，想象丰富，语言流转自然，音律和谐多变，构成其特有的瑰丽绚烂的色彩，是屈原之后又一位突出的浪漫主义诗人，被誉为“诗仙”，与杜甫并称“大李杜”。杜甫评价他的诗为“笔落惊风雨，诗成泣鬼神”。

③ 蓬莱文章：指李云的文章。蓬莱，仙山名，相传是仙界藏书之地，东汉时借指东观的藏书，唐朝时人们借指掌管图集的秘书省。

④ 建安骨：东汉末年以曹操父子为核心形成的诗歌流派，诗风以刚健遒劲闻名，后人称之为“建安风骨”。

⑤ 小谢：谢朓（464—499），字玄晖。陈郡阳夏（今河南太康县）人。南朝齐著名诗人，出身世家大族。谢朓高祖谢据为谢安之兄，祖父谢述曾为吴兴太守，祖母是史学家范晔之姐。父亲谢纬曾为散骑侍郎，母亲为宋文帝之女长城公主。现存诗 200 多首，其中山水诗的成就很高。文学史上常称谢灵运为大谢，谢朓为小谢。又因二人同族，世称“二谢”。另一说，“小谢”指谢惠连。

⑥ 览：同“揽”，摘取。

抽出刀斩断水流水却仍然流，用酒来消愁却更添愁苦。

人生坎坷总是不能称意呀，倒不如披着散发去江湖中放舟。

【评析】

本诗作于天宝十二年（753 年），当时诗人正所谓放浪山水，游历宣城，恰遇知己李云，一时感慨良多。诗人从自己被迫“请旨离京”的遭遇中，看到了朝政的日趋腐败，因自己的远大抱负无法施展而抑郁苦闷。这首诗抒发了强烈的怀才不遇之情。诗歌的一开篇郁闷之情就喷涌而出，随即紧扣题目写饯别，接下来赞美知己文人李云才华并抒发自己的抱负，转而想到现实却恰恰不能让自己及李云这样真正有才学的人展示各自的才华，于是感到苦闷和无奈，只有继续放浪江湖来自我解脱了。全诗感情沉郁奔放，跌宕起伏，大开大合，充分表达了诗人的自信与抱负、追求与理想、苦闷与无奈，是李白歌行体诗歌的代表性作品。

【思考与练习】

1. 概括李白诗歌的风格。
2. 《宣州谢朓楼饯别校书叔云》表现了李白怎样的矛盾思想？

唐诗鉴赏（二）

秋兴八首①

杜　甫②

玉露凋伤枫树林，巫山巫峡气萧森。
江间波浪兼天涌，塞上风云接地阴。
丛菊两开③他日泪，孤舟一系④故园心。
寒衣处处催刀尺，白帝城高急暮砧⑤。

夔府孤城落日斜，每依北斗望京华。
听猿实下三声泪，奉使虚随八月槎⑥。
画省⑦香炉违伏枕，山楼粉堞隐悲笳。
请看石上藤萝月，已映洲前芦荻⑧花。

千家山郭静朝晖，日日江楼坐翠微。
信宿渔人还泛泛，清秋燕子故飞飞。
匡衡⑨抗疏功名薄，刘向⑩传经心事违。
同学少年多不贱，五陵衣马自轻肥⑪。

闻道长安似弈棋，百年世事不胜悲。
王侯第宅皆新主，文武衣冠异昔时。
直北关山金鼓振，征西车马羽书驰。

---

① 选自仇兆鳌《杜诗详注》卷十七，中华书局1979年版。《秋兴八首》是杜甫55岁旅居夔州时的作品，是一组以想望长安为主题的七言律诗，是杜甫七律诗的代表作。“秋兴”意为因感秋而寄兴。

② 杜甫（712—770），字子美，出生于河南巩县（今河南巩县），是初唐著名诗人杜审言的孙子，是我国盛唐时期伟大的现实主义诗人。因曾居住在长安城南少陵，故自称少陵野老，世称杜少陵。又因官至工部员外郎，故后世又称杜工部。杜甫生活在唐朝由盛转衰的历史时期，其35岁以前主要是读书和游历，之后基本上过着流亡困顿的生活，最后是贫病交加，死于归乡舟中。其诗多涉笔社会动荡、政治黑暗、人民疾苦，被誉为“诗史”。诗人自身被人们奉为“诗圣”。

③ 开：双关语，既指花开，又指诗人伤心落泪。

④ 系：双关语，既指船系岸不发，又指心系挂长安这个第二故乡。

⑤ 砧（zhēn）：捣衣服的垫石。

⑥ 槎：指木筏。

⑦ 画省：指尚书省。

⑧ 荻：生长在水边的多年生草本植物，形状像芦苇，地下茎蔓延，叶子长形，紫色花穗，茎可以编席箔。

⑨ 匡衡：西汉时期的经学家，以解说《诗经》著称，汉元帝时位至丞相。

⑩ 刘向：西汉时期的经学家、目录学家、文学家。其所撰《别录》，为我国目录学之祖。其《说苑》是一部富有文学意味的重要文献，内容多哲理深刻的格言警句，叙事意蕴讽喻，故事性颇强，又以对话体为主，具有较高的文学欣赏价值，对魏晋乃至明清的笔记小说也有一定的影响。

⑪ 轻肥：即轻裘肥马。

鱼龙寂寞秋江冷，故国平居有所思。

蓬莱宫阙对南山，承露金茎霄汉间。
西望瑶池降王母，东来紫气满函关。
云移雉尾开宫扇，日绕龙鳞识圣颜。
一卧沧江惊岁晚，几回青琐①点朝班。

瞿塘峡口曲江头，万里风烟接素秋。
花萼②夹城通御气，芙蓉小苑③入边愁。
珠帘绣柱围黄鹄，锦缆牙樯起白鸥。
回首可怜歌舞地，秦中自古帝王州。

昆明池④水汉时功，武帝旌旗在眼中。
织女⑤机丝虚夜月，石鲸鳞甲动秋风。
波漂菰米⑥沉云黑，露冷莲房坠粉红。
关塞极天惟鸟道，江湖满地一渔翁。

昆吾御宿自逶迤，紫阁峰阴入渼陂⑦。
香稻啄余鹦鹉粒，碧梧栖老凤凰枝⑧。
佳人拾翠⑨春相问，仙侣同舟晚更移。
彩笔昔曾干气象，白头吟⑩望苦低垂。

【译文】

枫树在深秋露水的侵蚀下逐渐凋零、残伤，
巫山和巫峡也笼罩在萧瑟阴森的迷雾中。
巫峡中波浪滔天，上空的乌云则像是要压到地面上来似的，天地一片阴沉。
菊花开、落已经两载，看着盛开的花，想到两年未曾回家，就不免伤心落泪。
小船还系在水岸，虽然我不能东归，飘零在外，但是心却长系故园。
人们又在赶制御寒的冬衣了，
白帝城上空捣制寒衣的砧声一阵紧似一阵。

---

① 青琐：指宫门。
② 花萼：指花萼相辉楼，在兴庆宫内。
③ 芙蓉小苑：即芙蓉园，在曲江西南，又称南苑，唐玄宗与杨贵妃常在此游幸。
④ 昆明池：在长安西南。
⑤ 织女：昆明池里有两个石人，左为牵牛，右为织女，以像天河。
⑥ 菰米：菰（gū），草本植物，生长在浅水中，梗高五六尺，叶子像蒲苇，秋季结的果实形状像米，所以称菰米，又叫雕胡米。
⑦ 渼陂：水名，发源于终南山。渼陂的南面是紫阁峰，水中可以看到紫阁峰的倒影。
⑧ 香稻啄余鹦鹉粒，碧梧栖老凤凰枝：是“鹦鹉啄余香稻粒，凤凰栖老碧梧枝”的倒文。
⑨ 拾翠：拾取翠鸟的羽毛。
⑩ 吟：另一说作“今”。

我身在孤城夔州从黄昏坐到深夜，

常常按照北斗所指的方向遥望长安。

听到猿猴的再三哀叫就不停地留下泪水，

跟随西川节度使入朝的理想已成枉然，我遥望长安就如同在天上。

虽为工部员外郎却因老病流落蜀中，远离了朝廷，如今只能听夔州城墙上隐藏着的悲笳之声，忧虑着兵乱未平。

你看那照在石上藤萝的明月已经把水边的芦荻花照亮了，时间已到了黎明。

白帝城里千家万户静静地沐浴在秋日的朝晖中，

我天天去江边的楼上，坐着看对面青翠的山峰。

连续两夜在船上过夜的渔人，仍泛着小舟在江中漂流，虽已是清秋季节，燕子仍然展翅飞来飞去，我却无所归宿。

回想我如汉朝的匡衡向皇帝直谏，因而触犯了朝廷被贬斥，希望像汉朝的刘向一样传授经学，怎奈事不遂心。

年少时一起求学的同学大都已飞黄腾达了，他们在长安附近的五陵，穿轻裘，乘肥马，过着富贵的生活。

听说长安就像下棋一样反复不定，

我一生经历的时局变化真是叫人不能承受的悲痛。

宫廷豪宅常换新的主人，

文武大臣的朝服冠带也和以前的不同。

北方的安史之乱刚刚平定，

北部、西部的回纥、吐蕃、党项、羌等少数民族又有侵扰，军用的紧急文件来往驰送。

国家残破，我如同进入秋冬之夜的鱼龙一样在夔州孤苦度日，

故国长安，我往日居住的地方，是我的一心牵挂之处。

想长安宫殿巍峨壮观，仙境般的蓬莱宫对着终南山，

托着承露盘的金人铜柱高入云端。

贵妃沐浴华清池，就如同西王母降临瑶池一般，

玄宗信道寻灵符，紫气东来函谷关。

每月朔望皇帝在宣政殿早朝，用雉尾障扇遮蔽如云彩移动，

宫扇一开，圣颜显出，有如太阳升起。

一卧沧江之后的今日，我震惊自己的人生已到暮年，朝廷也几度更迭到深秋，

曾几何时我还在建章宫上朝为官。

我身在瞿塘峡口的夔州，心念长安之南的曲江，

两地虽相隔万里，然而在遥望中，素白凄冷的秋天也是风烟不停。

花萼相辉楼通往游曲江的专用道上正置办酒宴，
君妃芙蓉园的游幸也正在进行中，却传来了安禄山反叛的消息。
那昔日热闹繁华的圣地，只还有黄鹄围绕着宫殿的珠帘绣柱起舞，
那牵着锦缆的画舫、华丽的牙樯上下，也只剩下白鸥惊飞。
回想那可惜的歌舞升平之地，自古就是帝王建都之地。

长安西南的昆明池是汉武帝为训练水军而凿，
看见了昆明池水就如同看见了汉武帝及旌旗蔽日的壮观景象。
想象今日昆明池水的风光，牵牛、织女两个石人空对着月夜，
池中那石刻的鲸鱼，鳞甲逼真，在这萧瑟的秋风中似乎跃然欲动，又有谁去理会？
菰米漂在水面，菰影沉入水中，远远地看去就像一片黑云，
在寒冷的露水中，莲蓬坠落着红粉。
从夔州遥望长安，重山叠岭，关塞极天只有鸟才能飞到，
江湖虽广，无地可依，我就是一个在江湖漂泊的渔翁。

从长安到渼陂，途经昆吾、御宿，有着一条长长的道路，
渼陂之南有紫阁峰，高耸的紫阁峰的影子倒映在渼陂河里。
那里物产丰美，香稻多而鹦鹉鸟食之不尽，
那里林深树佳，梧桐高大而凤凰栖之安稳。
踏春的美女们，拾取着翠鸟的羽毛，问询着春天的到来，
春游的伙伴们，天色晚了又移船别处，继续尽情地观赏。
自己当年的诗篇，曾写出了长安山川的万千气象，
如今沦落天涯，遥望长吟以寄托情思，在抚今感昔中白头深深地低垂了下去。

【评析】

大历元年（766年），杜甫在云安养病半年，然后迁到夔州（今四川奉节），他在夔州仍经常卧病在床，这《秋兴八首》就是诗人55岁旅居夔州时的作品，是诗人苦心营造的作品，历来被公认为是杜甫抒情诗中艺术性最高的诗，八首诗是不可分割的整体，正如一个大型抒情乐曲有八个乐章一样。乐章的主题若用一个字来解说的话，即是“秋”，不仅写自然之秋，而且写人生之秋，国运之秋，诗歌正是这样因景寄情，既抒写了巫山、巫峡一带萧瑟、阴森的秋景，又抒发了诗人的漂泊之感、故国之思，也深深地寄托着对李唐王朝盛衰的感叹与悲哀，因此是杜诗中七律的代表作。

这八首律诗从结构来说，可分两部，前三首详夔州而略长安，后五首详长安而略夔州；前三首由夔州而思及长安，后五首则由思长安而归结到夔州；前三首由现实引发回忆，后五首则由回忆回到现实。在全诗中，第一首起领起作用，第四首起过渡作用。各首之间，首尾相衔，不可移换，不可或缺，八首如同一首。

而且《秋兴八首》表现了大诗人杜甫一贯高超的艺术手法，诗中除了采用强烈的对比手法外，还反复运用了循环往复的抒情方式，夔州⟷长安，追忆⟷现实，繁盛⟷动乱，往昔⟷今朝，悲苦⟷希望，把读者引入诗的境界中，并且一反往常，格外运用壮丽、华美的词语表现深沉的忧伤。按通常的写法，人们总要多用一些清、凄、残、苦等字眼来写秋景，抒悲情，而诗人在本组诗中却用了大量的诸如“蓬莱宫阙”、“瑶池”、“紫气”、“云移雉尾”、“日绕龙鳞”、“珠帘绣柱”、“锦缆牙樯”、“武帝旌旗”、“织女机丝”、“佳人拾翠”、“仙侣同舟”等能引起人们美丽联想的字句来衬托荒凉和寂寞，这种用“笑”写“悲”的手法，虽然远比用“泪”写“悲”困难得多，但如果运用得当，就会把思想感情表现得更为深刻有力，这一点足显杜甫的深厚功力。

【思考与练习】

1. 杜甫“悲秋”的含义有哪些?
2. 分析杜甫诗的结构及艺术成就。

汉宫秋[①]

马致远[②]

楔子

（冲末扮番王引部落上，诗云）毡帐秋风迷宿草，穹庐夜月听悲笳。控弦百万为君长，款塞称藩属汉家。某乃呼韩耶单于是也。若论俺家世：久居朔漠，独霸北方。以射猎为生，攻伐为事。文王曾避俺东徙，魏绛曾怕俺讲和。獯鬻獫狁，逐代易名，单于可汗，随时称号。当秦汉交兵之时，中原有事；俺国强盛，有控弦甲士百万。俺祖公公冒顿单于，围汉高帝于白登七日。用娄敬之谋，两国讲和，以公主嫁俺国中。至惠帝、吕后以来，每代必循故事，以宗女归俺番家。宣帝之世，我众兄弟争立不定，国势稍弱。今众部落立我为呼韩耶单于，实是汉朝外甥。我有甲士十万，南移近塞，称藩汉室。昨曾遣使进贡，欲请公主，未知汉帝肯寻盟约否？今日天高气爽，众头目每向沙堤射猎一番，多少是好。正是：番家无产业，弓矢是生涯。（下）（净扮毛延寿上，诗云）为人雕心雁爪，做事欺大压小；全凭谄佞奸贪，一生受用不了。某非别人，毛延寿的便是。见在汉朝驾下，为中大夫之职，因我百般巧诈，一味谄谀，哄的皇帝老头儿十分欢喜，言听计从。朝里朝外，那一个不敬我，那一个不怕我。我又学的一个法儿，只是教皇帝少见儒臣，多昵女色，我这宠幸，才得牢固。道犹未了，圣驾早上。（正末扮汉元帝引内官宫女上，诗云）嗣传十叶继炎刘，独掌乾坤四百州。边塞久盟和议策，从今高枕已无忧。某，汉元帝是也。俺祖高皇帝，奋布衣，起丰沛，灭秦屠项，挣下这等基业，传到朕躬，已是十代。自朕嗣位以来，四海晏然，八方宁静。非朕躬有德，皆赖众文武扶持，自先帝晏驾之后，宫女尽放出宫去了。今后宫寂寞，如何是好？（毛延寿云）陛下，田舍翁多收十斛麦，尚欲易妇；况陛下贵为天子，富有四海，合无遣官遍行天下，选择室女，不分王侯宰相军民人家，但要十五以上，二十以下者，容貌端正，尽选将来，以充后宫，有何不可？（驾云）卿说的是，就加卿为选择使，赍领诏书一通，遍行天下刷选，将选中者各图形一轴送来，朕按图临幸。待卿成功回时，别有区处。（唱）

【仙吕·赏花时】四海平安绝士马，五谷丰登没战伐，寡人待刷室女选宫娃。你

---

① 题解：汉宫殿的秋色。亦借指其他王朝宫殿的秋色。唐许浑《咸阳城东楼》诗："鸟下绿芜秦苑夕，蝉鸣黄叶汉宫秋。"

② 马致远（1264—约1324），字行，名不详，晚号东篱，以示效陶渊明之志。元朝大都人。年辈晚于关汉卿、白朴等人，曾任江浙行省务官。有"曲状元"之誉（贾仲明所作吊词）。作品见于著录的有15种，今存《汉宫秋》、《荐福碑》、《岳阳楼》、《青衫泪》、《陈抟高卧》、《任风子》6种，另有《黄粱梦》，是他和几位艺人合作而成。《汉宫秋》是马致远早期的作品，也是马致远杂剧中最著名的一种，敷演王昭君出塞和亲故事。在众多的元杂剧作家中，马致远的创作最集中地表现了当代文人的内心矛盾和思想苦闷，并由此反映了一个时代的文化特征。

避不的驱驰困乏，看那一个合属俺帝王家。(下)

第 一 折

(毛延寿上，诗云)大块黄金任意挝，血海王条全不怕；生前只要有钱财，死后那管人唾骂。某，毛延寿，领着大汉皇帝圣旨，遍行天下，刷选室女，已选勾九十九名；各家尽肯馈送，所得金银，却也不少。昨日来到成都秭归县，选得一人，乃是王长者之女，名唤王嫱，字昭君。生得光彩射人，十分艳丽，真乃天下绝色。争奈他本是庄农人家，无大钱财。我问他要百两黄金，选为第一。他一则说家道贫穷，二则倚着他容貌出众，全然不肯。我本待退了他，(做忖科，云)不要，倒好了他。眉头一纵，计上心来。只把美人图点上些破绽，到京师必定发入冷宫，教他受苦一世。正是：恨小非君子，无毒不丈夫。(下)(正旦扮王嫱引二宫女上，诗云)一日承宣入上阳，十年未得见君王；良宵寂寂谁来伴，惟有琵琶引兴长。妾身王嫱，小字昭君，成都秭归人也。父亲王长者，平生务农为业。母亲生妾时，梦月光入怀，复坠于地，后来生下妾身。年长一十八岁，蒙恩选充后宫。不想使臣毛延寿，问妾身索要金银，不曾与他，将妾影图点破，不曾得见君王，现今退居永巷。妾身在家颇通丝竹，弹得几曲琵琶。当此夜深孤闷之时，我试理一曲消遣咱。(做弹科)(驾引内官提灯上，云)某汉元帝，自从刷选室女入宫，多有不曾宠幸，煞是怨望咱。今日万机稍暇，不免巡宫走一遭，看那个有缘的，得遇朕躬也呵。(唱)

【仙吕·点绛唇】车碾残花，玉人月下吹箫罢。未遇宫娃，是几度添白发。

【混江龙】料必他珠帘不挂，望昭阳一步一天涯。疑了些无风竹影，恨了些有月窗纱。他每见弦管声中巡玉辇，恰便似斗牛星畔盼浮槎。(旦做弹科)(驾云)是那里弹的琵琶响?(内官云)是。(正末唱)是谁人偷弹一曲，写出嗟呀?(内官云)快报去接驾。(驾云)不要。(唱)莫便要忙传圣旨，报与他家。我则怕乍蒙恩把不定心儿怕，惊起宫槐宿鸟，庭树栖鸦。

(云)小黄门，你看是那一宫的宫女弹琵琶，传旨去教他来接驾，不要惊唬着他。(内官报科，云)兀那弹琵琶的，是那位娘娘?圣驾到来，急忙迎接者！(旦趋接科)(驾唱)

【油葫芦】恕无罪，吾当亲问咱。这里属那位下?休怪我不曾来往乍行踏。我特来填还你这泪揾湿鲛绡帕，温和你露冷透凌波袜。天生下这艳姿，合是我宠幸他。今宵画烛银台下，剥地管喜信爆灯花。

(云)小黄门，你看那纱笼内烛光越亮了，你与我挑起来看咱。(唱)

【天下乐】和他也弄着精神射绛纱，卿家，你觑咱，则他那瘦岩岩影儿可喜杀。(旦云)妾身早知陛下驾临，只合远接；接驾不早，妾该万死。(驾唱)迎头儿称妾身，满口儿呼陛下，必不是寻常百姓家。

(云)看了他容貌端正，是好女子也呵！(唱)

【醉中天】将两叶赛宫样眉儿画，把一个宜梳裹脸儿搽，额角香钿贴翠花，一笑有倾城价。若是越勾践姑苏台上见他，那西施半筹也不纳，更敢早十年败国亡家。

(云)你这等模样出众，谁家女子?(旦云)妾姓王名嫱，字昭君，成都秭归县人。父亲王长者，祖父以来，务农为业。闾阎百姓，不知帝王家礼度。(驾唱)

【金盏儿】我看你眉扫黛，鬓堆鸦，腰弄柳，脸舒霞，那昭阳到处难安插，谁问你一犁两坝做生涯。也是你君恩留枕簟，天教雨露润桑麻。既不沙，俺江山千万里，直寻到茅舍两三家。

（云）看卿这等体态，如何不得近幸？（旦云）当初选时，使臣毛延寿索要金银，妾家贫寒无凑，故将妾眼下点成破绽，因此发入冷宫。（驾云）小黄门，你取那影图来看。（黄门取图看科）（驾唱）

【醉扶归】我则问那待诏别无话，却怎么这颜色不加搽？点得这一寸秋波玉有瑕。端的是卿眇目，他双瞎？便宜的八百姻娇比并他，也未必强如俺娘娘带破赚丹青画。

（云）小黄门，传旨说与金吾卫，便拿毛延寿斩首报来。（旦云）陛下，妾父母在成都，见隶民籍，望陛下恩典宽免，量与些恩荣咱。（驾云）这个煞容易。（唱）

【金盏儿】你便晨挑菜，夜看瓜，春种谷，夏浇麻，情取棘针门粉壁上除了差法。你向正阳门改嫁的倒荣华。俺官职颇高如村社长，这宅院刚大似县官衙。谢天地可怜穷女婿，再谁敢欺负俺丈人家！

（云）近前来听寡人旨，封你做明妃者。（旦云）量妾身怎生消受的陛下恩宠！（做谢恩科）（驾唱）

【赚煞】且尽此宵情，休问明朝话。（旦云）陛下明朝早早驾临，妾这里候驾。（驾唱）到明日，多管是醉卧在昭阳御榻。（旦云）妾身贱微，虽蒙恩宠，怎敢望与陛下同榻？（驾唱）休烦恼，吾当且是耍，斗卿来便当真假。恰才家辇路儿熟滑，怎下的真个长门再不踏？明夜里西宫阁下，你势必悄声儿接驾；我则怕六宫人攀例拨琵琶。（下）

（旦云）驾回了也，左右且掩上宫门，我睡些去。（下）

第　二　折

（番王引部落上，云）某呼韩邪单于，昨遣使臣款汉，请嫁公主与俺；汉皇帝以公主尚幼为辞，我心中好不自在。想汉家宫中，无边宫女，就与俺一个，打甚不紧？直将使臣赶回。我欲待起兵南侵，又恐怕失了数年和好。且看事势如何，别做道理。（毛延寿上，云）某毛延寿，只因刷选宫女，索要金银，将王昭君美人图点破，送入冷宫。不想皇帝亲幸，问出端的，要将我加刑。我得空逃走了，无处投奔。左右是左右，将着这一轴美人图，献与单于王，着他按图索要，不怕汉朝不与他。走了数日，来到这里，远远地望见人马浩大，敢是穹庐也。（做问科，云）头目，你启报单于王知道，说汉朝大臣来投见哩。（卒报科）（番王云）着他过来。（见科，云）你是什么人？（毛延寿云）某是汉朝中大夫毛延寿。有我汉朝西宫阁下美人王昭君，生得绝色。前者大王遣使求公主时，那昭君情愿请行；汉主舍不得，不肯放来。某再三苦谏，说："岂可重女色，失两国之好？"汉主倒要杀我。某因此带了这美人图献与大王。可遣使按图索要，必然得了也。这就是图样。（进上看科）（番王云）世间哪有如此女人！若得他做阏氏，我愿足矣。如今就差一番官，率领部从，写书与汉天子，求索王昭君，与俺和亲。若不肯与，不日南侵，江山难保。就一壁厢引控甲士，随地打猎，延入塞内，侦候动静，多少是好。（下）（旦引宫女上，云）妾身王嫱，自前日蒙恩临幸，不觉又旬月。主上昵爱过甚，久不设朝。闻的今日升殿去了，我且向妆台边梳妆一会，收拾齐整，只怕驾来好服侍。（做对镜科）（驾上云）自从西宫阁下，得见了王昭君，使朕如痴似醉，久不临朝。今日方才升殿，等不得散了，只索再到西宫看一看去。（唱）

【南吕·一枝花】四时雨露匀，万里江山秀。忠臣皆有用，高枕已无忧。守着那皓齿星眸，争忍的虚白昼。近新来染得些证候，一半儿为国忧民，一半儿愁花病酒。

【梁州第七】我虽是见宰相，似文王施礼；一头地离明妃，早宋玉悲秋。怎禁他带天香着莫定龙衣袖！他诸馀可爱，所事儿相投；消磨人幽闷，陪伴我闲游；偏宜向梨花月底登楼，芙蓉烛下藏阄。体态是二十年挑剔就的温柔，姻缘是五百载该拨下的配偶，脸儿有一千般说不尽的风流。寡人乞求，他左右，他比那落伽山观自在无杨柳，见一面得长寿。情系人心早晚休，则除是雨歇云收。

（做望见科，云）且不要惊着他，待朕悄地看咱。（唱）

【隔尾】恁的般长门前抱怨的宫娥旧，怎知我西宫下偏心儿梦境熟。爱他晚妆罢，描不成，画不就，尚对菱花自羞。（做到旦背后看科）（唱）我来到这妆台背后，元来广寒殿嫦娥，在这月明里有。

（旦做见接驾科）（外扮尚书，丑扮常侍上，诗云）调和鼎鼐理阴阳，秉轴持钧政事堂，只会中书陪伴食，何曾一日为君王。某尚书令五鹿充宗是也。这个是内常侍石显。今日朝罢，有番国遣使来索王嫱和番，不免奏驾。来到西宫阁下，只索进去。（做见科，云）奏的我主得知：如今北番呼韩邪单于差一使臣前来，说毛延寿将美人图献与他，索要昭君娘娘和番，以息刀兵；不然，他大势南侵，江山不可保矣。（驾云）我养军千日，用军一时。空有满朝文武，那一个与我退的番兵！都是些畏刀避箭的，恁不去出力，怎生教娘娘和番？（唱）

【牧羊关】兴废从来有，干戈不肯休。可不食君禄，命悬君口。太平时、卖你宰相功劳，有事处、把俺佳人递流。你们干请了皇家俸，着甚的分破帝王忧？那壁厢锁树的怕弯着手，这壁厢攀栏的怕攧破了头。

（尚书云）他外国说陛下宠昵王嫱，朝纲尽废，坏了国家。若不与他，兴兵吊伐。臣想纣王只为宠妲己，国破身亡，是其鉴也。（驾唱）

【贺新郎】俺又不曾彻青霄高盖起摘星楼；不说他伊尹扶汤，则说那武王伐纣。有一朝身到黄泉后，若和他留侯留侯厮遘，你可也羞那不羞？您卧重茵，食列鼎，乘肥马，衣轻裘。您须见舞春风嫩柳宫腰瘦，怎下的教他环佩影摇青冢月，琵琶声断黑江秋！

（尚书云）陛下，咱这里兵甲不利，又无猛将与他相持，倘或疏失，如之奈何？望陛下割恩与他，以救一国生灵之命。（驾唱）

【斗虾蟆】当日个谁展英雄手，能枭项羽头，把江山属俺炎刘？——全亏韩元帅九里山前战斗，十大功劳成就。恁也丹墀里头，枉被金章紫绶；恁也朱门里头，都宠着歌衫舞袖。恐怕边关透漏，殃及家人奔骤。似箭穿着雁口，没个人敢咳嗽。吾当僝僽，他也、他也红妆年幼，无人搭救。昭君共你每有什么杀父母冤仇？休、休，少不得满朝中都做了毛延寿！我呵，空掌着文武三千队，中原四百州；只待要割鸿沟。陡恁的千军易得，一将难求！

（常侍云）见今番使朝外等宣。（驾云）罢罢罢！教番使临朝来。（番使入见科，云）呼韩耶单于差臣南来奏大汉皇帝：北国与南朝自来结亲和好；曾两次差人求公主不与。今有毛延寿，将一美人图献与俺单于。特差臣来，单索昭君为阏氏，以息两国刀兵。陛下若不从，俺有百万雄兵，克日南侵，以决胜负，伏望圣鉴不错。（驾云）且教使臣馆驿中安歇去。（番使下）（驾云）您众文武商量，有策献来，可退番兵，免教昭君和番。大抵是欺娘娘软善，若当时吕后在日，一言之出，谁敢违拗！若如此，久已后也不用文武，只凭佳人平定天下便了！（唱）

【哭皇天】你有甚事疾忙奏，俺无那鼎镬边滚热油。我道您文臣安社稷，武将定戈矛。您只会文武班头，山呼万岁，舞蹈扬尘，道那声诚惶顿首。如今阳关路上，昭君出塞；当日未央宫里，女主垂旒。文武每，我不信你敢差排吕太后。枉以后，龙争虎斗，都是俺鸾交凤友。

（旦云）妾既蒙陛下厚恩，当效一死，以报陛下。妾情愿和番，得息刀兵，亦可留名青史。但妾与陛下闱房之情，怎生抛舍也！（驾云）我可知舍不得卿哩！（尚书云）陛下割恩断爱，以社稷为念，早早发送娘娘去罢。（驾唱）

【乌夜啼】今日嫁单于，宰相休生受。早则俺汉明妃有国难投。它那里黄云不出青山岫。投至两处凝眸，盼得一雁横秋。单注着寡人今岁揽闲愁。王嫱这运添憔瘦，翠羽冠，香罗绶，都做了锦蒙头暖帽，珠络缝貂裘。

（云）卿等今日先送明妃到驿中，交付番使，待明日朕亲出灞陵桥，送饯一杯去。（尚书云）只怕使不的，惹外夷耻笑。（驾云）卿等所言，我都依着。我的意思，如何不依？好歹去送一送，我一会家只恨毛延寿那厮！（唱）

【三煞】我则恨那忘恩咬主贼禽兽，怎生不画在凌烟阁上头？紫台行都是俺手里的众公侯，有那桩儿不共卿谋，那件儿不依卿奏？争忍教第一夜梦迤逗，从今后不见长安望北斗，生扭做织女牵牛！

（尚书云）不是臣等强逼娘娘和番，奈番使定名索取；况自古以来，多有因女色败国者。（驾唱）

【二煞】虽然似昭君般成败都皆有，谁似这做天子的官差不自由！情知他怎收那膘满的紫骅骝。往常时翠轿香兜，兀自倦朱帘揭绣，上下处要成就。谁承望月自空明水自流，恨思悠悠。

（旦云）妾身这一去，虽为国家大计，争奈舍不得陛下！（驾唱）

【黄锺尾】怕娘娘觉饥时吃一块淡淡盐烧肉，害渴时喝一杓儿酪和粥。我索折一枝断肠柳，饯一杯送路酒。眼见得赶程途，趁宿头，痛伤心，重回首，则怕他望不见凤阁龙楼，今夜且则向灞陵桥畔宿。（下）

第 三 折

（番使拥旦上，奏胡乐科，旦云）妾身王昭君，自从选入宫中，被毛延寿将美人图点破，送入冷宫；甫能得蒙恩幸，又被他献与番王形象。今拥兵来索，待不去，又怕江山有失；没奈何将妾身出塞和番。这一去，胡地风霜，怎生消受也！自古道："红颜胜人多薄命，莫怨春风当自嗟。"（驾引文武内官上，云）今日灞桥饯送明妃，却早来到也。（唱）

【双调·新水令】锦貂裘生改尽汉宫妆，我则索看昭君画图模样。旧恩金勒短，新恨玉鞭长。本是对金殿鸳鸯，分飞翼，怎承望！

（云）您文武百官计议，怎生退了番兵，免明妃和番者。（唱）

【驻马听】宰相每商量，大国使还朝多赐赏。早是俺夫妻悒怏，小家儿出外也摇装。尚兀自渭城衰柳助凄凉，共那灞桥流水添惆怅。偏您不断肠，想娘娘那一天愁都撮在琵琶上。

（做下马科）（与旦打悲科）（驾云）左右慢慢唱者，我与明妃饯一杯酒。（唱）

【步步娇】您将那一曲阳关休轻放，俺咫尺如天样，慢慢的捧玉觞。朕本意待尊前挨些时光，且休问劣了宫商，您则与我半句儿俄延着唱。

（番使云）请娘娘早行，天色晚了也。（驾唱）

【落梅风】可怜俺别离重，你好是归去的忙。寡人心先到他李陵台上？回头儿却才魂梦里想，便休题贵人多忘。

（旦云）妾这一去，再何时得见陛下？把我汉家衣服都留下者。（诗云）正是：今日汉宫人，明朝胡地妾；忍着主衣裳，为人作春色！（留衣服科）（驾唱）

【殿前欢】则什么留下舞衣裳，被西风吹散旧时香。我委实怕宫车再过青苔巷，猛到椒房，那一会想菱花镜里妆，风流相，兜的又横心上。看今日昭君出塞，几时似苏武还乡？

（番使云）请娘娘行罢，臣等来多时了也。（驾云）罢罢罢！明妃，你这一去，休怨朕躬也。（做别科，驾云）我那里是大汉皇帝！（唱）

【雁儿落】我做了别虞姬楚霸王，全不见守玉关征西将。那里取保亲的李左车，送女客的萧丞相？

（尚书云）陛下不必挂念。（驾唱）

【得胜令】他去也不沙架海紫金梁，枉养着那边庭上铁衣郎。您也要左右人服侍，俺可甚糟糠妻下堂！您但提起刀枪，却早小鹿儿心头撞。今日央及煞娘娘，怎做的男儿当自强！

（尚书云）陛下，咱回朝去罢。（驾唱）

【川拨棹】怕不待放丝缰，咱可甚鞭敲金镫响。你管燮理阴阳，掌握朝纲，治国安邦，展土开疆；假若俺高皇，差你个梅香，背井离乡，卧雪眠霜，若是他不恋恁春风画堂，我便官封你一字王。

（尚书云）陛下，不必苦死留他，着他去了罢。（驾唱）

【七弟兄】说什么大王、不当、恋王嫱，兀良！怎禁他临去也回头望。那堪这散风雪旌节影悠扬，动关山鼓角声悲壮。

【梅花酒】呀！俺向着这迥野悲凉。草已添黄，兔早迎霜。犬褪得毛苍，人搠起缨枪，马负着行装，车运着糇粮，打猎起围场。他、他、他，伤心辞汉主；我、我、我，携手上河梁。他部从入穷荒；我銮舆返咸阳。返咸阳，过宫墙；过宫墙，绕回廊；绕回廊，近椒房；近椒房，月昏黄；月昏黄，夜生凉；夜生凉，泣寒蛩；泣寒蛩，绿纱窗；绿纱窗，不思量！

【收江南】呀！不思量，除是铁心肠；铁心肠，也愁泪滴千行。美人图今夜挂昭阳，我那里供养，便是我高烧银烛照红妆。（尚书云）陛下，回銮罢，娘娘去远了

也。（驾唱）

【鸳鸯煞】我索大臣行说一个推辞谎，又则怕笔尖儿那伙编修讲。不见他花朵儿精神，怎趁那草地里风光？唱道伫立多时，徘徊半晌，猛听的塞雁南翔，呀呀的声嘹亮，却原来满目牛羊，是兀那载离恨的毡车半坡里响。（下）

（番王引部落拥昭君上，云）今日汉朝不弃旧盟，将王昭君与俺番家和亲。我将昭君封为宁胡阏氏，坐我正宫。两国息兵，多少是好。众将士，传下号令，大众起行，望北而去。（做行科）（旦问云）这里甚地面了？（番使云）这是黑江，番汉交界去处。南边属汉家，北边属我番国。（旦云）大王，借一杯酒望南浇奠，辞了汉家，长行去罢。（做奠酒科，云）汉朝皇帝，妾身今生已矣，尚待来生也。（做跳江科）（番王惊救不及，叹科，云）嗨！可惜，可惜！昭君不肯入番，投江而死。罢罢罢！就葬在此江边，号为青冢者。我想来，人也死了，枉与汉朝结下这般仇隙，都是毛延寿那厮搬弄出来的。把都儿，将毛延寿拿下，解送汉朝处治，我依旧与汉朝结和，永为甥舅，却不是好？（诗云）则为他丹青画误了昭君，背汉主暗地私奔；将美人图又来哄我，要索取出塞和亲。岂知道投江而死，空落的一见销魂。似这等奸邪逆贼，留着他终是祸根；不如送他去汉朝哈喇，依还的甥舅礼，两国长存。（下）

第　四　折

（驾引内官上，云）自家汉元帝，自从明妃和番，寡人一百日不曾设朝。今当此夜景萧索，好生烦恼。且将这美人图挂起，少解闷怀也呵。（唱）

【中吕·粉蝶儿】宝殿凉生，夜迢迢六宫人静。对银台一点寒灯，枕席间，临寝处，越显得吾身薄幸。万里龙廷，知他宿谁家一灵真性。

（云）小黄门，你看炉香尽了，再添上些香。（唱）

【醉春风】烧尽御炉香，再添黄串饼。想娘娘似竹林寺，不见半分形；则留下这个影、影。未死之时，在生之日，我可也一般恭敬。

（云）一时困倦，我且睡些儿。（唱）

【叫声】高唐梦，苦难成。那里也爱卿、爱卿，却怎生无些灵圣？偏不许楚襄王枕上雨云情。

（做睡科）（旦上，云）妾身王嫱，和番到北地，私自逃回。兀的不是我主人！陛下，妾身来了也。（番兵上，云）恰才我打了个盹，王昭君就偷走回去了。我急急赶来，进的汉宫，兀的不是昭君！（做拿旦下）（驾醒科，云）恰才见明妃回来，这些儿如何就不见了。（唱）

【剔银灯】恰才这搭儿单于王使命，呼唤俺那昭君名姓；偏寡人唤娘娘不肯灯前应，却原来是画上的丹青。猛听得仙音院，凤管鸣，更说甚箫韶九成。

【蔓青菜】白日里无承应，教寡人不曾一觉到天明，做的个团圆梦境。（雁叫科，唱）却原来雁叫长门两三声，怎知道更有个人孤另！

（雁叫科）（唱）

【白鹤子】多管是春秋高，筋力短；莫不是食水少，骨毛轻？待去后，愁江南网罗宽；待向前，怕塞北雕弓硬。

【幺篇】伤感似替昭君思汉主，哀怨似作薤露哭田横，凄怆似和半夜楚歌声，悲切似唱三叠阳关令。

（雁叫科）（云）则被那泼毛团叫的凄楚人也。（唱）

【上小楼】早是我神思不宁，又添个冤家缠定。他叫得慢一会儿，紧一声儿，和尽寒更。不争你打盘旋，这搭里同声相应，可不差讹了四时节令？

【幺篇】你却待寻子卿、觅李陵。对着银台，叫醒咱家，对影生情。则俺那远乡的汉明妃，虽然薄命，不见你个泼毛团，也耳根清净。

（雁叫科）（云）这雁儿呵。（唱）

【满庭芳】又不是心中爱听，大古似林风瑟瑟，岩溜泠泠。我只见山长水远天如镜，又生怕误了你途程。见被你冷落了潇湘暮景，更打动我边塞离情。还说甚雁过留声，那堪更瑶阶夜永，嫌杀月儿明！

（黄门云）陛下省烦恼，龙体为重。（驾云）不由我不烦恼也。（唱）

【十二月】休道是咱家动情，你宰相每也生憎。不比那雕梁燕语，不比那锦树莺鸣。汉昭君离乡背井，知他在何处愁听？

（雁叫科）（唱）

【尧民歌】呀呀的飞过蓼花汀，孤雁儿不离了凤凰城。画檐间铁马响丁丁，宝殿中御榻冷清清，寒也波更，萧萧落叶声，烛暗长门静。

【随煞】一声儿绕汉宫，一声儿寄渭城，暗添人白发成衰病，直恁的吾家可也劝不省。

（尚书上云）今日早朝散后，有番国差使命绑送毛延寿来，说因毛延寿叛国败盟，致此祸衅。今昭君已死，情愿两国讲和。伏候圣旨。（驾云）既如此，便将毛延寿斩首，祭献明妃。着光禄寺大摆筵席，犒赏来使回去。（诗云）叶落深宫雁叫时，梦回孤枕夜相思；虽然青冢人何在，还为蛾眉斩画师。

【评析】

元曲包括剧曲与散曲。剧曲指杂剧的曲辞，是戏剧的重要组成部分；散曲则是继诗、词后兴起的新诗体。元代的文学形式以元曲为代表。其中最著名的是元曲四大家和他们的代表作：即关汉卿的《窦娥冤》；马致远的《汉宫秋》；郑光祖的《倩女离魂》；白朴的《墙头马上》。

《汉宫秋》为元马致远所作历史剧。写西汉元帝受匈奴威胁，被迫送爱妃王昭君出塞和亲。全剧四折一楔子。

《汉宫秋》全名《破幽梦孤雁汉宫秋》，流传版本有：明脉望馆藏《古名家杂剧》本、明顾曲斋刻《元人杂剧选》本、《元曲选》甲集本、《酹江集》本、《元杂剧二种》本、《元曲大观》本、《元曲四种》本、《元人杂剧全集》本。

马致远的《汉宫秋》是在传说的基础上虚构而成。汉元帝因后宫寂寞，听从毛延寿建议，到民间选美。王昭君美貌异常，但因不肯贿赂毛延寿，被他在美人图上点上破绽，因此入宫后独处冷宫。衰弱的汉王朝为强大的匈奴所压迫，无奈只得送昭君出塞。《汉宫秋》塑造的汉元帝是一位软弱无能、为群臣所挟制而又多愁善感、深爱王昭君的皇帝。《汉宫秋》是假借一定的历史背景而加以虚构的宫廷爱情悲剧。

《汉宫秋》蕴涵一定的民族情绪，反映出在民族战争中个人的不幸。这是一出末本戏，主要人物是汉元帝，剧中写皇帝不能主宰自己、不能保有自己所爱的女人。马致远笔下的汉元帝，更多地表现出普通人的情感。当臣下以“女色败国”的理由劝汉元帝舍弃王昭君时，他忿忿地说：“虽然似昭君般成败都皆有，谁似这做天子的官差不自由!”灞桥送别时，他感慨道：“早是俺夫妻悒怏，小家儿出外也摇装。”这些都表现出汉元帝对夫妻恩爱的平民生活流露出羡慕之情。尤其第三折【梅花酒】一大段凄婉哀怨的唱词，运用回环顶针的艺术手法，表现汉元帝对昭君的无限思恋，把剧本的悲剧气氛渲染得愈加浓郁。

前人对马致远杂剧评价很高，主要有两个原因：一是剧中所抒发的人生情绪容易引起旧时代文人的共鸣，再就是语言艺术高超。马致远杂剧的语言偏于典丽，但又不像《西厢记》、《梧桐雨》那样华美，而是把朴实自然的语句锤炼得精致而富有表现力。

【思考与练习】

1. 元曲、元杂剧有什么特色？
2. 本曲体现了作者怎样的思想？
3. 试析【梅花酒】一段唱词的艺术特色。

附录　中国文学发展简史

中国文学源远流长。早在文字创造之前，民间已经流传着神话、传说、歌谣等口头文学，如《夸父逐日》、《女娲补天》、《大禹治水》。

中国古典散文的源头可追溯到甲骨卜辞。殷商时期的《尚书》，结构和表现手法均已相当成熟，堪称中国古典散文之祖。

《诗经》是我国第一部诗歌总集，收集了西周初至春秋中叶，约500多年间305首诗，分为“风”、“雅”、“颂”三部分。“风”是周王朝京都之外的地方乐歌；“雅”是周王朝直接统治地区的乐歌；“颂”则是宗庙祭祀时的乐曲。《诗经》广泛反映社会生活，语言质朴，以赋、比、兴手法表情达意，成为后世学习的典范。

战国后期，以屈原为代表的楚国诗人，在楚民歌的基础上，创造了具有楚文化特点的新体诗——楚辞。楚辞句式以六言、七言为主，长短不一，灵活多变，多用语气词“兮”。运用这种形式，屈原创作了古代文学史上第一首抒情长诗《离骚》及《九歌》、《九章》、《天问》等25篇作品。屈原后继者有宋玉、唐勒、景差等人。《离骚》作为楚辞艺术的巅峰之作和重要代表，在文学史上与《诗经》并称“风骚”。

春秋战国时期，产生了一批政治家和思想家，他们写作了大量逻辑严密、说理透辟的论说散文，又称诸子散文。诸子散文各具特色：《论语》从容典雅富于哲理性，《孟子》磅礴雄辩富于鼓动性，《墨子》严谨质朴富于逻辑性，《荀子》淳厚蕴藉富于学术性，《韩非子》透辟遒劲富于政治性，《老子》深邃玄妙富于思辨性，《庄子》恣肆瑰丽富于浪漫性。与诸子散文交相辉映的，是以述言记事为主的历史散文。《左传》、《国语》和《战国策》，以年为序，或以国为别，多出于各国史官之手。其中许多优秀篇章，情节跌宕，人物鲜活，剪裁得当，有很高的艺术价值。

秦代焚书坑儒，二世而亡，几乎无文学可言。秦丞相吕不韦门客集体著作《吕氏春秋》是这段文学历史中的主要作品，又称《吕览》。李斯《谏逐客书》是这一时期鲜有的优秀散文。

两汉大一统的巅峰时期，要求用文学表现歌舞升平，辞赋应运而生。赋是当时最流行的文体。汉初贾谊、淮南小山的赋，未摆脱楚辞形迹，被称为骚体赋；枚乘的《七发》奠定了汉代大赋的形式风格；至武帝时期，产生了一大批赋家。司马相如的《子虚赋》、《上林赋》，极写帝王园囿之盛、田猎之悦，稍后的扬雄，有《甘泉》、《羽猎》。东汉，班固的《东都赋》、《西都赋》，张衡的《东京赋》、《西京赋》是散体大赋中的鸿篇巨制。张衡的《归田赋》，赵壹的《刺世疾邪赋》，蔡邕的《述行赋》则是述情志、讽时世的名作，其创作突破了大赋原有的体制，对后世魏晋时期的抒情小赋和唐宋时期的散文赋产生了深远影响。

两汉文学中最有成就的是乐府诗中的民歌。乐府民歌与《诗经》一脉相承，《诗经》“饥者歌其食，劳者歌其事”，乐府以“感于哀乐，缘事而发”的现实主义精神，深切透彻地反映两汉社会生活全景，表现劳动人民的愿望和需求。乐府长于叙事铺陈，标志着古代叙事诗的完全成熟。《孔雀东南飞》是中国古代汉民族第一首叙事长诗。《古诗十九首》系东汉末年无名氏文人创作的一组抒情短诗，抒发动乱时代下层文人的感伤，长于抒情，有“五言之冠冕”的赞誉。

两汉散文成就最高的，属司马迁的《史记》。《史记》开创了纪传体以人物为中心的史书编写体例。司马迁以饱满的情感和充裕的历史知识，塑造了一大批出身不同、性格迥异的人物形象，成为我国纪传文学的典范。

魏晋南北朝时期进入文学的自觉时代。

诗歌的地位仍然是最重要的。汉末魏初，以曹操、曹丕、曹植父子为核心，加上孔融、王粲、刘桢、陈琳等所谓“建安七子”组成的文人集团，创造了“建安文学”的辉煌。建安文人的作品，具有“慷慨悲凉、刚健有力”的共同风格。曹操的诗歌，浑雄悲凉，反映了动乱的社会现实，展现了诗人渴望建立功业、统一天下的壮志豪情。曹植的文学成就最高，人称“建安之杰”，他的诗歌“骨气奇高，词采华茂”，文和辞赋也表现出高超的思想性和艺术性，《洛神赋》成就卓著，美不胜收。“七子”中最有成就的是王粲，他的《七哀诗》、《登楼赋》是具有现实主义精神的杰作。

魏晋之交诗歌创作呈现出与建安时代不同的风貌。阮籍、嵇康的作品，或内容艰深，或格调峻切，承续了建安文学的优秀传统，推动了五言古诗的发展。西晋太康时期诗歌繁荣，但多数作品流于华藻繁缛，唯左思的诗歌刚健遒劲，传承了建安文学精神。其《咏史》诗开启了咏史和咏怀结合的崭新道路。东晋在玄学影响下，玄言诗兴盛一时，独具一格的大诗人是陶渊明。他的田园诗描绘自然风光的秀美，歌颂田园生活的优雅，也表现了其亲身参与农业生产劳动的辛劳和喜悦，创造了情、景、理融合，平淡醇美的艺术境界。其诗风格大都自然质朴，但《读山海经》、《咏荆轲》也显示了诗人不忘忧国的一面。陶诗对后世影响深远，催生了唐代的山水田园诗派。陶渊明的散文、辞赋，数量不多，却成就卓越，著名的如《桃花源记》、《归去来兮辞》、《感士不遇赋》。

南北朝时期，许多文人专事文学创作，最具代表的文学形式是诗歌和骈文。南朝谢灵运的山水诗大放光芒，其后谢朓的山水诗清新纯熟，世称“大小谢”。诗人鲍照擅长用七言古诗体来抒发感时伤事的情怀。庾信诗赋集南北文学之大成，将南方精美纯熟的艺术技巧与北方刚健明朗的精神特质融合，成为唐代诗风的先声。这一时期骈文统治文坛，鲍照的《登大雷岸与妹书》、《芜城赋》，庾信的《哀江南赋》皆为佳作。

由于文学意识的渐趋自觉，这一时期出现了文学批评论著，如曹丕的《典论·论文》、陆机的《文赋》、刘勰的《文心雕龙》、钟嵘的《诗品》。后两部在我国文学理论发展史上具有划时代意义。此时小说初具规模，这一时期小说分为志怪小说和轶事小说。志怪小说如晋干宝的《搜神记》、轶事小说如南朝刘义庆的《世说新语》。

唐代诗歌是诗歌史上的黄金时代。唐朝初、盛、中、晚各期都名家辈出，典籍纷呈。初唐时，王勃、杨炯、卢照邻、骆宾王，与稍后的陈子昂，上承汉魏风骨，一扫齐梁宫体诗颓风，形成清新健康的诗风，使唐诗由宫廷走向社会，由艳情转向生活，由靡靡之音一跃而为钧天广乐。同时的宋之问和沈佺期在诗歌的形式上做了大胆探索，共同为唐诗的发展添砖加瓦。

唐玄宗时，出现了两大诗歌流派。以王维、孟浩然等为代表的山水田园诗派，上承陶渊明、谢灵运而别具一格，诗多格调高雅、意境优美。以高适、岑参、王昌龄等为代表的边塞诗人，诗风刚健、意味深长，实为盛唐强音。李白与杜甫是雄视古今的“双子星座”。李白诗歌豪放俊逸，史称“诗仙”，杜甫史称“诗圣”，诗歌号称“诗史”，风格沉郁顿挫。

中唐时期以白居易、元稹为首，倡导新乐府运动，提出“文章合为时而著，歌诗合为事而作”的创作主张，并以高度的热情投入了新乐府诗的创作实践。新乐府诗选择具有典型意义的社会现象加以集中概括，对时弊进行讽喻批评，具有鲜明的形象性和强烈的战斗性，诸如《卖炭翁》、《杜陵叟》等篇章，历久不衰。白居易的诗歌创作成就是多方面的，《长恨歌》和《琵琶行》堪称古代叙事诗中的杰作。与元、白诗派诗风殊趣的是韩愈、孟郊诗派。韩孟诗派以理入诗，力避平俗而崇尚险怪，开后世宋诗的风气。此外，别具艺术个性的著名诗人还有柳宗元、刘禹锡、贾岛和李贺。李贺以其浓丽诡异的诗风独树一帜，并启迪了晚唐诗歌。

晚唐最有成就的诗人是杜牧和李商隐，世称“小李杜”。杜牧长于写七绝，他的咏史怀古诗，跌宕坦率，俊爽高绝，写景明快清丽。李商隐诗歌深情绵邈、绮丽精工，以爱情诗见长。他的《无题》诗，工于比兴，意蕴深永，耐人寻味，但部分作品未免晦涩难解。

散文是唐代文苑的又一重大收获。初唐陈子昂、萧颖士、独孤及等人，较早提倡简古实用的散文，但影响不大。中唐时，韩愈、柳宗元以“复兴儒学”为号角，领导了一场古文运动，摧毁了骈文的统治，完成了文体的革新。他们的散文思想内容充实，深入反映各种社会问题，感情真切，内容形式都达到了推陈出新的境地，为后世的散文树立了新标准。韩愈的说理散文有《原毁》、《师说》、《答李翊书》等，记叙散文有《张中丞传后叙》等。柳宗元的记人叙事多寄寓作家进步的政治主张，如《捕蛇者说》、《种树郭橐驼传》诸篇，而其山水游记最为后世称赞。

唐人的传奇成就令人瞩目，标志着我国古代小说的成熟。

词于盛唐以后兴起，是配合燕乐兴起的新诗体，起源于民间。中唐以后，文人才士染指渐多。温庭筠、韦庄是晚唐曲子词创作的杰出人物。五代时中国第一部文人词总集《花间集》问世于西蜀。词人中成就最高的是南唐后主李煜。他早期作品多写富丽堂皇的宫廷生活和风花雪月的男女情事，国破被俘以后，以词抒写家国身世之恨，凄凉悲壮，意境深远。

词发展到宋代，进入了鼎盛时期，成为宋代文学的主要标志。晏殊的词风赡丽娴雅，和婉明丽，清新含蓄。晏殊之子晏几道词风有异于晏殊，多怀往事，抒写哀愁，笔调饱含感伤，伤情深沉真挚。范仲淹有革新思想又镇守边塞，他的词苍凉豪放、感情强烈，为历代传诵。

柳永的词是宋词的第一次革新。柳永以写相思旅愁见长，大量创作慢词，富于平民色彩。苏轼冲破了专写男女恋情和离愁别绪的狭窄题材，扫除了晚唐五代以来的传统词风，扩大了词的题材，丰富了词的意境，冲破了诗庄词媚的界限，使词成为独立的抒情诗体，对词的革新和发展做出了重大贡献。他的“以诗为词”给宋词带来了新气象，启迪了南宋豪放词派的诞生。秦观、贺铸、黄庭坚等人共同创造了北宋词坛多种风格争妍斗艳的繁荣局面。周邦彦基本承袭了柳永词的余风，多写闺情、羁旅，其作格律谨严，语言精雅，为后来格律派词人所宗。

南北宋之交出现了我国古代最优秀的女词人李清照。其早期作品芳馨俊逸、敏锐纤细、真切自然，晚期作品沉郁悲凉、健举超逸。李清照的创作具有鲜明独特的艺术风格，对后世影响较大，于词坛独树一帜，被称为“易安体”。

南宋辛弃疾和陆游开创了南宋文学爱国主义高峰。辛词以境界阔大、豪爽开朗著称，使宋词的思想境界和精神面貌达到了一个新的高度。陆游的诗篇表现出死而不渝的爱国壮志。南宋词人姜夔继承周邦彦，走上了尚风雅、主格律的创作道路。他的词作意境清空，格调骚雅，音律严整，艺术上冠绝一时。

宋诗总的成就不如唐诗，但在思想内容和艺术表现方面亦有自己的特色。欧阳修作为宋代诗文革新运动的领袖人物，倡导简而有法、流畅自然的文风，反对浮靡雕琢和怪僻晦涩。北宋诗坛上影响最大的两位诗人是苏轼和黄庭坚。苏轼诗说理抒情，自由奔放，进一步发展了宋诗好议论与散文化的倾向，代表了北宋诗歌革新运动的最高成就。黄庭坚重视诗歌语言的创造，提出“脱胎换骨”，“以俗为雅，以故为新”，“以腐朽为神奇”的创作主张。杨万里的诗清新自然，范成大的诗善写田园风光，风格轻巧，颇有生活情趣。宋末，文天祥、汪元量等人的爱国诗篇，浩气磅礴，为此期诗坛平添光彩。

宋代散文可与唐代散文等量齐观。欧阳修极力提倡平易通达的文风，并在散文创作中亲身躬行，形成一种富于情韵、平易晓畅的艺术风格，具有较强的艺术感染力。王安石的政论散文言辞犀利，观点鲜明。苏轼散文挥洒自如，姿态横生，他的《前赤壁赋》、《后赤壁赋》，兼有辞赋的体式和散文的气韵，将形象性与哲理性水乳交融，紧密结合，成为宋代文赋的代表作。欧、王、曾、三苏加上唐代的韩、柳，被后世尊崇为“唐宋八大家”。

元代是我国戏剧文学的黄金时代。关汉卿是元杂剧的奠基人和前期领袖，他善于将现实主义精神和理想主义色彩融于一体，创作出元杂剧中的一流作品。王实甫的《西厢记》，通过崔莺莺和张君瑞的爱情纠葛，表现人物之间的性格冲突和复杂内心活动，唱出了“愿普天下有情人终成眷属”，追求美好爱情生活的理想。重要的杂剧作家还有康进之、白朴、马致远、郑光祖等。南戏的兴盛为明清传奇夯实了基础。

一般所说的元曲，是杂剧与散曲的合称。散曲有小令和套数两种：小令是单支曲子；套数由两支以上属同一宫调的曲子依次连缀而成。散曲作品具有浓厚的通俗文学色彩，给诗坛注入了一股清新空气。元代前期的散曲作家以关汉卿和马致远为代表。

明代小说、戏曲等通俗文学繁盛，而正统诗文则不免相形失色。

明代文学的突出成就是章回小说。明初罗贯中的《三国演义》是章回小说的开山之作，这部作品根据民间流传的三国故事整理加工而成。它宏大的结构、曲折的情节，展现了东汉末年及整个三国时期各封建统治集团之间的军事、政治、外交斗争，是一幅生动的历史画卷。明代另一部长篇巨著是施耐庵的《水浒传》，小说艺术地表现了北宋末年以宋江等人为首的一场波澜壮阔的农民起义，并突出了“官逼民反”的进步主题。

明中叶以后，长篇小说创作进入高峰。讲史小说、神魔小说、世情小说、公案小说，各有佳作问世，留传至今的尚有五六十部，如吴承恩所写的神魔小说《西游记》。

明代短篇小说的主要形式是拟话本，这是一种文人模仿民间话本而创作的案头文学。著名的拟话本结集有冯梦龙的《喻世明言》、《警世通言》和《醒世恒言》，以及凌濛初的《初刻拍案惊奇》、《二刻拍案惊奇》，合称“三言”、“两拍”。

戏曲领域，明传奇取代了杂剧的主导地位，明后期，产生了杰出的剧作家汤显祖。汤显祖的爱情剧《牡丹亭》是我国戏曲史上的浪漫主义杰作。

清代小说、戏曲继明代之后又取得了巨大的成就，诗、词、散文、骈文领域作家众多，流派纷呈，成就卓著。

清代文学成就最大的是小说，曹雪芹的《红楼梦》是中国古代小说艺术的巅峰。另一部长篇巨著吴敬梓的《儒林外史》对晚清谴责小说影响极大。清后期有李汝珍的《镜花缘》。文言短篇小说最优秀的是清初蒲松龄所作的《聊斋志异》。

清代戏曲清初有吴伟业的《秣陵春》，李玉的《清忠谱》。佳作当推洪升的《长生殿》和孔尚任的《桃花扇》。

近代文学诗文领域，启蒙思想家龚自珍是开风气之先者。其诗富于政治敏感，独辟蹊径，代表作《己亥杂诗》颇受赞誉。同时代的魏源、林则徐、张维屏等也写出了许多富于时代色彩和历史意义的作品。戊戌变法前后，改良主义运动代表人物梁启超提出“诗界革命”、“文界革命”，并推誉黄遵宪“我手写我口”的新派诗为“诗界革命”的一面旗帜。梁启超的散文打破了一切传统古文的格局，务为平易畅达，风靡一时，号为“新文体”。

近代小说，初期占主导地位的是狭邪小说和侠义公案小说。后经梁启超“小说界革命”倡导，谴责小说盛行。李宝嘉的《官场现形记》、吴沃尧的《二十年目睹之怪现状》、曾朴的《孽海花》和刘鹗的《老残游记》，被称为“清末四大谴责小说”。辛亥革命后，还出现了“鸳鸯蝴蝶派”小说和“黑幕小说”，思想和艺术价值较低下。除创作外，林纾等人还用古文翻译了不少外国小说，在当时有广泛的影响。

中国现代文学发端于“五四”新文化运动和文学革命。1917 年，陈独秀在《新青年》杂志上发表《文学革命论》一文，高举文学革命的大旗：反对封建蒙昧主义和专制主义，提倡科学和民主；反对文言文，提倡白话文。胡适的《尝试集》是“五四”运动时期第一部白话诗集。代表新诗创始期最高成就的是创造社主将郭沫若。他的诗集《女神》，表现了“五四”时期狂飚突进的时代精神，诗风雄浑豪放，具有典型的浪漫主义风格。其中的《炉中煤》是著名的借物言志的爱国诗篇。20 世纪 20 年代后期，“新月派”崛起。新格律体诗的代表人物是闻一多。他的诗集有《红烛》、《死水》。徐志摩、朱湘也是“新月派”中很有成就的诗人。这一时期还有“象征派”的兴起，代表人物李金发，以法国象征主义诗歌为模式，喜欢捕捉朦胧意境，追求诗歌音乐和形式的美，语言趋向欧化。同样受象征主义诗风影响的“现代派”诗人戴望舒，以早年诗作《雨巷》著名，他的《我用残损的手掌》，说明他跳出了个人的狭隘圈子，致力于对个人和民族的坚贞气节的追求，思想性较强。20 世纪 30 年代初“左联”（中国左翼作家联盟）成立后，新诗的现实主义精神得到发扬，殷夫、蒋光慈、胡也频等诗人以极大的热情写作革命诗歌，讴歌无产者的光辉形象。殷夫有著名的诗集《孩儿塔》。此时著名作品还有艾青的《大堰河——我的保姆》，田间的《致战斗者》，臧克家的《罪恶的黑手》。

“五四”以后，小说创作获得丰收。鲁迅的《狂人日记》是现代白话小说的发轫之作。鲁迅的小说塑造了各社会阶级、阶层的一系列典型形象，概括了异常深广的社会历史内容，奠定了中国现实主义小说创作的基石。茅盾、冰心、叶圣陶、王统照等组织起“文学研究会”，主张为人生的文学，倾向于现实主义；郭沫若、成仿吾、郁达夫等建立了“创造社”，其中郁达夫的小说成就最高，他的自传体小说《沉沦》，以大胆的情怀袒露，夸张的陈述咏叹，构成了作品浪漫而伤感的情调。“左联”成立，促进了进步小说创作的发展。茅盾的《子夜》以宏大的规模，真实描画了 20 世纪 30 年代初上海的社会面貌，塑造了民族资本家吴荪甫的形象，是这一时期出色的创作成果。丁玲、张天翼、柔石、沙汀、艾芜、萧军等也在这一时期初露锋芒，写出了一批优秀作品。“左联”以外的进步作家，同样成绩卓著，巴金的《家》，老舍的《骆驼祥子》，叶圣陶的《倪焕之》，沈从文的《边城》，都为中国现代长篇小说的成熟做出了贡献。抗战时期，沦陷区和国统区小说创作闪耀出光彩，张天翼的《华威先生》、沙汀的《淘金记》、艾芜的《山野》、茅盾的《腐蚀》、老舍的《四世同堂》、巴金的《寒夜》等，从各个不同的侧面揭露了反动统治的黑暗和腐朽。在抗日根据地和解放区，作家努力深入生活，与人民群众逐步结合，他们创作的中长篇小说，反映了中国共产党领导下广大农村天翻地覆的革命性变革，着力刻画了前所未有的工农兵新人形象。丁玲的《太阳照在桑干河上》、周立波的《暴风骤雨》、赵树理的《小二黑结婚》、《李有才板话》、孙犁的小说集《白洋淀纪事》，都洋溢着群众生活和革命斗争新鲜活泼的生气。

现代戏剧文学以话剧为主体。“五四”时期即有一批先驱者开始做西方话剧创作的介绍和引进工作。20 世纪 20 年代初，欧阳予倩、熊佛西、田汉、洪深的作品浸润着对社会和人生问题的关心，具有鲜明的反帝反封建色彩。曹禺的《雷雨》、《日出》，通过家庭的和社会的悲剧，表现了中国社会尖锐的阶级对立，标志着现代话剧艺术的成熟。夏衍的《上海屋檐下》，贯注着作家对社会现实问题的强烈关切。艺术上，曹禺的深沉，田汉的热烈，夏衍的朴实，洪深的执著，都为话剧风格的多样化做出了有益的探求。这一时期历史剧大放异彩。郭沫若的《屈原》借古讽今，感情炽烈，诗意浓郁，具有独特的浪漫主义风格。在革命根据地，在文艺为工农兵服务方向的指引下，出现了新秧歌剧运动和新歌剧创作的勃兴，贺敬之等人执笔的《白毛女》，具有鲜明的斗争精神和民族化风格，是新歌剧的典范作品。

“五四”思想启蒙运动促使了大量议论散文的诞生，李大钊、陈独秀刊登在《新青年》杂志上的这类作品短小精悍，锋芒毕露，兼有战斗性和文学性。鲁迅的杂文最富有批判力量和艺术光彩。他所写的杂文编成了《热风》、《坟》、《二心集》、《伪自由书》等17部杂文集。另外，还有回忆散文集《朝花夕拾》、散文诗集《野草》，都是玲珑优美的散文精品。冰心擅长写抒情性散文，赞颂母爱、童心和美好的自然风光，文笔清新隽秀，诗意盎然。《寄小读者》是她最重要的散文集子。郁达夫以写游记、随笔等散文小品为主，用闲适的笔调抒发感时忧国之情，感情率真，行文如行云流水。朱自清在文学研究会作家中以写散文著称，而且艺术风格比较多样。报告文学是现代产生的一个散文新品种，最有成绩的作者是夏衍。他的《包身工》揭露了帝国主义、封建主义势力对包身工进行压榨和蹂躏的罪行，成为报告文学的示范性作品。此外，沈从文、叶圣陶、徐志摩、茅盾、巴金等作家的散文，异彩纷呈，造就了现代散文创作姹紫嫣红的繁荣局面。

1949年，伴随着中华人民共和国的成立，中国文学开启崭新篇章。